Peter Sühring

Ferenc Fricsay

**PORTRÄTS
UND PROFILE**

Peter Sühring, geb. 1946 in Berlin, arbeitete als Buchhändler sowie als Musik- und Literaturwissenschaftler in Tübingen und Berlin und lebt heute als Musikhistoriker und Publizist in Bornheim und Berlin. Er erschloss den Nachlass von Gustav Jacobsthal, veröffentlichte Teile daraus und schrieb eine ideengeschichtlich orientierte Biografie über Jacobsthal. Er publizierte zur Musik der Trobadors, der frühen Motette, Mozarts, Mendelssohns und Schumanns sowie zu Rousseau, Hölderlin, Heine, Adolf Bernhard und Karl Marx, Theodor Hagen und Gertrud Kolmar. Einen Schwerpunkt seiner Arbeiten bilden das Judentum in Musik und Literatur.

Peter Sühring

Ferenc Fricsay

Der Dirigent als Musiker

et+k
edition text + kritik

Bibliografische Information der Deutschen Nationalbibliothek
Die Deutsche Nationalbibliothek verzeichnet diese Publikation
in der Deutschen Nationalbibliografie; detaillierte bibliografische
Daten sind im Internet über www.dnb.de abrufbar.

ISBN 978-3-96707-815-2

Umschlaggestaltung: Thomas Scheer
Umschlagabbildung: Heinz Rothe, 1950, Archiv des DSO c/o rbb (mit freundlicher
Genehmigung).

© edition text + kritik im Richard Boorberg Verlag GmbH & Co KG, München 2023
Levelingstraße 6a, 81673 München
www.etk-muenchen.de

Satz: Olaf Mangold Text & Typo, 70374 Stuttgart
Druck und Buchbinder: Laupp & Göbel GmbH, Robert-Bosch-Straße 42,
72810 Gomaringen

Inhalt

Einleitung

»Man braucht nicht Bomben werfen,
man braucht nicht unbedingt zum Gewehr greifen,
aber ein Musiker kann vielleicht mit seiner Musik
oder ein anderer Künstler mit seiner Kunst in
Opposition treten gegen die Leute, die nicht erkennen,
dass der menschliche Geist, dass die Kunst,
dass das Wort nicht zu terrorisieren ist«.

Ferenc Fricsay in einem unveröffentlichten Interview[*]

In dieser Monografie wird 60 Jahre nach dem Tod von Ferenc Fricsay versucht, eine neue Sicht auf Leben und Wirken des Dirigenten zu geben, hauptsächlich auf Grundlage einer Erschließung seines Nachlasses im Archiv der Akademie der Künste in Berlin (AdK, FFA). Zu dieser intensiven Beschäftigung veranlasste mich der seit meiner Jugend anhaltende große Respekt vor dem Künstlertum Fricsays, verursacht durch Besuche einiger seiner Berliner Konzerte in den späten 1950er und frühen 1960er Jahren sowie durch die in meiner Erinnerung unzerstörbaren Höreindrücke von Rundfunkübertragungen, die mich als Jugendlichen faszinierten und so zu einem Beispiel dafür machten, dass Fricsays Rechnung aufging, mit Rundfunksendungen vor allem junge Menschen für Werke der Tonkunst interessieren und begeistern zu können. Auch eine Sammlung etlicher seiner Schallplatten begleitet mich mein Leben lang und ist ein Arsenal privater Referenzaufnahmen.

Fricsay wollte kein Repertoire-Dirigent sein – es war seine Opposition gegen ein fälschliches Berufen auf Tradition, das in Wirklichkeit, nach dem bekannten Wort Gustav Mahlers, Routine oder Schlamperei verdecken will. Aber er entwickelte ein eigenes, persönlich gefärbtes Repertoire, eine Art Privat-Kanon, dem er sein Leben lang treu blieb und den er mit geringfügigen Erweiterungen und Akzentverschiebungen unermüdlich wiederholte.

[*]   Ferenc Fricsay, Nachlass, (Ton)Band III, ca. 1960/61, Archiv der Akademie der Künste Berlin, AdK, FFA 1530.

Schwerpunkte dieses persönlichen Repertoires hatte er schon in Ungarn entwickelt. Es gruppiert sich auf dem Gebiet der Oper um das italienische Repertoire mit dem Kern Verdi und um Mozart, auf dem Gebiet des Oratoriums ebenfalls um Verdis und Mozarts sakrale Werke, erweitert um Händel, Haydn, Rossini, Dvořák und Kodály, auf sinfonischem Gebiet wiederum um Mozart und – allerdings selektiv – um Beethoven, Brahms, Tschaikowsky und Dvořák, auf dem Gebiet der Moderne um Bartók und Strawinsky.

Fricsay war als musikalischer Künstler ein Besessener, dessen Drang zu musizieren, Musik unter seinen Händen entstehen zu lassen, unersättlich war. Ein Versuch, seine unzähligen, sich jagenden Aktivitäten zu resümieren, lässt einen selbst atemlos werden und befürchten, man würde viele Details verpassen oder unfähig, eine Summe zu ziehen. Die Pausen schöpferischer Entspannung und Ruhe, die ein Künstler braucht, waren bei Fricsay selten und kurz bemessen; die Ansprüche an sich und seine Mitmusiker waren vielleicht zu hoch, um an ihnen nicht zu verbrennen. Seine fröhliche Kunst wurde zu einer sich selbst verzehrenden Flamme und endete, auch wegen der Widerstände, die ihr vonseiten verständnisloser Institutionen entgegengesetzt wurden, in schwerer Krankheit und frühem Tod.

Fricsay kommt in vorliegender Monografie als Privatmensch kaum vor, und doch soll er nach eigenem Bekunden neben seinem öffentlichen Wirken als Musiker noch ein Privatleben gehabt haben. In Szeged, der zweitgrößten Stadt Ungarns im Südosten des Landes, lebte er mit seiner ersten Frau und drei Kindern, mit denen er sich dann in Budapest vor den deutschen Besatzern und ihren ungarischen Kollaborateuren verstecken musste. Später fand er 1952, bald nach seiner zweiten Eheschließung, einen friedvollen Rückzugsort am Bodensee in der neutralen Schweiz. In Ermatingen erstand er als Familienwohnsitz eine schöne Villa, das sogenannte Haus Westerfeld, wo er sich von den beruflichen Strapazen ausruhen und gleichzeitig die geplanten musikalischen Verpflichtungen vorbereiten konnte.

Hier fand er auch mit seinen Kindern aus der im März 1951 geschiedenen ersten Ehe mit Márta Telbisz und dem Sohn, den seine zweite Frau Silvia (geb. Valeanu, gesch. Hallström) in die ebenfalls im März 1951 geschlossene zweite Ehe gebracht hatte (in ihr wurden keine neuen Kinder geboren), zu einer durch seine längeren Abwesenheiten reduzierten Art von Familienleben, an dem alle Kinder aus beiden Ehen geschwisterlich beteiligt waren.

Mit dem süßen Nichtstun hatte Fricsay Schwierigkeiten. Als nervöser, tatendurstiger Charakter musste er bekennen, Ausruhen bedeute für ihn Musik zu hören und Partituren zu lesen, diese in sich aufzunehmen und zu verinnerlichen, um dem jeweiligen Komponisten gerecht werden zu können. Wohin er auch ging, begleiteten ihn Noten für kommende Aufführungen. Gleichzeitig schenkten ihm Spaziergänge mit seiner Frau, ob in Ermatingen oder Arosa, Kräfte und Eingebungen für die anstehenden musikalischen Projekte. In der Bergwelt von Arosa im Kanton Graubünden (»einem der schönsten Punkte der Schweiz«) hatte sich Fricsay einen weiteren Traum erfüllt und ein altes, im Jahre 1764 erbautes Bauernhaus erworben.

Vielleicht ist Fricsays idealistische Kunstauffassung als Widerstand gegen maschinenartige Staatsapparate und deren träge Kulturinstitutionen zu verstehen, um in einem extremistischen Jahrhundert ein schöpferischer Mensch bleiben zu können, vergleichbar mit Friedrich Schillers »ästhetischer Erziehung des Menschen« als Reaktion auf den Terreur der Jakobiner. Fricsay war ein Überlebender aus Budapest – dies prägte seine Einstellung zum Leben und sein künstlerisches Gewissen. Wir dürfen seine uns in Tondokumenten hinterlassene musikalische Kunst als seine Art der Sublimation dieser Erfahrungen hören.

Es wäre sicherlich nicht verfehlt, Fricsay als einen österreichischen Musiker zu bezeichnen, obwohl der größere Teil seines Wirkens nicht in Österreich stattfand. Es ist aber eine Frage seiner kulturellen Verwurzelung, seiner künstlerischen Mentalität, seines musikalischen Charakters, welche ihn in die österreichische Musiktradition eingespannt erscheinen lassen. Als er im März 1959 um die österreichische Staatsbürgerschaft ersuchte, begründete er dies in einem Schreiben an den Wiener Magistrat damit, dass

»ich quasi in dieser Umgebung und Lebensauffassung aufgewachsen bin und mich in ihr beheimatet fühle. Ich glaube, die Auffassung verantworten zu können, dass ich durch meine künstlerische Tätigkeit – die mich durch mehrere Jahre als Kapellmeister an der Wiener Staatsoper, unter viermaliger Mitwirkung an den Salzburger Festspielen, in die Position des Generalmusikdirektors der Berliner und Münchner Oper geführt hat – in Zukunft auf meinen Gastspielen in der ganzen Welt der österreichischen Kunst dienlich und nützlich sein werde«.[1]

Fricsay verwirklichte ein hohes Ideal vom Dirigenten als Musiker, er sah ein Orchester als ein interpersonales kollektives Musikinstrument des Dirigenten an und ging mit dieser ihm anvertrauten temporären Versammlung von musizierenden Menschen verantwortungs- und liebevoll um – zum Zwecke der Aufführung musikalischer Kunstwerke, die nicht in ihrer als Partitur notierten Absichtserklärung des Komponisten, sondern erst durch ihre reale Hörbarmachung und ihre ästhetische Erfahrbarkeit zu Werken der Musik in Raum und Zeit werden.

Ein kluger Komponist würde auf die Frage, was er sich jeweils bei einer Komposition gedacht habe oder was er mit ihr habe sagen wollen, antworten (und Mendelssohn tat genau dies): Ich sagte es bereits in Tönen – weil er auch während des Komponierens in Tönen dachte und anders als in Tönen es nicht sagen konnte, sonst gäbe es gar keine Musik oder wäre sie nur eine beliebige Variante künstlerischer Aussagen oder gar überflüssig. Ein guter Dirigent wird sich als Denker mit den Ohren bezeichnen lassen, der bei der klingenden Vergegenwärtigung einer tonlosen Partitur das vom Komponisten Gemeinte und das mit den Musikern Verabredete hervorzubringen vermag. Die hier vorliegende Darstellung des Dirigenten Fricsay als reproduzierendem Musiker geht wiederum vom Gehörten, vom Hören des auf Tonträgern Reproduzierten aus und versucht, Fricsays Interpretationen nachzuvollziehen und in ihrer spezifischen Differenz zu erfassen.

In dieser Darstellung des Wirkens Fricsays kommt es zwischen den Kapiteln gelegentlich zu Wiederholungen bei der Nennung von Namen, Werken und Aufführungsdaten. Erinnern, Wiederholen und Durcharbeiten ist aber nicht nur ein pädagogisches und (seit

---

1   AdK, FFA 547.

Sigmund Freud) ein therapeutisches, sondern auch ein musikalisch-kompositorisches Prinzip, dessen Anwendung der Lesende genießen sollte.

Mein Dank geht – außer an die Mitarbeiter(innen) des Archivs der Akademie der Künste in Berlin für die Bereitstellung der Nachlassmaterialien und an die Rechteinhaberin, Frau Dobay-Fricsay, für ihre Genehmigung zum Abdruck der von mir ausgesuchten Zitate – an mehrere Personen, welche alle oder ausgesuchte Kapitel des Buches kritisch gelesen haben, so an Rüdiger Albrecht und Oliver Wurl, die – beide auf unterschiedliche Weise (der eine als Rundfunk-Archivar, der andere als Musikbibliothekar und privater Sammler) – entscheidende dokumentarische und korrigierende Arbeitshilfe geleistet haben, an den radiophilen Musikpublizisten Georg Beck, der mich mit seinem feinen Sprachempfinden und seiner kulturpolitischen Wachheit vor Ungenauigkeiten bewahrte, sowie an Simone Hohmaier, die mir zu verstehen gab, meine befürchteten Unsicherheiten in Sachen Bartók und allgemein der Moderne seien unbegründet. Das bewundernswert unerbittliche abschließende Korrekturlesen durch Jutta Lambrecht hat noch die vorletzten grammatikalischen, stilistischen und tipptechnischen Stolpersteine beseitigen können – eine absolut fehlerfreie Druckvorlage scheint dem Menschen unmöglich.

Zeittafel

1914

Geburt am 9. August in Budapest als Sohn der jüdischen, kurz vor ihrer Heirat im Dezember 1913 katholisch getauften Mutter Berta Fricsay, geb. Lengyel, und des 1897 aus Mähren eingewanderten und zum zweiten Mal verheirateten obersten Militärkapellmeisters Richard Fricsay; römisch-katholische Taufe des Sohnes im selben Monat.

1918

Nachahmung der Dirigierbewegungen seines Vaters während eines Platzkonzerts

1920

Fricsay wird als Externer an der Franz-Liszt-Musikakademie von Musiklehrerkandidaten am Klavier unterrichtet. Im Laufe seiner Jugend erlernt er dort auf Anregung des Vaters nacheinander das Spielen jeweils eines Instruments aus den Orchestergruppen der Streicher, Bläser und Schlagzeuger: Violine, Klarinette, Posaune sowie Trommel und Pauke.

1924

Fricsay dirigiert als Zehnjähriger ein Schülerensemble seiner Klasse während eines Geburtstagsständchens für den Lateinlehrer.

1928

Aufnahmeprüfung für die Teilnahme am Kompositionsunterricht an der Budapester Musikakademie noch bevor Fricsay die Matura erlangt hat, Aufnahme in die Klasse von Albert Siklós. Lehrreiches Anhören von Klavierstunden, die Ernst von Dohnányi und Bartók erteilen, der Kammermusikstunden von Leó Weiner sowie von Proben des Hochschulorchesters mit berühmten Dirigenten wie Willem Mengelberg, Felix Weingartner, Erich Kleiber, Carl Schuricht, Wilhelm Furtwängler, Otto Klemperer und Bruno Walter. Gelegenheit, mit den Musikeleven des vom Vater geleiteten Budapester Sinfonie-Orchesters des 1. Infanterieregiments klassische Sinfonien zu proben. Auf Vorschlag der Orchestermusiker Einspringen für den verspäteten Vater zu Beginn eines Radio-Konzerts. Auch später Einspringen für Rundfunksendungen bei Erkrankungen des Vaters.

1933

Abschlussprüfung am Budapester Konservatorium als Dirigent und Komponist. Fricsay bewirbt sich für die Nachfolge des vakant gewordenen Postens des Militärkapellmeisters in Szeged und wird unter 53 Bewerbern ausgewählt und ernannt.

1933–44

Elf Jahre lang dirigiert Fricsay in Szeged Platzkonzerte mit von ihm für Blasorchester arrangierter sinfonischer Musik und die Abonnementkonzerte der Szegediner Philharmonischen Orchestervereinigung mit berühmten Solisten wie Dohnányi, Jacques Thibaud, Alfred Cortot, Bartók, Joseph Szigeti und Géza Anda, mit klassisch-romantischen Programmen und vereinzelt mit Werken des Barock und der Moderne. Steigerung der Zahl der Abonnenten von 260 auf über 2000. Nachdem er zum ersten Mal 1939 an der Budapester Staatsoper eine Repertoire-Aufführung dirigiert hat, leitet er seit 1940 auch Opernvorstellungen im Szegediner Stadttheater. In die Szegediner Zeit fallen auch seine erste Heirat mit Márta Telbisz und die Geburten der drei Kinder aus dieser Ehe.

1942

Fricsay hilft jüdischen Künstlern, nachdem er zuvor vergeblich versucht hatte, ihnen ein Engagement am Stadttheater zu vermitteln. Es wird innermilitärisch Anklage gegen ihn erhoben wegen seiner judenfreundlichen Aktivitäten für das von ihm gegründete Opernensemble im Städtischen Theater, weil sie gegen die »Gesinnung des ungarischen Militärs« verstoßen würden.

1943

Wegen Überarbeitung und mangelnder Unterstützung durch die Szegediner Stadtverwaltung legt Fricsay im Frühjahr 1943 die Kapellmeister-Funktion in der Philharmonischen Orchestervereinigung für Konzert und Oper nieder und dirigiert nur noch als Gast des Orchesters. Erste Magenblutungen.

1944

Hilfeleistungen für rassisch und politisch Verfolgte zum Schutz vor den Gewalttaten der deutschen Besatzer und ihrer ungarischen Kollaborateure. Fricsay wird ein zweites Mal einer innermilitärischen Anklage unterworfen. Fricsay steht unter Beobachtung der Gestapo und muss auch wegen seiner jüdischen Herkunft mütterlicherseits aus Szeged fliehen und in Budapest bei Freunden untertauchen. Hier muss er sich bis in die letzten Wochen des Krieges mit seiner Familie versteckt halten.

1945

Eine Woche nach dem Einmarsch russischer Truppen in Budapest im Januar 1945 findet im ungarischen Theater das erste von Fricsay dirigierte Konzert statt; in den März fällt seine erste Budapester Operneinstudierung mit Verdis *La Traviata*. Fricsay erhält außerdem den Auftrag, das Hauptstädtische Philharmonische Orchester wieder aufzubauen.

1946

Einem zunächst wegen der schwierigen Post- und Reiseverhältnisse gescheiterten Versuch, Fricsay nach Wien für ein Konzert mit den Wiener Philharmonikern einzuladen, folgt eine Einladung der Wiener Staatsoper, am Haus der Volksoper zu dirigieren, der er im November folgen kann, um dort eine Repertoire-Aufführung von Bizets *Carmen* zu leiten. Weitere Angebote, ihn für die Wiener Volksoper zu engagieren, lehnt Fricsay zunächst ab.

1947

Die Budapester Philharmoniker gastieren im Frühling unter Fricsays Leitung während des 1. Internationalen Wiener Musikfests. Als Folge dieses Konzerts wird Fricsay als Assistent neben Klemperer für die Einstudierung und Uraufführung von Gottfried von Einems Oper *Dantons Tod* im Rahmen der wiedereröffneten Salzburger Festspiele gewonnen. Fricsay übernimmt nach einer Erkrankung Klemperers alle sieben Aufführungen. Fricsay unterschreibt am 2. September einen von Egon Hilbert vermittelten Ein-Jahres-Vertrag mit der Wiener Staatsoper, in dem er sich verpflichtet, in den Häusern des Theaters an der Wien (Ausweichquartier

des im Wiederaufbau befindlichen Haupthauses) und der Volksoper 50 Vorstellungen zu dirigieren. Realisiert werden eine Übernahme von *Dantons Tod* nach Wien sowie Repertoire-Aufführungen von Verdis *Rigoletto*.

1948

Fricsays erste Neueinstudierung an der Wiener Staatsoper erfolgt
mit Puccinis *La Bohème*. Wendepunkt für Fricsay infolge des großen Erfolgs seiner Einstudierung von Frank Martins Oper *Der Zaubertrank* während der Salzburger Festspiele. Es folgen Einladungen
nach Zürich und Berlin. Fricsay entscheidet sich, angelockt vom
Intendanten Heinz Tietjen und der Musikchefin des RIAS, Elsa
Schiller, für Gastauftritte in Berlin (zunächst beim Rundfunk-Sinfonieorchester, dann an der Städtischen Oper, beim RIAS-Symphonie-
Orchester und bei den Berliner Philharmonikern). Er macht Studioaufnahmen im Berliner Rundfunk mit zeitgenössischer ungarischer
Musik und erklärt sich bereit, die Neueinstudierung von Verdis
Oper *Don Carlos* an der Städtischen Oper zu übernehmen. Fricsay
leitet deren Einstudierung und Aufführung im November 1948 und
wird daraufhin zum Generalmusikdirektor (GMD) der Städtischen
Oper ernannt (und bleibt dies bis 1952). Es folgen im Dezember
seine ersten Konzerte mit dem RIAS-Symphonie-Orchester und den
Berliner Philharmonikern. Sein erstes Konzert mit dem RIAS-Orchester führt zur Ernennung zu dessen Chefdirigenten, er bleibt
dies zunächst bis 1954.

1949

Fricsay dirigiert am Anfang des Jahres wieder in Budapest, verlässt
die Stadt mit einem auf zwei Monate befristeten Reisepass im März
in Richtung Salzburg, verliert nach einer Nicht-Verlängerung seines
Reisepasses und seiner Weigerung, nach Ungarn zurückzukehren,
die ungarische Staatsangehörigkeit und wird in amerikanischen
wie deutschen amtlichen Dokumenten der Folgezeit als »staatenlos,
ungarischer Herkunft« bezeichnet und als Flüchtling behandelt. An
der Städtischen Oper folgt im Juni die Neueinstudierung von Beethovens Oper *Fidelio*. Es finden weitere Konzerte mit dem RIAS-Orchester, auch mit den Berliner Philharmonikern, im West-Berliner
Titania-Palast statt, und Fricsay konzertiert in Warschau. Fricsay

leitet die Uraufführung von Carl Orffs Oper *Antigonae* in Salzburg. Er schließt im Oktober einen Exklusivvertrag mit der Deutschen Grammophon Gesellschaft (DG) über mindestens 25 Schallplatten mit einer Laufzeit von mindestens zwei Jahren. Fricsay dirigiert in Erfüllung seiner Verträge mit dem RIAS und der DG Einspielungen von Johann Strauß' Operette *Die Fledermaus* als Funkoper und Mozarts *Die Entführung aus dem Serail* mit dem RIAS-Orchester.

1950

Fricsay konzertiert neben dem RIAS-Orchester auch wieder mit den Berliner Philharmonikern und im März mit italienischen Orchestern (Konzerte in Florenz, Rom, Venedig, Triest, Mailand). An der Berliner Städtischen Oper folgen als Neueinstudierungen Mozarts *Die Entführung aus dem Serail* (April) und Wagners *Tristan und Isolde* (Mai). Für die Festspiele in Glyndebourne übernimmt er im August die Leitung von Mozarts *Le nozze di Figaro*. Mehrwöchiger Aufenthalt in Buenos Aires und Konzerte in Neapel.

1951

Aufführung von Verdis Requiem zum 50. Todestag des Komponisten. Fricsay unternimmt mit dem RIAS-Symphonie-Orchester eine Westdeutschland-Tournee. Im März 1951 wird seine 1938 in Szeged geschlossene Ehe mit Márta Fricsay, geb. Telbisz, in Berlin geschieden. Fricsay heiratet Silvia, geb. Valeanu, gesch. Hallström, die einen Sohn mit in die Ehe bringt. Erneuerung des Exklusivvertrags mit der DG um weitere zwei Jahre, mit Bezug auf bestimmte verabredete Werke für Einspielungen mit den Berliner Philharmonikern, dem RIAS-Symphonie-Orchester und dem Orchestre Lamoureux, Paris. Berliner Erstaufführung von Bergs Violinkonzert.

An der Städtischen Oper setzt Tietjen seine beabsichtigte Musterinszenierung von Wagners *Ring des Nibelungen* mit *Die Walküre* unter Fricsays Stabführung fort, Fricsay wagt die Einstudierung zweier Einakter, Bartóks *Herzog Blaubarts Burg* und Strawinskys *Oedipus Rex* für einen Opernabend. Im September/Oktober erfolgt eine Rundfunkaufnahme großer Teile der Oper *Carmen* von Bizet. Oktober/November wiederholtes Gastspiel in Buenos Aires.

1952

Aufführung von Shakespeares *Ein Sommernachtstraum* mit Mendelssohns Schauspielmusik im Berliner Schillertheater. Fricsay bezieht mit seiner Familie das Haus Westerfeld in Ermatingen (Schweiz/Kanton Thurgau) am Bodensee als ständigen Wohnsitz. Er unternimmt mit dem RIAS-Symphonie-Orchester im Mai eine Gastspielreise mit zeitgenössischer Musik nach Brüssel sowie nach Paris (beim Festival *L'Œuvre du XXe siècle*) und absolviert sein erstes Konzert mit dem Concertgebouw Orkest in Amsterdam. Er erhält Einladungen, während der Festivals in Paris, Salzburg, den Niederlanden, München, Luzern und Berlin zu dirigieren. Es beginnt seine Existenz als »reisender Dirigent«.

An der Berliner Städtischen Oper folgen Verdis *Rigoletto* und Wagners *Der Fliegende Holländer*. Fricsay kündigt vorzeitig seine Anstellung als GMD an der Städtischen Oper wegen Verletzung seiner künstlerischen Autonomie.

1953

Neben den Berliner Abo-Konzerten mit dem RIAS-Orchester und einer Tournee nach England, Frankreich und Westdeutschland Konzerte mit französischen Orchestern in Paris, Konzerte in Amsterdam, Italien, der Schweiz, den Niederlanden und Skandinavien.

1954

Fricsay trennt sich vom Posten des ständigen Chefdirigenten des privatisierten RIAS-Orchesters, dirigiert den bald in Radio-Symphonie-Orchester (RSO) umbenannten Klangkörper aber weiterhin regelmäßig. Gastspiel in Israel mit zahlreichen Aufführungen von Verdis Requiem unter freiem Himmel. Konzerte in den USA (Boston, San Francisco und Houston, Texas, dort während eines längeren Aufenthalts mit einem Vertrag über eine größere Anzahl an Konzerten), Amsterdam, Skandinavien, Italien.

1955

Beteiligung an den Juni-Festwochen in Zürich, zwei Konzerte in Mailand an der Scala und in Bordeaux, Gastkonzerte in Stockholm, Wien, Zürich, Amsterdam.

1956

Fricsay dirigiert Händels *Judas Maccabäus* und Donizettis *Lucia di Lammermoor* in Israel, wird in München GMD der Bayerischen Staatsoper und dirigiert Verdis *Othello*, Mussorgskys *Chowanschtschina* und *Lucia di Lammermoor*.

1957

Münchner Erstaufführung von Bergs *Wozzeck* und Einstudierung von Verdis *Ein Maskenball* an der Bayerischen Staatsoper. Konzert zum zehnjährigen Bestehen des Berliner RSO. Erste längere Erkrankung Fricsays, Abgabe der Uraufführung von Hindemiths *Die Harmonie der Welt* an den Komponisten. Vorwürfe gegen Fricsays nicht den Münchner Traditionen entsprechende Programmgestaltung.

1958

Aufführung von Mozarts *Hochzeit des Figaro* anlässlich der Wiedereröffnung des Cuvilliés-Theaters in München, vorzeitige Lösung seines Münchner Vertrags. Erste Magen-Darm-Operation in Zürich.

1959

Zweite Operation mit Rekonvaleszenz bis September. Konzert mit dem Berliner RSO zur Eröffnung der restaurierten Großen Sendesaals im Haus des Rundfunks. Fricsay wieder Chefdirigent des RSO. Gastkonzerte in Skandinavien, Frankfurt/M., Wien, Italien, Lausanne, Zürich.

1960

Wiederaufnahmen von *Lucia di Lammermoor*, *Ein Maskenball* und *Othello* an der Bayerischen Staatsoper, Gastspiele in den Niederlanden mit dem Münchner *Wozzeck*. Gastkonzerte in Luzern, Mailand, Hannover, Frankfurt/M. und Wien. Erste Fernsehprobe mit dem Stuttgarter Radioorchester mit Smetanas *Die Moldau*.

1961

Konzertreise mit dem RSO Berlin nach Westdeutschland, London und Paris mit Yehudi Menuhin. Berufung Fricsays zum Künstlerischen Berater der Intendanz der Deutschen Oper Berlin. Wiederauftritt bei den Salzburger Festspielen mit der Einstudierung von Mozarts *Idomeneo*; Eröffnung des neuen Berliner Opernhauses, der

Deutschen Oper Berlin (ehemals Städtische Oper), mit Mozarts *Don Giovanni.* Gastkonzerte in Luzern, Kopenhagen, Paris, Basel, Wien, der Schweiz, München, Köln, Bonn und Amsterdam. Fernsehproben mit dem RSO Berlin mit Kodálys *Háry János-Suite* und Dukas' *Der Zauberlehrling.* Zwei letzte Konzerte mit dem London Philharmonic Orchestra im Dezember.

1962
Absage aller Konzertverpflichtungen, mehrere Operationen, häuslicher Aufenthalt in Ermatingen. Verfassen zweier Essays über Mozart und Bartók.

1963
Tod am 20. Februar nach einer letzten Operation in Basel. Beerdigung in Ermatingen. Gedenkkonzerte des RSO in Berlin unter Rafael Kubelik und der Wiener Symphoniker unter Hans Swarowsky.

1 Fricsay über das Dirigieren

Fricsay, der weder sang (außer in den Proben) noch professionell ein Instrument spielte, obwohl er jeweils eines aus den Orchestergruppen der Streicher, Bläser und Schlagzeuger hätte bedienen können, war als Dirigent aktiver Musiker. Er hatte die Vorstellung, dass man die Musik erschaffe, indem man als Dirigent – wie ein werkbezogener Doppelgänger des Komponisten – die Musiker des Orchesters dazu inspiriert, ihre jeweilige Stimme im Sinne der Partitur und des in ihr vorgestellten Gesamtklangs zu spielen, sofern dieser aus den Noten erkennbar sei.

>»Nichts Theoretisches und in Worte gefasstes kann das ersetzen, was ein Dirigent bei seinen Proben an Psychologie, Phrasierungskunst, Klangsinn, Stilgefühl, Menschenliebe weitergeben kann, geschöpft aus dem reichen Schatz an Erfahrungen, die er ein Leben lang gesammelt hat. Das Konzert wiederum zeigt den Dirigenten in seiner interpretatorischen Bedeutung. Bei der Probe steht der Fachmann mit seinem technischen und psychologischen Handwerk vor uns. Das künstlerische Resultat beim Konzert ist aber in vollem Maß nur dann zu erreichen, wenn der Fachmann bei den Proben dafür gesorgt hat, daß der Künstler dann ungehindert musizieren kann, d. h. ihm ein vollkommen präpariertes, wie *ein* Instrument biegsames Orchester zur Verfügung steht, das seine Intentionen wiederzugeben fähig und gewillt ist.«[2]

Das Profil, das Fricsay bereits in Ungarn entwickelt hatte, versuchte er schon als 25-Jähriger nach sechsjähriger Szegediner Dirigier-Erfahrung in einem Vortrag während eines Sommerkurses an der Universität zu erläutern. Nachdem er über das Partiturstudium und die Übertragung der gewonnenen Einsichten in das Kunstwerk auf die Orchestermusiker während der Proben referiert hatte, kam er auf die Funktion des Dirigenten während des Konzerts zu sprechen:

>»Hier stehen ihm nun zur Verfügung: sein Gesichtsausdruck, seine Hände, sein Dirigentenstab, außerdem die mit diesen Mitteln ausgeführten Bewegungen und schließlich die Fähigkeit zum Führen, die wir kurz Suggestion nennen. Wenn jemand richtig mit ihnen umgehen kann, sind diese Dinge völlig

---

2   Ferenc Fricsay, *Ein Selbstporträt*, hg. von der Ferenc-Fricsay-Gesellschaft, dem
     Radio-Symphonie-Orchester Berlin und RIAS Berlin, o. O., o. J., unpag.

ausreichend. Das Hauptziel ist, daß der Dirigent die in den Proben gegebenen Anweisungen bei den Musikern wieder wachruft und diese noch womöglich mit neuen Gedanken erweitert, ohne daß er damit den musikalischen Ablauf mit unpassenden Bemerkungen stört oder die Leitung des Orchesters hemmt. [...] Der gute Dirigent spielt das ganze Werk als Pantomime dem Orchester und auch dem Publikum vor, doch ständig etwas früher, als das Orchester es zum Klingen bringt, denn die Verzögerung zwischen der Wahrnehmung und der Ausführung darf nicht außer Acht gelassen werden. [...] Sich zum Dirigentenberuf zu wenden, ist eine alte Musikerkrankheit. Zum Dirigieren muss man geboren sein. Es ist eine vielseitige und komplizierte Tätigkeit, die einer besonderen Prädestination bedarf«[3].

Weitere Gedanken über die Verantwortung des Dirigenten, wenn er abends im Konzert etwas vermittelt, mit dem man die Gedanken und Gefühle anderer Menschen beeinflusst, äußerte Fricsay in einem noch unveröffentlichten Interview in Ermatingen 1960/61, dessen Transkription in seinem Nachlass im Archiv der Berliner Akademie der Künste vorliegt:

»Ich probiere wenigstens, Mensch zu sein im Musizieren, in meinen Ausdrücken die Menschen anzusprechen und nicht zu versäumen, in jedem Moment sie darauf aufmerksam zu machen, dass wir Pflichten haben, in jeder unserer Äußerungen und Taten menschlich zu werden.«[4]

Und er fand neue Worte über das Dirigieren, darüber, was er vor seiner Krankheit unbewusst getan und worüber er nun nachgedacht habe. Er fragte, wie es zu verstehen sei, wenn Bruno Walter sagte, dass man als Dirigent geboren werde und es nicht werden könne. Es wäre eine unterschiedliche Berufung, am Klavier zu sitzen, Geige zu spielen oder vor einer 100-köpfigen Musikerschar Bewegungen zu machen, die Musik auslösen. Wer auf dem Klavier die Ouvertüre zur *Zauberflöte* spielen kann, vielleicht besser als ein Dirigent, könne noch lange nicht diese Musik vor einem Orchester dirigieren, weil dazu ganz andere Fähigkeiten notwendig seien.

---

3 Ferenc Fricsay, »Über die Arbeit des Dirigenten und die Geheimnisse seiner Werkstatt«, 1939, in: *Ferenc Fricsay. Retrospektive-Perspektive*, hg. von Lutz von Pufendorf, Berlin 1988, S. 31 f.
4 (Ton)Band II, AdK, FFA 1529.

»Wie man zu schlagen hat, wie man seine inneren Gedanken mit Bewegungen mitteilt, was die spezifische Begabung für einen Dirigenten ausmacht, das kann man nicht lernen. Die Bewegungen bei den Konzerten dürfen nicht anders sein in ihrem Ausdruck als das, was man auf den Proben mit Worten und mit detaillierter Probenarbeit erreicht hat. Man muss das alles wieder in Erwägung bringen während des Konzerts. Auch neue Gedanken mitzuteilen durch Bewegungen, das ist Dirigieren. Das Atmosphärische entsteht durch die Töne, die dazu kommende persönliche Ausstrahlungskraft des Dirigenten kommt notwendig hinzu, und diese kann man nicht lernen. Nur Taktschlagen, das Sichtbarwerden der Taktstriche hindert die Freiheit beim Musizieren. Das Orchester muss von einer Vorbewegung vor dem Einsatz spüren, ob es um Tragik, Traurigkeit, Hoffnungslosigkeit geht, ob es dramatisch, kraftvoll, heiter, überschwänglich, himmelstürmend lustig oder himmelstürmend dramatisch spielen soll. Dass muss in seiner Gebärde da sein, das muss in seinen Bewegungen ausgedrückt werden, dann kann man von einer dirigentischen Technik sprechen. Ob er richtig den Takt schlägt, das ist Mittelschule, das macht einen Dirigenten nie aus. Der Lehrer, der da ansetzt, von der jungen Generation Dirigenten zu erziehen, ist kein Lehrer, der ist ein guter Schulmeister. Bruno Walter hat sich am meisten die Mühe gegeben, seine Gedanken darüber auszusprechen, wie die Dirigentenkunst in unserem Jahrhundert aussehen soll. Er hat als die wichtigste Voraussetzung die Allgemeinbildung eines Dirigenten hingestellt. Wenn ein Dirigent nicht auf dem Boden der Literatur, der Bildenden Kunst, humanistischer Gedanken, der Antike, der Moderne sich mühelos auskennt und so viel in sich aufgenommen hat, dass er jeden Moment aufgrund seiner Ausbildung und Kenntnisse fähig ist, richtige Urteile gegenüber sich selber und den anderen mitteilen zu können, wird er es sehr schwer haben, und er wird auch nie eine richtige Klasse repräsentieren. Ich glaube, dass man mit sogenannter Pultvirtuosität vieles erreichen kann, aber nur kurze Zeit. Es kann ein Werk nicht perfekt gespielt, aber in seinen Gedanken richtig erfasst gültig sein und oft anhörbar sein, auch auf der Schallplatte mit ihren Fehlern. Aber vom technischen Standpunkt sauber gespielte Werke, ohne den Inhalt wesentlich erkannt zu haben, kann man als Platte nicht dreimal hintereinander anhören, geschweige denn, dass es in einem Konzertsaal unmittelbar eine längere Weile über richtig hörende Ohren sich ausbreiten könnte.«[5]

In diesem Zusammenhang erörterte er auch die Frage, wie mit Differenzen umzugehen sei zwischen der eigenen Auffassung und der eines opponierenden Orchesters.

5   Ebd.

»Man muss doch nachdenken, wer Recht hat, und wenn man ein bisschen klug ist, dann wird man sich sagen, vielleicht haben diese hundert Leute, die sich instinktiv gegen etwas wehren, vielleicht doch recht gegen die Auffassung, die man selber allein für richtig hält. Und wenn man konstatiert, dass sie Recht haben, da soll man nachgeben und sich eventuell diese Anregungen zu eigen machen. Ich glaube, das ist ein Weg, den man sich positiv überlegen sollte.«[6]

Allseits wurden Fricsays Kollegialität, seine menschliche Wärme, das Fehlen von Sarkasmus oder despotischen Allüren im Umgang mit den Orchestern gelobt. Musizieren sollte Freude machen, und als Dirigent sollte man den Musikern die Arbeit erleichtern, indem man ihnen während der Proben als Advokat oder Doppelgänger des Komponisten Klarheit über die Partitur und Sicherheit im Spiel vermittelt.

Kritik am Dirigenten sei ein heißes Eisen, über das man sprechen müsse, wenn man offen über seine Laufbahn und sein Leben sprechen will. Kritik sei für einen Künstler notwendig, denn sie sei ein Spiegel, doch stelle sich die Frage, ob ein Röntgen- oder ein Zerrspiegel. Er wolle die Kritiken nicht danach sortieren, ob positiv oder negativ, ob Lob oder Tadel, sondern danach, ob richtig oder falsch, objektiv oder unobjektiv, konstruktiv oder destruktiv, nützlich oder schädlich, berichtend oder richtend. Ein Kritiker sollte sich so in ein Konzert setzen, als ob er das Werk und die Künstler noch nie gehört hätte, sollte eine Produktion nicht so hören wollen, wie er sie sich vorstellt, und alles andere schlecht finden. Er sollte seine persönliche Auffassung und Erfahrung zwar als Maßstab anwenden, aber immer bereit sein, andere Gedanken mitzugehen, jene Schönheiten in Werken zu entdecken, die anderen einfielen.

6   (Ton)Band III, AdK, FFA 1530.

2 Budapest – Szeged – Budapest

Eine musikalische Kindheit und Jugend bis 1933

Die in mütterlicher- und väterlicherseits geteilte Familiengeschichte Fricsays ist eine jüdisch-österreichische. In dem 1913, wenige Wochen vor der Heirat mit dem Vater Richard Fricsay und neun Monate vor der Geburt von Ferenc ausgestellten römisch-katholischen Taufschein der 1876 geborenen Mutter Berta Lengyel wird als deren Vater benannt: »Béla Lengyel, und als dessen Eltern: David Löwy, Lali Ungar«, beide Namen sind mit dem Vermerk »izr.« (= israelitisch) versehen. In einer späteren Abstammungsurkunde für Ferenc Fricsay heißt es zur Mutter: »getaufte Jüdin, Großeltern mütterlicherseits Juden, sonst christlicher Abstammung«, was auf eine religiöse, nicht rassische Ableitung hindeutet. Wie aus der im Berliner Nachlass liegenden Privatkorrespondenz Fricsays hervorgeht, hat er lebenslang mit mehreren, über Europa verstreut lebenden Angehörigen der Familie Lengyel nicht nur briefliche Kontakte unterhalten, sondern sie auch finanziell unterstützt. Fricsays Mutter lebte zuletzt mit im Ermatinger Haus der Familie und hat ihren Sohn überlebt. Ferenc Fricsays erster Frau Márta, geb. Telbisz wird in der Urkunde eine »rein christliche Abstammung« bescheinigt.

Dem neun Jahre vor seiner zweiten Frau in Kremsier (Mähren) geborenen und seit 1913 nach Stationen in den ungarischen Städten Székesfehérvár (Stuhlweißenburg) und Nagyvárad (Großwardein) in Budapest wirkenden Witwer und Ferencs Vater Richard Fricsay wurde im Taufschein von 1867 seine sofortige römisch-katholische Taufe bescheinigt. Der Trauschein zur Hochzeit von Ferencs Eltern stammt vom Dezember 1913, da könnte der kleine Ferenc schon unterwegs gewesen sein.

Fricsay hat über die jüdische Herkunft seiner Mutter (aus jüdischer Sicht das entscheidende Kriterium für seine Zugehörigkeit zum Judentum) nie gesprochen und auch über seine Stellung zum Judentum sich nie bündig geäußert. Allerdings hat er anderen Juden in Wort und Tat geholfen und sich stets gegen ihre Herabsetzung und Verfolgung ausgesprochen. Trotz Fricsays Verschweigen

dieser Zusammenhänge scheint seine gesamte zukünftige Dirigentenlaufbahn auch eine Kraftanstrengung gewesen zu sein, seine
musikalische Hochbegabung als Sohn einer jüdischen Mutter gegen
die im Weltkrieg letztlich unterlegenen Judenfeinde zu behaupten –
vielleicht war dies mit ein Motiv dafür, im besiegten und redemo-
kratisierten Deutschland als Musiker reüssieren zu wollen.

Die musikalische Entfaltung des Kindes, Jünglings und jungen
Erwachsenen in den ersten 30 Jahren seines Lebens ist ein unent-
behrliches Vorspiel für Fricsays spätere internationale Laufbahn als
einer der bedeutendsten Dirigenten in der Mitte des 20. Jahrhunderts. Ebenso scheint im frühen Verlauf von Fricsays musikalischer
Ausbildung und Berufsausübung bereits die Tendenz angelegt, über
lokale und nationale Grenzen hinauszuwachsen und in die Metro-
polen der bürgerlichen Musikkultur, vor allem der westlichen He-
misphäre vorzustoßen.

Wie alle musikalischen Wunderkind-Biografien zeigt auch diejenige Fricsays folgende Merkmale: spontane Auffassungsgabe alles
Erklingenden und früher Nachahmungsdrang des Gehörten. Bei
Fricsay kam noch hinzu, die Dirigierbewegungen zur Musik, die er
beim Vater beobachtete, derart zu empfinden und zu interpretieren,
als ob man mit ihnen die Musik hervorbringen könne. Dieses de-
miurgische Verständnis der dirigentischen Funktion und des Diri-
genten-Berufs hat Fricsay sein Leben lang nicht verloren.

Es ist auf das besondere pädagogische Talent des Vaters hinzu-
weisen, mit dem dieser die Entwicklung seines Sohnes förderte,
nachdem er einmal begriffen hatte, dass dessen Drang, Musiker
werden zu wollen, unüberwindlich war. Die enorm frühe Zulassung
zum außerhäuslichen Studium der Musik, parallel zur allgemeinen
Schulbildung, war auch nur durch die Vater-Sohn-Beziehung möglich. Die Idee, den jungen Ferenc neben dem Klavier alle Instrumentengruppen des Orchesters in exemplarischen Beispielen er-
lernen zu lassen, war ein Gedanke des Vaters, nachdem klar war,
dass der Knabe Dirigent werden wollte. Den besonderen Fähigkeiten und Wünschen des Kindes nachzugeben und gleichzeitig dessen Bestrebungen in einen disziplinierten Weg der Schulung spe-
zieller handwerklicher und künstlerischer Fertigkeiten einzufassen,
erwies sich fürwahr als der goldene Weg.

Abb. 1: Geigenunterricht beim Vater, 1926

Frühe dirigentische Aktivitäten in den 1920er Jahren wirken wie kleine Jungenstreiche, wurden aber vom Vater nicht nur geduldet, sondern teilweise auch unterstützt. Zusätzlich zu den Dirigierbewegungen des Vierjährigen und dem Dirigat von Eleven des väterlichen Militärorchesters erzählte Fricsay in dem 1960/61 in Ermatingen aufgenommenen Interview von weiteren charakteristischen Vorfällen: Sein erstes halböffentliches Dirigat gab er im Alter von zehn Jahren, um dem Lateinlehrer zum Geburtstag ein Ständchen zu bringen. Er trat in der Schule mit Schülern aus der eigenen Klasse auf, um eine Komposition seines Vaters für das Schüler-Ensemble darzubieten, außerdem sei von ihm einstudiert und dirigiert worden: »Beethoven, *Der Tag des Herrn*[7] und Johann Strauß, Werbelied aus *Der Zigeunerbaron*«.

Trotz seiner Abneigung gegen alles Militärische versuchte er erfolgreich mit einer aus uniformierten Schülern vorgetäuschten

---

7   Es gibt kein Werk dieses Titels von Beethoven. Vermutlich meinte Fricsay das von Ludwig Uhland 1805 gedichtete dreistrophige geistliche Lied *Schäfers Sonntagslied*, das mit der Zeile »Das ist der Tag des Herrn« beginnt und endet und das von Conradin Kreutzer und Mendelssohn vertont worden war; um eine dieser beiden Vertonungen dürfte es sich gehandelt haben.

Militärkapelle ins Budapester Stadion zum Endspiel um die Europa-
meisterschaft im Fußball[8] zu kommen und konnte (sich) dort eine
Zeit lang aufspielen.

Dann gab Fricsay noch die Episode mit der Triangel zum Besten: Während einer Rundfunkaufnahme des Vaters mit Béla Kélers
Ungarischer Lustspielouvertüre durfte der 13-Jährige die Triangel
bedienen und rutschte während der endgültigen Aufnahme mit
dieser allmählich so nah ans Mikrofon, dass man in der Aufnahme
dann am Schluss nur noch die Triangel hören konnte.

Zum späteren Dirigierstudium gehörten auch Übungen mit
einem Streichorchester, das aus Anfängern der Musikakademie
zusammengesetzt war. Hier hatte Fricsay wegen der fehlenden
Kontrabassstimmen in den Partituren behelfsmäßige Markierun-
gen für deren breitere Mensur anzubringen. Wichtiger für seine
musikalische Bildung und seine späteren Ansprüche an sich und
an die von ihm dirigierten Musiker war, dass er heimlich den Proben des Hochschulorchesters zuhörte und zwei gegensätzliche
Typen des Klavierunterrichts besuchte: den auf Notentreue pochen-
den Bartóks und den romantisch inspirierten Ernst von Dohnányis.
Dem Zuhören von Proben maß er generell sehr hohe Bedeutung
bei.

Seinen Kompositionsunterricht, den er als 14-Jähriger offiziell
nur in der Klasse von Albert Siklós beginnen durfte, führte ihn auch
in die Stunden von Kodály, den er als weise empfand. Seine in diesem Rahmen angefertigten eigenen Kompositionen hielt Fricsay
nachträglich für bedeutungslos, sie wären nur zur Ausbildung des
Verständnisses fremder Partituren gemacht worden. Immerhin dirigierte er zur Abschlussprüfung, die er im Jahr 1933 mit 19 Jahren
absolvierte, eine eigene Konzertouvertüre mit dem Titel *Cyrano de
Bergerac*. Drei Jahre später wird er in Szeged mit den von ihm geleiteten Ensembles eine von ihm komponierte Messe in C-Dur aufführen.

---

8   Ein Endspiel Ungarns hat es zu diesem Zeitpunkt nicht gegeben. Wahrscheinlich
    ging es damals entweder um ein ausgetragenes Länderspiel oder um ein Vereins-
    spiel im Rahmen des Wettkampfs um den Europapokal.

Unerlässlich: Orchesterarbeit in der Provinz, als Militär- und Opern-Kapellmeister in Szeged, 1933–44

Um die elfjährige Periode als Militär- und städtischer Musiker in der Dirigentenlaufbahn Fricsays richtig einschätzen zu können, muss man wissen, welche weit über den militärischen Rahmen hinausgehende Bedeutung das Musizieren mit Militärorchestern im damaligen Ungarn hatte: Die Blasmusik der Infanterieregiments-Orchester der ungarischen Armee diente zwar der Präsentation des Militärs im öffentlichen Leben, besonders während der Platzkonzerte, diese Orchester spielten aber nicht nur Militärmusik in Form von Märschen, sondern auch schmissige bis elegante Unterhaltungsmusik und auch ins Sinfonische übergreifende Tonkunstwerke in Gestalt arrangierter sogenannter Harmoniemusiken. Die Bläserformationen wurden auch mit zivilen Streichern ergänzt, ebenso wie die Militärbläser in den zivilen städtischen Orchestern bei Opernaufführungen und Konzerten mitwirkten. Diese enge Verflechtung von Militär- und ziviler Musik ist auch an Fricsays Tätigkeit in Szeged genau zu beobachten.

Obwohl allem Militärischen abgeneigt, musste Fricsay die Dienstgrade durchlaufen, die Etiketten einhalten, die Titel und einen Säbel tragen. Er wählte die Gattung der motorisierten Artillerie, allerdings mit der hellen Uniform von Marineuren, und begründete seine Abneigung gegen das Militär mit der gleichmachenden Funktion der Uniform und der falschen Definition von Feinden. »Leute, die Beethoven u. a. nicht verstehen, waren damals für mich die wirklichen Feinde, heute kann ich sie nur bemitleiden.«[9] Uniformen erschienen ihm als Zwangsjacken, und das Abrichten zum Töten anderer Menschen, nur weil sie eine andere Sprache sprechen und andere Gewohnheiten haben, erfüllte ihn mit Abscheu.

Fricsay geriet dann auch während des Krieges in Konflikt mit den militärischen Befehlshabern. Typisch war seine Reaktion als Militärkapellmeister auf den Befehl, sechs Tage nach dem Einmarsch fremder Truppen sich mit der Kapelle mitten ins Kampfgebiet zu begeben. Er erhielt eine schreckliche Antwort des Obersts

---

9   AdK, FFA 1530.

auf seine Frage, was zu tun sei, sollte man einer feindlichen Militärkapelle begegnen. Er widersetzte sich auch dem unsinnigen Befehl, zwei Militärorchester in einer Entfernung von 300 Metern die ungarische Hymne spielen zu lassen. Auf den von Fricsays gehorsamst

Abb. 2: Militärkapellmeister, Szeged 1938

gemeldeten Hinweis auf die technische Unmöglichkeit eines solchen Unternehmens kam zunächst nur der Befehl: Üben! Als bei der Generalprobe kein Zusammenklang möglich war – denn die Musiker müssen sich hören können –, gab Fricsay an den Oberst weitere physikalisch-akustische Erläuterungen des Phänomens der Interferenzen von Frequenzen mit dem Ergebnis, dass dieser den Versuch verständnisvoll absetzte.

Fricsay überschritt in Szeged freiwillig und von der Militäradministration ungern gesehen den gezogenen Rahmen seiner Tätigkeit als Militärkapellmeister, indem er sich schnell und gezielt in das vor sich hin dümpelnde zivile städtische Musikleben ein-

mischte, sich in der Philharmonischen Orchestervereinigung engagierte und sich für eine neu eingerichtete Opernsparte des Stadt-
theaters als Dirigent und Organisator engagieren ließ.

Mit welchen Konzertprogrammen es Fricsay gelang, die Abon-
nentenzahl des bereits 1918 gegründeten Philharmonischen Orchesters in den 1930er Jahren von 260 auf über 2000 zu erhöhen, zeigen
die Programmhefte[10]. In dieser Programmgestaltung sind schon die
Grundlinien von Fricsays erst später auch außerhalb Ungarns bekannt werdendem Repertoire sichtbar: Im Zentrum steht die Musik
der klassisch-romantischen Kunstperiode mit den favorisierten
Mozart, Beethoven und Tschaikowsky, auch Liszt kommt relativ oft
vor, flankiert von Haydn und Brahms, vereinzelte Ausflüge einerseits in die Barockmusik mit Bach und Händel sowie in eine Moderne, die man später als »gemäßigt« bezeichnen wird.

Auf dem Gebiet der Oper zeigt sich hier schon Fricsays Vorliebe
für das italienische Repertoire von Rossini bis Puccini. Bei geringen

10   Hier eine Aufzählung der von Fricsay in diesem Zeitraum in der Szegediner Phil-
harmonie dirigierten Werke, vermischt mit den von ihm dirigierten vokal-instru-
mentalen Konzerten des Städtischen Gesangvereins: J. S. Bach, 2. Brandenburgi-
sches Konzert, h-Moll-Suite; Händel, Oboenkonzert; Haydn, Sinfonien in G-Dur
und D-Dur; Gluck, Arie des Orpheus; Mozart, Ouvertüre zu *Die Entführung aus
dem Serail*, Klavierkonzert d-Moll; Violinkonzerte in D-Dur und G-Dur; Bocche-
rini, Violoncellokonzert; Beethoven, F-Dur-Romanze für Violine und Orchester, 3.,
5., 6., 8. und 9. Sinfonie, Violinkonzert, 3. *Leonoren*-Ouvertüre; Rossini, Ouvertüre
zu *Wilhelm Tell*, Arien aus *Der Barbier von Sevilla*; Paganini, Violinkonzert D-Dur;
v. Weber, Ouvertüre zu *Der Freischütz*; Meyerbeer, Arie des Propheten; Wagner,
Vorspiel zu *Die Meistersinger von Nürnberg*, Musik aus *Tannhäuser*; János Frie-
beisz, Ouvertüre zu *Sursum Corda*; Brahms, Haydn-Variationen und Violinkonzert; Tschaikowsky, 5. und 6. Sinfonie, Klavierkonzert b-Moll, Konzertouvertüre
1812, Streicherserenade; Liszt, Klavierkonzerte in Es-Dur und A-Dur, *Les Préludes*,
1. *Ungarische Rhapsodie*; Mussorgsky, *Die Nacht auf dem Kahlen Berge*; Johann
Strauß, Ouvertüre zu *Der Zigeunerbaron*, *Geschichten aus dem Wiener Wald*;
Opernarien von Verdi aus *Rigoletto*, *Der Troubadour*, *Die Macht des Schicksals*, *La
Traviata*, *Aida*; Richard Strauss, *Don Juan*; Puccini, Arien aus *Tosca*; Bruch, 1. Violinkonzert g-Moll; Peter Király-König, Ouvertüre zu *Vig*; Sándor Figedy-Fichtner,
2. Sinfonie; Kodály, *Háry János-Suite*, *Tänze aus Galánta*, Te Deum; Richard
Fricsay, *Grande galoppe chromatique* und *Die Hunnenschlacht*; Albert Siklós, Un-
garisches Präludium und Fuge; F. Fricsay, Messe in C-Dur, *Dömötör (Demeter)*;
Eugene Zádor, Ungarisches Capriccio; Paul Hindemith, *Trauermusik für Viola und
Streichorchester*; Roussel, *Sinfonietta*; Bartóks *Divertimento für Streichorchester*
(zu einem Zeitpunkt als Bartók bereits emigriert, angegriffen und verfemt war);
Chorsätze von Haydn, Brahms, Verdi, Király-König, Jaroff, Fricsay.

örtlichen Kräften und relativ seltenen Opernaufführungen deckten sich die bei Opernarien-Abenden präsentierten Ausschnitte teils mit den am Szegediner Stadttheater von Fricsay dirigierten Opern. Nachdem Fricsay 1940 erreicht hatte, dass im Stadttheater auch Opern aufgeführt werden konnten, die er mit dem von ihm geleiteten Philharmonischen Orchesterverein und Gesangsgästen der Budapester Oper bestreiten konnte, realisierte er Aufführungen von Verdis *Rigoletto*, gefolgt von *Ein Maskenball* und *La Traviata* sowie Puccinis *La Bohème*, Bizets *Carmen* und Gounods *Faust*.

Nach achtjähriger Tätigkeit im Jahr 1941 hatte Fricsay im Theaterausschuss der Stadt Szeged noch einen optimistisch gestimmten Vortrag über die kulturpolitische Situation und die Aufgaben der Musikinstitutionen gehalten, in dem er einen Plan zur Umgestaltung des Kulturlebens in Szeged als Folge der Ergebnisse seiner musikalisch-administrativen Leitung der Szegediner Philharmonischen Orchestervereinigung vorlegte. Erforderlich sei eine Umstellung des Musikprogramms während der Konzertsaison auf ein Abonnementsystem, zweimalige Opernaufführungen im Monat mit jeweils zwei Wiederholungen für Arbeiter und Studenten zu ermäßigten Preisen und mit Einführungsvortrag sowie philharmonische Konzerte mit vorheriger öffentlicher Generalprobe für die Jugend.

Kultur sei kein Luxus, sondern auch ein wichtiger Exponent des Wirtschaftslebens. Kultur sei auch eine Frage des Geldes (der Subventionen), sie trage nicht an Ort und Stelle der Kulturinstitutionen Zinsen, sondern im Rahmen der allgemeinen Geldzirkulation. Neben diesem wirtschaftlichen Tauschwert habe Kultur aber vor allem einen ideellen Gebrauchswert als Beruhigungs- und Trostmittel.

Harmonisch ist das Engagement des örtlichen Militärkapellmeisters Fricsays in den städtischen Musikinstitutionen nicht verlaufen. Fricsays hohe Ansprüche mussten zu Konflikten mit einer passiven Kulturverwaltung führen, die nicht bereit war, ihn von administrativer Seite her zu unterstützen, sodass er am 5. März 1943 auf einer Sitzung des Philharmonischen Orchestervereins seinen Rücktritt vom Amt des Städtischen Kapellmeisters erklärte. Das im Fricsay-Nachlass in deutscher Übersetzung deponierte Referat mit der Begründung für diesen Schritt hat folgende Schwerpunkte:

Fricsay nahm für sich in Anspruch, mehr erreicht zu haben, als von einem Amateurorchester zu erwarten war, es gäbe inzwischen eine höhere Gesamtleistung des Orchesters als die Fähigkeiten der einzelnen Musiker erwarten ließen. Er habe um die finanzielle Besserstellung der Musiker gekämpft. Man habe die höchstmöglichen Resultate für ein Provinzorchester mit Begabung und Fleiß erreicht, auch das theoretische Wissen der Musiker habe sich erhöht. Trotzdem werde er das Amt des Kapellmeisters niederlegen, weil die Arbeit nicht mehr zu bewältigen sei und zu der künstlerischen Leitung administrative Aufgaben hinzugekommen seien, bei denen sich aufgrund bürokratischer Entscheidungen Schwierigkeiten ergeben hätten. Er habe alle administrativen Ämter in Alleinregie übernommen, um die Hemmnisse zu beseitigen, aber es habe keine Unterstützung durch die Stadtverwaltung gegeben. Es folgt eine Auflistung von 18 Punkten der von ihm geleisteten künstlerischen und vor allem administrativen Tätigkeiten, aus denen eine absolute Überarbeitung resultiert. Es gäbe eine Gefährdung des Orchesters durch Wegzug engagierter, von ihm ausgebildeter junger Musiker. Es gäbe keine institutionelle Unterstützung des improvisierten Musiklebens, das sofort zusammenbrechen würde, sollte er seine administrative Arbeit einstellen. Die Stadtverwaltung scheine das Orchester für verzichtbar zu halten. Nach fünf Fällen von Magenblutungen sehe er sich gezwungen, seiner Gesundheit zuliebe den Posten aufzugeben und sich für das Musizieren und Dirigieren nur noch als Gast anzubieten. In naher Zukunft werde die Orchesterkultur in Szeged sterben, da die für Mai geplanten Opernaufführungen jetzt schon unmöglich geworden seien, weil die nötigen Holzbläser nicht mehr verfügbar wären.

Bei den von Fricsay in diesem Zusammenhang berichteten Magenblutungen handelte es sich offensichtlich um das erste Auftreten eines später chronisch werdenden Krankheitsbilds, dem er schließlich erliegen sollte. Auch dass diese Krankheit mit Phänomenen der Überanstrengung durch zu hoch gesteckte künstlerische Ziele, der Enttäuschung über deren mangelnde Verwirklichung zu tun haben könnte, wird hier schon spürbar.

Größere Probleme als die Auseinandersetzung über die Organisation des Musiklebens stellten für Fricsay seine Verfolgung vonseiten der militärischen Obrigkeit und Gerichtsbarkeit dar. Aktenkundig sind zwei bedrohliche Zwischenfälle geworden, angesichts derer leicht vorstellbar ist, dass und warum die fünfköpfige Familie Fricsay 1944 gezwungen war, nach Budapest auszuweichen und unterzutauchen. Durch seine Auftritte im Budapester Opernhaus hatte er dort Freunde gefunden, einer von ihnen konnte ihn im Keller eines Budapester Sanatoriums verstecken.

Folgende gegen das Horthy-Regime gerichtete Aktivitäten Fricsays sowie deren Verfolgung durch die Dienststellen der ungarischen Armee sind dokumentiert: Das Korpskommando von Szeged veranstaltete im Juli 1942 eine »Tatbestands-Untersuchung gegen den Dirigenten Ferenc Fricsay«. Die Anklagepunkte des Generalmajors lauteten: Empfehlung von fünf »Halbjuden« an den Szegediner Theaterausschuss, was »mit der Gesinnung des Offizierskorps unvereinbar« sei, Begründung dieser Empfehlungen damit, dass bei den Rechten eine Richtungsänderung (zugunsten der Juden) zu erwarten sei; Niederlegung des Dirigats der Oper, nachdem statt der von ihm empfohlenen jüdischen eine arische Schauspielerin singen sollte; Unterhalt von Beziehungen zum Chefredakteur einer wegen ihrer politischen Vergangenheit kritikwürdigen politischen Tageszeitung, dessen Ehefrau Jüdin ist; Einreichung eines Entwurfs (zur Theaterarbeit) ohne Wissen seines ihm vorgesetzten Kommandos, persönliche Erläuterung dieses Entwurfs vor dem Theaterausschuss; Berichte über ihn in der Tagespresse in »ungünstigem [d.h. judenfreundlichem] Licht«.

Es erfolgte dann im November eine Anklageschrift vor dem Militärgericht. Der Ausgang dieses Verfahrens ist nicht dokumentiert. Vermutlich konnte sich Fricsay einer Verurteilung oder den Disziplinarstrafen entziehen, sicherlich hatte er auch Fürsprecher in der Stadtverwaltung, die um seine Unentbehrlichkeit wussten.

Die Verhängung einer weiteren militärrechtlichen Ahndung ist aus dem Jahr 1944 dokumentiert, kurz vor Fricsays erzwungener Übersiedlung in den Untergrund nach Budapest. Es handelte sich um einen Offiziersbefehl im Juli 1944: Verhängung einer 40-tägigen Standortsperre wegen Fricsays Meldung seiner amtlichen Kenntnis von dem unmittelbar bevorstehenden Einmarsch der deutschen Truppen am Morgen des 19. März 1944 am Vormittag desselben

Tages an einen Vertreter der sozialdemokratischen Partei. Dadurch wäre es dieser möglich gewesen, »kompromittierende vertrauliche Akten« zu vernichten. Zu diesem Verfahren erfolgte eine Entlastungurkunde des Ständigen Überprüfungsausschusses des ungarischen Militärs im März 1945.

Dirigieren des Hauptstädtischen Orchesters in Oper und Konzert, 1944–49

Kurz nachdem die russische »Rote Armee« Anfang 1945 Budapest eingenommen und die deutschen Besatzer vertrieben hatte, aber noch während vereinzelt Kämpfe tobten, regte sich bei den Budapester Musikern der Wunsch, unverzüglich wieder mit dem Veranstalten von Konzerten zu beginnen. Fricsay war als Überlebender in Budapest einer der aktivsten, er dirigierte in notdürftigen Lokalitäten wie dem Theater oder dem Garderobenareal der Staatsoper im Januar und Februar erste Konzerte mit den wieder versammelten Orchestermusikern. Bereits im März durfte er seine erste Oper im Opernhaus einstudieren, Verdis *La Traviata*. Fricsay schrieb dazu:

> »Meine Traviata war ein großer Erfolg. Sie brachte mir ein schönes Angebot und am nächsten Tag war ich Mitglied der Budapester Oper. Dieses Institut war formgebend für mein ganzes späteres Leben. Es verfügte über ein ausgezeichnetes Ensemble mit herrlichen Stimmen, einem in Tradition erzogenen Orchester und Chor. Ich hätte einen großen Teil des Repertoires übernehmen können, vorwiegend italienische, slawische und ungarische Werke.«[11]

Auf dem (Ton)Band III äußerte sich Fricsay auch über sein Verhältnis zu den Russen in Budapest und sagte, ihre Rolle sei damals unmittelbar nach dem Krieg eine andere gewesen als später, und meinte damit vermutlich ihre positiven Initiativen zum kulturellen Wiederaufbau, er habe aber keine gemeinsame Sache mit ihnen gemacht.

Bis 1947 arbeitete Fricsay am Budapester Opernhaus an der Seite des Chefdirigenten Sergio Failoni, der dort seit 1928 überwie-

---

11   Fricsay, *Ein Selbstporträt* (Anm. 2), unpag.

gend italienisches Repertoire, aber auch Wagner dirigierte, nachdem er Italien wegen seiner Weigerung, unter dem Regime Mussolini zu arbeiten, verlassen hatte und der auch nach 1945 trotz Angeboten, an der Scala oder an der Met zu dirigieren, in Budapest blieb oder stets dorthin zurückkehrte; sein früher Tod ereilte ihn im Alter von nur 56 Jahren. Failoni gewährte Fricsay bedeutende Einblicke in das Operndirigieren, und ihm verdankte er auch die entscheidenden Hinweise für die italienische Oper.

Fricsay erzählt auf (Ton)Band III wie auch in dem Aufsatz *Ein Selbstporträt* eine Episode während der Einstudierung von Mussorgskys *Chowanschtschina* in den »schweren Jahren 1942/43, wo in Ungarn die menschenunwürdigen Gesetze gegen die Juden herrschten«: Failoni kam bei einer Orchesterprobe an die schwierige Stelle mit einem Außenchor, der ersatzweise von einem Hilfskorrepetitor geleitet werden musste. Nachdem es auch beim dritten Versuch nicht klappte, rief Failoni nach dem jüdischen Chorkorrepetitor, von dem er wusste, dass er die Stelle gut dirigieren konnte, und musste sich sagen lassen, dieser sei nicht anwesend, weil er Jude sei und dabei wäre, das Land zu verlassen. Failoni ließ daraufhin den Ersatzkorrepetitor kommen und sagte zu ihm: »Schöne Zeiten sind das. Sie können nicht einmal einen Außenchor dirigieren. Unser Herr Jesus Christus könnte in diesem Haus nicht Korrepetitor sein. Sie aber ja!« Diese Äußerung galt als charaktervolles Zeichen von Opposition seitens Failonis, und sie war allen Anwesenden und auch Fricsay ein Beispiel dafür, dass man nicht alles ohne Widerspruch hinnehmen musste.

Fricsay schloss in diesem Gespräch allgemeine Ausführungen an zur Notwendigkeit von Opposition gegen Dinge, die man ungerecht findet: man solle das auf seine (Failonis) Art und Weise tun.

> »Man braucht nicht Bomben werfen, man braucht nicht unbedingt zum Gewehr greifen, aber ein Musiker kann vielleicht mit seiner Musik oder ein anderer Künstler mit seiner Kunst in Opposition treten gegen die Leute, die nicht erkennen, dass der menschliche Geist, dass die Kunst, dass das Wort nicht zu terrorisieren ist.«[12]

---

12 AdK, FFA 1530.

Für Fricsay war es ein großes Glück, dass Otto Klemperer durch den Musikästheten und Operndirektor Aladár Tóth zum Herbst 1947 an die Budapester Staatsoper berufen wurde und er mit ihm gemeinsam dort kontraktiert war. Klemperers Neueinstudierungen der Mozart-Opern und großer Teile des Wagner-Repertoires zeigten Klemperer in Budapest auf dem Höhepunkt seiner Kunst. Fricsay besuchte viele seiner Proben, denn es war für ihn weiterhin wichtig, hinter einem Dirigenten zu sitzen und zu sehen, was er und wie er es macht. Fricsay erzählte eine Episode aus einer *Lohengrin*-Probe: die Ritterbegrüßung zu Beginn des 3. Aktes mit Fanfarenklängen und Stoßen gegen die Schilde sei sehr germanisch ausgefallen. »Klemperer bricht ab, dreht sich um und sagt: ›Also, das ist ein Nürnberger Parteifesttag!‹«[13]; es muss wohl eine schlechte, in der Zeit nach 1945 unerträgliche Inszenierung gewesen sein, sodass allen schauderte.

Unabhängig von seinen Auftritten und Engagements seit 1946 in Wien, Salzburg und Berlin war Fricsay bis 1949 als ständiger Dirigent des Hauptstädtischen Philharmonischen Orchesters Mitglied des Ensembles des Budapester Opernhauses, und er gab diese Stelle erst auf, kehrte unter Vertragsbruch nicht mehr nach Budapest zurück, nachdem er in Berlin fest als Chefdirigent des RIAS-Symphonie-Orchesters sowie als Generalmusikdirektor (GMD) der Städtischen Oper vertraglich gebunden war. Fricsay war in Budapest auch beauftragt mit dem Wiederaufbau des Hauptstädtischen Orchesters, und wieder ist es interessant zu sehen, mit welchen Programmen er seine in Szeged begonnene Orchesterarbeit hier fortsetzte[14].

---

13 Ebd.
14 Sie sind beispielsweise aus dem Saison-Programm des Hauptstadtorchesters Budapest 1945/46 für die Konzerte zu ersehen, die unter seiner Leitung stattfanden: Purcell, Suite aus *Fairy Queen*; Händel, Arien aus *Samson* und *Rodelinda*; Haydn, *Die sieben Worte Christi am Kreuz*, Sinfonie *Die Uhr*; Mozart, *Serenata notturna*, Flötenkonzert G-Dur (KV 313), eine Konzertarie für Sopran, große g-Moll-Sinfonie; Beethoven, 1., 5., 6. und 9. Sinfonie; Schubert, 8. Sinfonie C-Dur; Mendelssohn, Musik zu *Ein Sommernachtstraum*; Brahms Doppelkonzert, Haydn-Variationen, Serenade D-Dur; Debussy, *La mer*; R. Strauss, *Till Eulenspiegels lustige Streiche*; Ravel, Klavierkonzert G-Dur; de Falla, *Nacht in spanischen Gärten*; Sándor Jemnitz, Sinfonia; Leó Weiner, *Concertino für Klavier und Orchester.*

Bedeutungsvoll waren für Fricsay drei mögliche Gastauftritte, die er von Budapest aus in Wien, dem ehrfürchtig angestaunten und unerreichbar scheinenden Zentrum europäischen Musikgeistes, hat unternehmen können, von denen er aber nur zwei realisieren konnte. Es verfehlte ihn 1946 eine Einladung, die Wiener Philharmoniker zu dirigieren, es erreichte ihn über Umwege eine Einladung der Wiener Operndirektion, in der Volksoper Bizets *Carmen* zu leiten. Fricsay sprach auf dem (Ton)Band III von der »großen Erregung beim ersten Taktstockheben für Bizets Carmen« an der Wiener Staatsoper. Schließlich erreichte ihn die Einladung, im Frühjahr 1947 mit dem Budapester Hauptstädtischen Orchester in Wien zu konzertieren. Mit den *Deux Portraits* von Bartók, einem Violinkonzert von János Viski und der 9. Sinfonie von Dvořák (›Aus der neuen Welt‹), mit »magyarischer Tonfärbung«, wie es in einer Rezension hieß, machte er Furore und hatte das Glück, dass einflussreiche Personen diesem Konzert beiwohnten, enthusiasmiert waren und daraufhin für ihn aktiv wurden. Fricsay erhält einen Ein-Jahres-Vertrag für Vorstellungen am Haupthaus der Wiener Staatsoper (vorübergehend im Theater an der Wien) sowie in der Volksoper und dirigiert in diesem Zusammenhang eine Übernahme von Gottfried von Einems *Dantons Tod* nach Wien, Repertoirevorstellungen von Verdis *Rigoletto* sowie seine erste Neueinstudierung: Puccinis *La Bohème*.

Fricsay sprach von der unmittelbaren Nachkriegszeit als von einer schönen und schweren Zeit, auch voller Enttäuschungen. Aber diese Enttäuschungen hätten verhindert, dass er zu einem bloßen Repertoire-Dirigenten geworden sei. Als Resultat der ungarischen Periode von Fricsays Wirken kann man festhalten, dass er an ihrem Ende als fertig profilierter Dirigent dastand, der die Elemente seiner künftigen internationalen Karriere bereits voll entwickelt hatte und ihnen kaum noch Neues hinzufügen wird. Die Marksteine seines persönlichen Repertoires, das in manchen Schwerpunkten von dem, was man teilweise später von ihm erwarten wird, abwich, waren voll ausgeprägt und haben sich später kaum noch verschoben. Dass er nicht versuchte, mit diesem Profil von Budapest aus weiterhin international auszustrahlen, sondern Ungarn verließ, hing wohl mit den verführerischen Angeboten aus

Berlin zusammen, aber auch mit seiner humanistisch geprägten Abneigung gegen totalitäre Regimes (vor denen er glaubte, unter US-amerikanischer Vorherrschaft im Westen Deutschlands und Europas sicher zu sein) und vor allem mit seiner Mission, die moderne ungarische Musik draußen in der Welt bekannt zu machen.

3 Salzburg und die Entscheidung für Berlin

Internationales Debüt und »Durchbruch« in Salzburg, 1947–49 (Drei Uraufführungen)

Fricsay unterstützte die nach der Nazi-Herrschaft und dem Ende des Krieges mögliche Neu- und Wiederbelebung der Salzburger Festspiele gemäß ihrer ursprünglich neuhumanistischen Idee. Man suchte nach dem Krieg mutige und fähige Dirigenten für Uraufführungen moderner Stücke, wozu sich die neue Leitung der Salzburger Festspiele unter amerikanischer Oberhoheit, besonders durch die Beteiligung von Egon Hilbert[15], durchgerungen hatte. Die Situation in Salzburg zu dieser Zeit schildert Fricsay wie folgt:

> »In Salzburg fand ich eine an Wunder grenzende Atmosphäre. Von dem seither ortsüblich gewordenen Festspieltrubel, von Fremdenblufferei und Stargetue war noch keine Spur. Es gab prächtige Privatunterkünfte, denn die Hausherren verwöhnten ihre Künstler, und im Rittersaal des Festspielhauses saßen wir alle, vom Star-Sänger bis zum Bühnenarbeiter, an gemeinsamen Tischen beisammen und ließen uns schmecken, was die Amerikaner an Lebensmitteln als Unterstützung für die Festspiele gegeben hatten.«[16]

1947: *Dantons Tod* von Gottfried von Einem

Begonnen hatte der 1946 nach Salzburg übergesiedelte Komponist Gottfried von Einem seine Arbeit am Libretto dieser Revolutionsoper zusammen mit Boris Blacher schon 1943 in Berlin. Er hatte einen Opernauftrag für die Dresdener Oper und hoffte, ihn dort verwirklichen zu können. Blacher schlug das Büchner-Drama vor und

---

15 Er war aus dem KZ Dachau befreit worden, war bis zum »Anschluss« als österreichischer Kulturattaché in Prag tätig gewesen, war neuer provisorischer Direktor des Salzburger Landestheaters, nahm sich der Reorganisation der Salzburger Festspiele an, setzte sich für Fricsay ein, verwendete sich auch in Wien in den späten 1940er Jahren für Fricsays Engagements an der Staatsoper und sorgte zudem ab 1959 als Intendant der Wiener Festwochen für Auftritte Fricsays in Wien.

16 Ferenc Fricsay, »Geburtsort Budapest«, in: *Das musikalische Selbstportrait von Komponisten, Dirigenten, Instrumentalisten, Sängerinnen und Sängern unserer Zeit*, hg. von Joseph Müller-Marein und Hannes Reinhardt, Hamburg 1963, S. 317.

kürzte die nicht-operntauglichen Szenen, von Einem suchte für die nach antikem Muster kommentierenden Chor-Gesänge Stellen aus Briefen Büchners und Karl Gutzkows[17]. Einer der Beweggründe von Einems, sich in der Endphase des »Dritten Reiches« für dieses Sujet zu entscheiden, war das wie bei all seinen Opernstoffen für ihn wichtigste dramaturgische Moment des Gerichts als oberster Instanz, und er betrachtete seine kompositorische Arbeit als »Notate der Zeit, in der man lebt«. Es ging ihm um Menschen in Extremsituationen, und er war deshalb von den Kontrahenten Robespierre und Danton fasziniert.

Die beiden Widerständler von Einem und Blacher dachten an die in Büchners Drama enthaltene Kritik an jeglicher Revolution als einer »Logik des Schreckens«, daran, dass Revolutionen aufgrund ihres saturnalischen Charakters, ihre eigenen Kinder zu fressen, unvermeidlich in Terrorismus und Despotie versinken, dass in revolutionären Verläufen stets die Nähe von guten Zielen und schlechten Verwirklichungen sichtbar wird, dass Ideal und Verbrechen ineinander kippen. Danton wird dargestellt als ein von der Revolution enttäuschter und ermatteter positiver Held mit eben dieser Einsicht, die von Einem auf die historische Situation Europas im Zweiten Weltkrieg übertrug und in Musik setzte und der Fricsay aufgrund seiner ungarischen Erfahrungen mit deutscher und russischer Besatzung beipflichten konnte. »Ich bat um die Partitur und studierte sie in der Nacht. Ich nahm das Angebot unter der Bedingung an, daß von den sieben vorgesehenen Aufführungen eine mir übergeben werde.«[18]

Die Musik von Einems verkörpert in ihrer Hektik und Düsternis die fatalistischen und revolutionskritischen Grundzüge des Dramas – besonders hörbar, wenn Saint Just (in der Aufführung unter Fricsay der Bass Ludwig Weber) im Lektionston seiner Konvents-Rede unerbittlich die falschen Anschuldigungen und destruktiven Parolen skandiert. Einen wichtigen Stellenwert im ästhetisch-politischen Gefüge der Oper hat die Schlussszene, wenn die beiden Hen-

---

17 Siehe Schilderungen der Entstehung und Aufführung der Oper in von Einems Autobiografie, *Ich hab' unendlich viel erlebt*, Wien 1995, S. 122–129.
18 Fricsay, »Geburtsort Budapest« (Anm. 16), S. 317.

ker nach verrichtetem Mordgeschäft abgehen und getreu nach Büchner »gefühlvoll« singen »Wenn ich nach Hause geh', dann scheint der Mond so schön«. Von Einem hat dazu eine hintergründige, perfide Melodie komponiert, fast ein Wienerlied, wie es in Fricsays Version treffend doppeldeutig zu hören ist. Von Einems Musik ist generell noch tonal grundiert, vermeidet in ihrem Melos aber bereits folgerichtige Kadenzierungen und eindimensionale harmonische Einbettungen.

Der als aktiv im Widerstand anerkannte Komponist von Einem wurde 1946 ein von der amerikanischen Besatzungsmacht und deren Kulturattaché Nicolas Nabokov eingesetztes Mitglied der Leitung der Salzburger Festspiele. Von Einem beauftragte 1947 den gerade wieder engagierbaren, nach Europa zurückgekehrten, kurz darauf nach Budapest als Leiter der Oper berufenen Otto Klemperer mit der Einstudierung und Uraufführung seiner Oper. Klemperer tat dies, obwohl er nicht ganz gesund war. Der Intendant der Salzburger Festspiele, Heinrich Puthon, entschied sich von vornherein für eine doppelte Besetzung aller Rollen, inklusive des Dirigenten. Fricsay wurde also parallel engagiert, nachdem von Einem ihn in Wien bei dem Gastkonzert des Hauptstädtischen Budapester Orchesters gehört hatte, und fing neben Klemperer gleichzeitig an zu proben und bekam erst nach einem Zwischenfall, bei dem sich Klemperer für das Dirigat dieser Oper als unfähig erwiesen hatte, die Chance, die Einstudierung und Aufführung der Oper alleine in die Hand zu nehmen und zu Ende zu führen, was er dann bravourös bewältigte. Alle Beteiligten waren von der abwechslungsreichen und komplexen Partitur mit ihren aufgeregten Ensembles und dramatischen Massenszenen, den vertrackten Rhythmen und lyrischen Episoden (besonders mit den Frauen von Danton und Desmoulins, Julie und Lucille, in Salzburg präsentiert von Gisela Thury und Maria Cebotari) begeistert. Letztlich konnten den an den intrikaten Rhythmen und Barbarismen Bartóks geschulten Fricsay diese Anforderungen nicht einschüchtern.

Noch erstaunlicher war, dass nach einer in Österreich siebenjährigen Abstinenz von wirklich moderner Musik die Musiker der kürzlich noch von ihren jüdischen Mitgliedern »gereinigten« Wiener Philharmoniker und das solistische Gesangsensemble dieser

Abb. 3: Fricsay mit Gottfried von Einem bei der Uraufführung
von *Dantons Tod*, Salzburg 1947

ungewohnten Musiksprache gewachsen waren. »Ich wiederum
hatte Vertrauen zu den Wiener Philharmonikern und zu der Solis-
ten-Besetzung, die nicht besser hätte sein können.«[19] Speziell in
Salzburg war »damals Richard Strauss so ziemlich das Modernste,
an das man sich herangewagt hatte«[20], und eine Abordnung mehre-
rer Bürgermeister aus den Gauen des Salzkammerguts interve-
nierte, um eine Aufführung dieser Oper, »dieser Schande«, zu verhindern.

Die seit 1943 komponierte Musik zu *Dantons Tod* war zwar nicht
für die Schublade gedacht, an eine Aufführung während der Nazi-
Herrschaft war aber nicht zu denken gewesen, dazu repräsentiert
sie zu eindeutig jene Musik, die von den nationalsozialistischen
Kulturbehörden als »entartet« klassifiziert und verboten worden
war. Der Erfolg 1947 beim Salzburger Publikum sicherte Fricsay
das, was man in der Karrierepolitik einen »Durchbruch« nennt. In

19   Ebd.
20   Siehe von Einem, *Ich hab′ unendlich viel erlebt* (Anm. 17), S. 127.

43

den beiden Folgejahren wurde Fricsay für zwei weitere Inszenierungen zeitgenössischer Opern in Salzburg engagiert, stets in Zusammenarbeit mit Oscar Fritz Schuh als Regisseur und mit dem durch seine frühere und spätere Zusammenarbeit mit Bert Brecht wie auch seine mehr als opportunistische Zusammenarbeit mit nationalsozialistisch orientierten Kitsch-Dichtern im »Dritten Reich« berühmt gewordenen Caspar Neher für die Bühne und Kostüme.

Die Zusammenarbeit mit von Einem in Salzburg hinterließ in den folgenden Jahren auch außerhalb Salzburgs Spuren. Fricsay dirigierte ebenso die Wiener Erstaufführung von *Dantons Tod* im November 1947 in der Staatsoper im Theater an der Wien; dafür hatte Egon Hilbert, inzwischen Intendant der Wiener Staatsoper, gesorgt. Fricsay gefiel auch jene Musik von Einems, die dieser schon vor *Dantons Tod* in den frühen 1940er Jahren in Berlin komponiert hatte, sodass er sie auch später wieder aufs Programm setzte und für die Schallplatte einspielte, wie das für den (ebenfalls im Widerstand aktiven) Dirigenten Leo Borchard 1943 komponierte *Capriccio* für Orchester op. 2 (mit den Wiener Philharmonikern während der Salzburger Festspiele 1952) und das für Karajan 1944 komponierte *Concerto* op. 4. Auch für spätere Werke von Einems zeigte Fricsay Interesse: Im Rahmen von Berliner Konzerten des RIAS- und des Radio-Symphonie-Orchesters ließ er von Einems *Serenade für zwei Streichorchester* (März 1950) sowie dessen *Hymnus an Goethe* für Altsolo, Chor und Orchester (Februar 1952) spielen, noch im Oktober 1960 spielte er mit Blachers Frau, der Pianistin Gerty Herzog, für die Deutsche Grammophon Gesellschaft (DG) von Einems Klavierkonzert ein sowie die Komposition *Ballade für Orchester* op. 23, wiederholt in einem Konzert im September 1961.

1948: *Der Zaubertrank (Le vin herbé)* von Frank Martin

Martin wurde 1948 für die erste deutsche und zugleich erste szenische Aufführung seines 1942 in Zürich konzertant uraufgeführten weltlichen Oratoriums *Le vin herbé* herangezogen, denn die deutsche Übersetzung für diese Salzburger Aufführung stammte von ihm selbst, wofür er eine ältere Übersetzung der französischen Ausgabe von Joseph Bédiers *Le Roman de Tristan et Iseut* von 1900 benutzte. Martin enthielt sich weiterer Bearbeitungen des mittelalter-lich-europäischen Stoffes und bezeichnete seine Version als profan. In diesem Rahmen bewegen sich auch die Rollen des kommentie-renden Chores und des Sprechers, ihm entspricht auch die spröde kammermusikalische Besetzung des begleitenden Ensembles, be-stehend aus einem doppelt besetzten Streichtrio (Violine, Bratsche, Violoncello), einem Kontrabass und Klavier oder – da die drei höhe-ren Streicherstimmen oft geteilt sind – einem Streichseptett mit Klavier. Für diese Besetzung brachte Fricsay Mitglieder des von ihm dirigierten Budapester Philharmonischen Orchesters mit und ließ auf der Bühne ein erlesenes Gesangsensemble mit Maria Cebotari als Isot und Julius Patzak als Tristan in den Hauptrollen agieren. Dem profanen Charakter entspricht auch die ganz auf die musika-lische Abbildung des seelischen Geschehens und des Charakters der Handelnden abgestimmte Klangwelt des Stücks: Gesangslinien und Instrumentalfiguren von filigraner bis ekstatischer Gestalt, die rezi-tativisch-ariose Deklamation ist oft unterlegt mit bordunartigen ätherischen Haltetönen der Streicher. Unter Fricsays Dirigat entfal-ten die singenden und spielenden Musiker ein fein ziseliertes En-semblespiel mit hoher Expressivität.

Mehrmals kam Fricsay später auf Musik von Martin zurück. Die inzwischen berühmt und beliebt gewordene zweisätzige *Petite Symphonie Concertante*, die Paul Sacher 1946 in Zürich uraufge-führt hatte, war ein Exempel für Martins eigenwillige Anwendung einer erweiterten Zwölftöne-Technik, mit der er zu einem fast tonal wirkenden, unbedingt kulinarischen Klangereignis vorstieß, das eine ausgesprochen charmante Exotik verbreitet. Fricsay musi-zierte dieses mit einer aparten Kombination von Soloinstrumen-ten, einer Harfe, einem Klavier und einem zweimanualigen Cem-balo ausgestattete und mit zwei Streichorchestern operierende Konzert mehrmals: in der Berliner Erstaufführung mit dem Berli-ner Rundfunk-Sinfonieorchester im November 1948, später und auch für die Schallplatte zusammen mit Irmgard Helmis an der Harfe, Gerty Herzog am Klavier und Sylvia Kind am Cembalo so-wie den Streichern des RIAS-Symphonie-Orchesters sowie welt-weit des Öfteren.

1949: *Antigonae* von Carl Orff

In allen drei Opern, die Fricsay bei den Nachkriegsfestspielen in Salzburg dirigierte, ist ein das Geschehen kommentierender Chor exponiert. Beim dritten Werk ist es nicht eine moderne dramaturgische Idee, die dem bürgerlich-revolutionären oder mittelalterlichen Stoff eingepflanzt wurde, sondern die Übernahme eines originär antiken, tragischen Theaterprinzips. Carl Orff hielt sich in seinem Antikenprojekt, das er seit 1940 verfolgte, streng an die Technik des Sophokles. Orffs Konzept einer Wiederbelebung der griechischen Tragödie auf der Bühne des 20. Jahrhunderts mit und durch Musik unter Wahrung deren kultischen Charakters geht darauf zurück, dass er fand, sowohl die aufdringliche Dominanz von Musik (in Strauss' *Elektra*) als auch ihr vollständiges Fehlen (bei einer Aufführung der *Antigone* des Sophokles als Sprechstück) seien Lehrstücke dafür, wie eine antike Tragödie in der Gegenwart nicht dargestellt werden sollte. Bei Orff wird der tragische Text selbst musikalisiert dadurch, dass ihn die ständig deklamierenden Singstimmen in einen permanenten Sprechgesang verwandeln. Getragen wird die gesungen und dialogisch vorgetragene Handlung von einem archaisch anmutenden Instrumentarium, das Ähnlichkeiten hat mit Orffs Schulwerk, mit entsprechender Dominanz der Blasinstrumente und des Schlagwerks: sechsfach besetzte Holz- und Blechbläser, an Streichern nur neunfach besetzte Kontrabässe, an Saiten-/Tasteninstrumenten vierfach besetzte Harfen sowie sechs vierhändig zu bespielende Konzertflügel, eine Schlagwerk-Batterie für 10–15 Spieler mit afrikanischen und asiatischen Trommeln und Gongs. Die mit diesem Instrumentarium und dieser Art von Gesang produzierte Musik macht einen ausgesprochen exotischen Eindruck, zudem wirkt sie statuarisch und kultisch fixiert.[21]

---

21   Bert Brecht hatte ein Jahr zuvor im schweizerischen Chur zusammen mit Caspar Neher sein Antigone-Modell realisiert und sich entsprechend kritisch über Orffs Konzept geäußert: »Die sakrale Haltung des alten Werks kann Orff nur als eine exotische gestalten.« Und: »Diesen kostbaren Widerspruch [zwischen dem Kultischen und dem Menschlichen] bringt die Musik so nicht heraus!« Siehe *Brechts Antigone des Sophokles*, hg. von Werner Hecht, Frankfurt 1988, S. 296.

Was Fricsay an dieser Musik positiv reizte, ist schwer zu sagen. Sie bleibt aus heutiger Sicht ein rätselhaftes Experiment, um mit sinnlich hörbarer Leibhaftigkeit und ritueller Präsenz griechisch-tragischen Geist in das Musiktheater des 20. Jahrhunderts zu bringen. Sprachlich-metrische Beratung holte sich Orff bei Thrasybulos Georgiades, dramaturgische bei Wieland Wagner; Fricsays aufführungspraktisch-musikalische Kompetenz unterstützte ihn nachhaltig und auf eine das Projekt rettende Weise, denn die Umstände unter denen geprobt und aufgeführt werden musste, waren äußerst widrig. Die Festspielleitung hatte vier Nachmittags-Aufführungen in der Felsenreitschule angesetzt und dafür insgesamt nur drei Proben bewilligt. Orffs und Fricsays Verstimmung kann man sich vorstellen. Das Angebot, die Wiener Philharmoniker und den Wiener Staatsopernchor zur Verfügung zu stellen sowie ein erstklassiges Solistenensemble mit Res Fischer als Antigone und Hermann Uhde als Kreon, muss es Fricsay gestattet haben, den Schritt zu wagen. Dennoch hört man in der Aufnahme nicht selten kleine Unstimmigkeiten in den Choreinsätzen.

An der Weiterführung des Orff'schen Antikenprojekts hat sich Fricsay nicht mehr beteiligt, wohl aber ist er noch im Dezember 1949 bei Musik von Orff geblieben und hat am Anfang seiner Berliner Engagements mit dem jungen Dietrich Fischer-Dieskau und mit Anny Schlemm zunächst die internationale Ersteinspielung, dann im Januar 1950 im Berliner Titania-Palast bei seinem ersten Konzert nur mit zeitgenössischer Musik auch eine öffentliche Aufführung von Szenen aus Orffs *Carmina burana* unternommen. Es ist eine als mittelalterlich assoziierte Musik auf Texte von im Kloster Beuron gesammelten Vagantenliedern, bei deren Uraufführung als »Weltliche Gesänge für Soli und Chor mit Begleitung von Instrumenten und mit magischen Bildern« im Jahr 1937 in der Frankfurter Oper der Jubel bei den überraschten Zuhörern groß war – wie auch der Ärger in der Reichsmusikkammer. Orffs draufgängerischen und sentimentalen, das Leben in allen Zügen auskostenden Reigen von Rollenliedern – eine simple und zugleich raffinierte Musik – hielt Fricsay für würdig, über die finsteren Zeiten, in denen sie entstanden waren, hinaus zu internationaler Anerkennung zu führen.

Wieder in Salzburg, 1952 und 1961

Im Juli 1952 war es Fricsay dann vergönnt, während der Festspiele ein Konzert mit den von ihm aufgrund seiner Erfahrungen bei den Uraufführungen von *Dantons Tod* und *Antigonae* so geschätzten Wiener Philharmonikern zu geben. Auf dem Programm standen von Einems *Capriccio* für Orchester op. 2, Bartóks *Divertimento für Streichorchester* und Tschaikowskys 6. Sinfonie in h-Moll (*Symphonie pathétique*), die er hier außerhalb Ungarns das erste Mal dirigierte.

Erst 1961, nach einer neunjährigen Abwesenheit von Salzburg, während der der Dirigenten-Starkult um Furtwängler und von Karajan tobte, konnte Fricsay wieder mit den Wiener Philharmonikern in Salzburg musizieren, diesmal sogar zur Eröffnung der Festspiele in dem im Vorjahr mit *Der Rosenkavalier* unter Leitung Karajans eingeweihten neuen Festspielhaus, und zwar mit Mozarts *Idomeneo.*[22]

Während der Festspiele 1961 musizierte Fricsay wieder mit den Wiener Philharmonikern im Großen Festspielhaus konzertant, auf dem Programm des elften und letzten Orchesterkonzerts der Festspiele am 27. August standen Kodálys *Tänze aus Galánta*, Beethovens selten zu hörendes Tripelkonzert mit den Solisten der Berliner Aufführung und die von Fricsay bevorzugte 2. Sinfonie von Brahms.

Zwei weitere Engagements Fricsays für Mozart-Opern waren in den kommenden Jahren geplant: Für 1962 aber musste er neben Orchesterkonzerten mit den Wiener Philharmonikern auch die Leitung von Mozarts *Hochzeit des Figaro* wegen seiner schweren Krankheit absagen, und es gab Hoffnungen darauf, im Jahr 1963 die Leitung von *Die Zauberflöte* übernehmen zu können.

1948: Auf nach Berlin!

Nach Budapest, Szeged, Wien und Salzburg wurde der Westteil der Stadt Berlin für die musikalische Laufbahn Fricsays der entscheidende Dreh- und Angelpunkt. Dort hoffte er, seine für ihn charakte-

---

22   Siehe die nähere Besprechung dieser Aufführung im Mozart-Kapitel.

ristischen künstlerischen Ambitionen realisieren zu können, und hier konnte er sie auch zu seiner eigenen Zufriedenheit und der des Publikums und der Kritik verwirklichen. Zweimal wurde er dort (am Anfang und am Ende seiner internationalen Laufbahn) Chefdirigent des RIAS- bzw. Radio-Symphonie-Orchesters, einmal GMD der Städtischen sowie später Künstlerischer Berater der Intendanz der Deutschen Oper Berlin. Während der unterschiedlich langen Unterbrechungen seiner Tätigkeiten blieb er der Stadt Berlin durch stete Gastkonzerte verbunden, und viele künstlerische Pläne für Berlin hegte er auch noch gegen Ende seines durch seine tückische Krankheit verkürzten Lebens.

Was Fricsay veranlasste, seine gesicherte Position als Kapellmeister an der Budapester Oper mit Ausstrahlung nach und Engagements in Wien und Salzburg zu lockern und schließlich zu verlassen, um in West-Berlin zu wirken und dort wichtige Positionen für die Musikkultur des Rundfunks und an der Städtischen Oper anzunehmen, lässt sich, gestützt auf Hinweise Fricsays in seinen Interviews und Lebensbeschreibungen, rekonstruieren. Nach den ersten Engagements an der Wiener Staatsoper und den Erfolgen, die er mit seinen Aufführungen dort hatte, hätte Wien ein Zielort für Fricsay schon damals werden können. Da aber der Intendant Hilbert sich auf Fricsays Wünsche nicht einlassen konnte, musste Fricsay Wien zunächst den Rücken kehren.

Die politische Großwetterlage in Europa tat ihre Wirkung. Auch in der Kulturpolitik war der sogenannte Kalte Krieg eröffnet, der »Eiserne Vorhang« begann sich zu senken – auch zwischen Ungarn und Österreich. Die den Anschauungen der deutschen Nationalsozialisten nicht unähnliche, auch auf die Musik ausgedehnte russische Doktrin eines »sozialistischen Realismus«, speziell einer »realistischen Romantik« in der Musik, wurde auch in Ungarn zur Staatsräson für Musiker erhoben. Fricsay hatte als humanistisch gesinnter Musiker wenig Interesse, aus der faschistischen in die bolschewistische Traufe zu kommen – dann schon lieber in den Dauerregen der bürgerlich-demokratischen Kultur. Das Versprechen einer Freiheit der Künste, mit der die unter US-amerikanischer Hegemonie stehende westliche Kulturpolitik lockte und punkten konnte, war für viele kürzlich noch verfolgte Künstler mit jüdischen

Wurzeln anziehend und vertrauenswürdig. Dass die künstlerische Freiheit auch im Westen, also im bürgerlich-kommerziellen Musikbetrieb, nicht grenzenlos war und Fricsay selbst schnell in Konflikte mit den Institutionen geriet, sollte sich noch zeigen.

Die Verwunderung über das plötzliche Auftauchen dieses in Berlin völlig unbekannten, aber sagenumwobenen ungarischen Musikers, der ohne Vorankündigungen eintraf, war groß und wich schnell einem enthusiastischen Interesse an ihm. Er galt den Berlinern damals als der in Salzburg und Wien Furore machende junge Dirigent der Budapester Oper und Leiter des dortigen Hauptstädtischen Orchesters, der sich gerade für Berlin statt für Wien oder Zürich entschieden hatte, um die durch den Krieg getrübten Beziehungen zwischen Ungarn und Deutschland wieder zu fördern, indem er jeweils die bisher unterdrückte neue Musik beider Länder in dem jeweils anderen Land vorstellte: Bartók und Kodály für die Deutschen, Blacher, von Einem und Egk für die Ungarn.

Es wurde eifrig an Fricsay gezogen. Werner Egk und der Musikschriftsteller Josef Rufer bearbeiteten ihn in langen Gesprächen in Salzburg. Es zogen an ihm dann auch der zunächst vom sowjetischen Stadtkommandanten für alle Berliner Opernhäuser reinstallierte Theater- und Opernzampano Heinz Tietjen, ohne den auch schon im »Dritten Reich« nichts lief. Tietjen suchte, nach einer Zwangspause, in der er sich zu »entnazifizieren« hatte und nur noch als Musiklehrer arbeiten durfte, einen GMD für die von ihm seit 1948 in West-Berlin als Intendant geleitete Städtische Oper (ehemals Deutsches Opernhaus in der Bismarckstraße, wohin es auch 1961 in einen Neubau zurückkehren wird) im Gebäude des Theaters des Westen in der Charlottenburger Kantstraße.

Und es zog an Fricsay oder half ihm, Budapest hinter sich zu lassen, die nach ihrer Rückkehr als Überlebende aus Theresienstadt wieder in Berlin lebende und wirkende österreichisch-ungarische Musikerin Elsa Schiller[23]. Ihr war es mithilfe ihres alten Freundes

---

23 Die 1897 in Baden bei Wien geborene, seit 1900 in Budapest lebende und dort ausgebildete, seit 1924 in Berlin als Pianistin, Liedbegleiterin und Klavierlehrerin tätige jüdische Künstlerin wurde 1935 gegen ihren Widerstand aus der Reichsmusikkammer ausgeschlossen, erhielt Berufsverbot, wurde 1943 nach Theresienstadt deportiert, beteiligte sich dort neben ihrer harten Arbeit an musikalischen

Hans Heinz Stuckenschmidt und des US-Kulturbeauftragten im amerikanischen Sektor der Stadt, Nicolas Nabokov, gelungen, wieder Fuß zu fassen als Leiterin der Musikabteilung beim Rundfunk im amerikanischen Sektor (RIAS), wo sie die Gründung eines rundfunkeigenen Sinfonieorchesters betrieb, und ab 1952 in der Leitung der DG in Hannover, später in Hamburg. Elsa Schiller hatte Fricsay als sechsjährigen Knaben an die Franz-Liszt-Akademie kommen sehen, als sie gerade ihr Examen machte, und ist ihm dann in Salzburg wiederbegegnet, als er Martins *Zaubertrank* dirigierte.

Tietjen und Schiller wollten Fricsay nach seinen Aufführungen von *Dantons Tod* und *Der Zaubertrank* in Salzburg unbedingt nach Berlin für Aufführungen an der Oper und im Rundfunk engagieren und eventuell dauerhaft verpflichten.

Fricsays erste Reise nach Berlin im Herbst 1948 war so eingefädelt worden, dass sie ihn zunächst zum alten Berliner Rundfunk-Sinfonieorchester führte, mit dem er ein öffentliches Konzert im Großen Sendesaal des noch unter sowjetischer Oberhoheit stehenden Berliner Rundfunkgebäudes in der Charlottenburger Masurenallee gab und Einspielungen vornahm, wie auch ein weiteres Konzert im Admiralspalast in Berlin-Mitte veranstaltete. Den ungarischen Behörden konnte Fricsay eine Einladung des Berliner Rundfunks vorlegen, und er reiste über Prag (wo er vom Chorleiter Günther Arndt abgeholt wurde) und Ost-Berlin an. Durch das Nadelöhr dieses Engagements schlüpfte Fricsay nach West-Berlin, um sich hier mit Elsa Schillers Plänen für das im Aufbau befindliche RIAS-Symphonie-Orchesters vertraut zu machen und mit diesem zu konzertieren sowie sich von Tietjen für die Neueinstudierung von Verdis *Don Carlos* an der Städtischen Oper gewinnen zu lassen. Für die Realisierung dieser Aktivitäten erteilte die ungarische Regierung dem Leiter des Budapester Hauptstädtischen Orchesters zunächst einen Dauerpass, entzog ihm später aber seine ungarische Staatsbürgerschaft. Die in Charlottenburg regierende britische Militärverwaltung hatte Fricsay bereits im November 1948 überprüft, ihn re-

Unterhaltungsprogrammen und konnte überleben, kehrte im Sommer 1945 nach Berlin zurück, um ihre freiberufliche Tätigkeit als Musikerin wieder aufzunehmen.

gistriert und ihm bescheinigt, dass ihr »keine Gründe gegen seine aktive Betätigung im Kulturleben Deutschlands bekannt« seien. Der Ruf nach Fricsays Rückkehr und nach einer festen Bindung an Berlin war infolge seiner dortigen Debütkonzerte sofort unüberhörbar. Daraufhin erfolgte bereits gegen Ende 1948 der Abschluss der erst zum 1. September 1949 in Kraft tretenden Doppelverträge als Chefdirigent des RIAS-Symphonie-Orchesters und als GMD der Berliner Städtischen Oper, die schon im Dezember 1948 vonseiten der Kulturverwaltung des West-Berliner Senats präsentiert wurden.

4   An Opernhäusern in Berlin und München

Städtische/Deutsche Oper Berlin

Fricsay dirigierte während der gesamten Zeit seiner Tätigkeit als GMD des Charlottenburger Opernhauses wie als späterer Künstlerischer Berater der Intendanz (der er vertraglich und real war) zehn Opern, davon neun in den ersten dreieinhalb Jahren im Theater des Westens. Fricsay hatte sich neben den ständigen Hausdirigenten Artur Rother, Leopold Ludwig und Robert Heger[24] zu behaupten und musste neben dem zweiten GMD bestehen, einer lebenden Legende, dem von Tietjen aus Stockholm zurückgerufenen ehemaligen GMD der Lindenoper Leo Blech, den Tietjen zwar 1937 hatte zwangspensionieren müssen, für dessen Rettung vor dem Rigaer Ghetto und für dessen Ausreise nach Stockholm er aber noch 1941 die entscheidenden Maßnahmen getroffen hatte. Fricsay setzte für sich durch, dass er keine nicht von ihm einstudierte Oper dirigieren musste, und bestand darauf, alle Aufführungen der von ihm einstudierten Opern zu leiten, um jegliche Verwässerung seiner Konzeption zu verhindern.

Don Carlos, November 1948

Diese Oper von Verdi, für deren Neueinstudierung sich der in West-Berlin erneut reüssierende Intendant Heinz Tietjen entschieden und Fricsay als Dirigenten gewonnen hatte, war wie auch das ihr zugrunde liegende, von französischen Librettisten recht frei umgestaltete dramatische Gedicht von Friedrich Schiller – weil freiheitsliebend und humanistisch gesinnt – in Deutschland eine Zeit lang kaum noch gespielt worden, in Berlin zuletzt 1936 an der Staatsoper unter Werner Egk in einer vieraktigen deutschen Bearbeitung des Staatsoper-Dramaturgen Julius Kapp, dem auch eine »arisierte«

---

24   Heger konnte unbeschadet seines Einsatzes für eine Unterbeweisstellung des »deutschen Kulturwillens im Osten« in Krakau während der Okkupation Polens im Jahr 1945 unmittelbar danach in Berlin weiter dirigieren.

Fassung des *Nabucco* geschuldet war. Weltweit waren die Aufführungen von *Don Carlos* damals auf die italienische Kurzfassung in vier Akten ohne den unentbehrlichen präludierenden Fontainebleau-Akt reduziert.

Wenn man bedenkt, dass erst Carlo Maria Giulini die fünfaktige italienische Fassung aus Modena von 1886 im Jahr 1958 erstmals restituierte, Claudio Abbado die französische Urfassung erst 1985 wiederherstellte, kann man ermessen, in welcher Situation Fricsay sich befand, als er daranging, eine wenigstens musikalisch einigermaßen authentische deutsche Fassung im Jahr 1948 auf eine Berliner Bühne zu bringen. Es kam einer kleinen Sensation gleich, dass Fricsay gegen die Gewohnheit eine fünfaktige Fassung, allerdings in einer deutsch-verballhornten Form, spielen ließ. Sie verschmähte nicht den 1. Akt, welcher eine Vorgeschichte in den Wäldern um Fontainebleau in Szene setzt mit der ersten Begegnung der französischen Infantin Elisabeth und des spanischen Infanten Carlos sowie ihrer sogleich erzwungenen Trennung. Im Rahmen dieser Szenenfolge präsentierte Verdi erstmals mehrere musikalische Elemente, die dann im weiteren Verlauf der Oper erinnert und modifiziert werden.

Über die von Fricsay benutzte Partitur, das Aufführungsmaterial und das verwendete Libretto der deutschen Bearbeitung berichtete Julius Kapp im Programmheft, plädierte für die Wiederherstellung der Urfassung und teilte mit, dass er den deutschen Gesangstext Verdis Gesangslinie notengetreu angepasst habe. Er hatte eine fünfaktige Fassung zusammengestellt, mit Kürzungen, die gleich zu Beginn des 1. Akts in dem im RIAS-Archiv des Deutschlandfunks (DLF) Kultur aufbewahrten Mitschnitt der Aufführung (auch vom Label Walhall als CD vermarktet) hörbar sind, wenn zwar die anfänglichen Bläserfanfaren ertönen, der in sie eingefügte Jägerchor aber gestrichen ist. Als »Oper in vier Akten mit einem Vorspiel für die deutsche Bühne bearbeitet von Julius Kapp« war eine 1948 bei Peters erschienene Partitur bezeichnet, die Fricsays problematische Arbeitsunterlage gewesen sein dürfte. Trotz Kapps Beteuerungen hatten Kritiker der Inszenierung den Eindruck, Kapp habe gegen die Musik in alten Opern-Schablonen Regie geführt. Als Bühnenbildner fungierte Josef Fennecker mit düster schwelenden Kulissen.

Fricsays Dirigat dieser Oper, in der Verdi alles subjektiv und situationsgetreu auskomponierte, war diesem Umstand kongenial angemessen: Wir hören in der Aufnahme den Melodienfluss scharf störende trockene Orchesterschläge, welche dramatische Dialoge einleiten oder abschließen – insgesamt eine von kurzen Lyrismen unterbrochene gejagte Szenenfolge, die die Besessenheit der Protagonisten von ihren fanatischen Absichten präsentiert. Das von der Städtischen Oper gestellte Gesangsensemble[25] konnte die Charakternuancen innerhalb der Rollen trotz der deutschen Übersetzung profilieren. Mit dieser auf seine in Budapest speziell bei Failoni gemachten Opernerfahrungen gestützten Aufführung von *Don Carlos* gab Fricsay nicht nur sein Debüt als Verdi-Dirigent, sondern reihte sich mit ihr in die Reihe der international bedeutenden Verdi-Dirigenten ein. Allen Hörern schien das Orchester der Städtischen Oper wie verwandelt, und man sprach vom Beginn einer neuen Ära in der Berliner Operngeschichte, sollte es gelingen, Fricsay länger an Berlin und an das Haus zu binden. Die 25. Aufführung der Oper im September 1949 brachte eine Neubesetzung, und es wurde wieder unter Fricsay im ursprünglichen Elan der Premiere und mit verbesserten schauspielerischen Reaktionen auf die dramatische Musik aus dem Orchestergraben musiziert und szenisch gehandelt.

Noch vor der zweiten Einstudierung einer Verdi-Oper im Februar 1952 mit *Rigoletto* unternahm Fricsay eine Aufführung von Verdis Requiem im Opernhaus im Januar 1951, zum 50. Todestag des Komponisten. Dies war keine Konzession an das Missverständnis, bei Verdis Requiem handele es sich um eine »geistliche Oper«. Zwar spielte hier noch das Orchester der Städtischen Oper, aber schon der Opernchor war aus der Aufführung ausgeschlossen, und Fricsay arbeitete für die Aufführung mit oratorisch ausgebildeten Chören, dem RIAS Kammerchor und dem Chor der St. Hedwigs-Kathedrale. Die Solisten waren mit Elisabeth Grümmer, Johanna Blatter, Helmut Krebs und Josef Greindl zwar opernerfahrene Sän-

---

25 Mit Irma Demuth, Elisabeth Hufnagel, Elfriede Hingst, Johanna Blatter, Boris Greverus als Don Carlos, dem 22-jährigen Dietrich Fischer-Dieskau als Posa in seinem Bühnendebüt, Josef Greindl als Philipp, Josef Herrmann als Großinquisitor.

gerinnen und Sänger, aber das Vermächtnis Verdis, Aufführungen seines Requiems von allen opernhaften Elementen freizuhalten, dürfte Fricsay bei diesem Gedenkkonzert heilig gewesen sein.

Fidelio, Juni 1949

Zum Ende derselben Spielzeit, noch bevor Fricsay zum Beginn der nächsten Saison sein Amt als GMD offiziell antreten wird, war er der musikalische Leiter einer von Tietjen inszenierten Premiere von Beethovens *Fidelio*, einer weiteren Freiheitsoper. Das schon in Bayreuth bewährte Duo Heinz Tietjen/Emil Praetorius, das mit seiner in der Weimarer Republik entwickelten, aus neusachlichen und jugendbewegten Elementen gemischten Ästhetik, mit der es, angepasst an die Vorgaben der Reichsmusikkammer, die Nazi-Zeit überwintert hatte, trat nun wieder in Erscheinung, um – wiederum opportunistisch – einem neuen Humanismus zu huldigen. Nachdem Fricsay, animiert von Elsa Schiller, sich darauf eingelassen hatte, Tietjen als seinen Chef zu akzeptieren, und sich von ihm engagieren ließ, musste er nun auch mit ihm als Regisseur vorliebnehmen, doch Reibungen waren damit programmiert. Durch Fricsays Dirigat und seine von der Kritik sofort negativ konstatierten »Tempoeigentümlichkeiten« (d. h. sein für diese Oper der Erhabenheit etwas zügiges, vorwärtsdrängendes Tempo) stand das durch die Musik präsentierte theatralische Ereignis einer Befreiung im Vordergrund, während vonseiten der Inszenierung, des Bühnenbilds und der Dramaturgie an einer wenig dynamischen Weltanschauungsmusik festgehalten wurde, was sich besonders in der als »szenisches Oratorium« behandelten statuarischen Schlussszene manifestierte.

Was Fricsay bewogen haben mag, diesem als triumphal gedachten Schluss ein zweites, rein instrumentales Finale in Gestalt der 3. *Leonoren*-Ouvertüre anzuhängen, ist schwer zu sagen. Wahrscheinlich war es ein zwischen den ihm von Kritikern unterstellten Extremen angesiedeltes Motiv, denn weder kann es ihm um Zurschaustellung seiner dirigentischen Fähigkeiten und Einheimsen des Publikumsapplauses gegangen sein noch um einen visionären Triumph reiner »absoluter« Musik über ihre szenische Gebundenheit in der Oper. Eine von Fricsay formulierte öffentliche Begründung gab es nicht, und so wird man es für einen idealistisch motivierten Fehltritt halten dürfen, denn einen plausiblen Grund, der mit Beethovens Intentionen in Zusammenhang stehen würde, ist schwer vorstellbar.

Das von Tietjen und Fricsay zusammengestellte Gesangsensemble[26] wurde allseits gelobt, die von Fricsay bewirkte Präzision im Zusammenspiel des Orchesters mit dem von Ernst Senff einstudierten Opernchor und den Solisten als geglückt gefeiert.

Schon bald nach den ersten von insgesamt 23 Berliner Aufführungen bis März 1952 gab Fricsay mit *Fidelio* Gastspiele im April 1951 in Neapel im Teatro San Carlo sowie im November 1951 in Genf im Grand-Casino mit deutschen Sängerinnen und Sängern (Peter Anders als Florestan und Helene Werth als Leonore), dem Orchestre de la Suisse Romande (OSR) und dem Chor des Grand-Théâtre.

Kontrastprogramm einer Saison: Mozart und Wagner (1950/51)

Gegen Ende der Spielzeit 1949/50 studierte Fricsay nach ersten Gastspielen in italienischen Städten seine ersten szenischen Aufführungen je einer Mozart- und einer Wagner-Oper ein, im April 1950 *Die Entführung aus dem Serail*, im Mai *Tristan und Isolde*. Fricsay konnte die Besetzung für Mozart, die er für eine Studioeinspielung 1949 gewonnen hatte[27], für die Aufführungen in der Kantstraße nicht halten, auch änderte sich das von ihm für die Rundfunksendung entwickelte kammermusikalische Konzept durch den Einfluss des Regisseurs Tietjen in Richtung große Oper. Trotzdem sprachen Kritiker öfters davon, dass Fricsay subtil, klar und streng dirigiert habe. Leider ist ebenso wie von der folgenden *Tristan*-Aufführung keine Aufnahme überliefert.

Nicht mit Mozarts *Entführung*, aber mit Wagners *Tristan und Isolde* betrat Fricsay Neuland. Entsprechend wurde mit Verwunderung seine Fähigkeit, sich in die »Welt Wagners einzuleben«, den

---

26 Christel Goltz als Leonore, Irma Beilke als Marzelline, Josef Herrmann als Pizarro, Helmut Krebs als Jaquino, Josef Greindl als Rocco, Boris Greverus als Florestan, Dietrich Fischer-Dieskau als Minister.

27 Siehe deren Besprechung im Mozart-Kapitel.

»erotischen Schwung der Partitur« zu realisieren, zur Kenntnis genommen. Unabhängig von dem, was er sich bei Failoni und Klemperer in Budapest abgehört und produktiv verarbeitet haben könnte, wurde er zur Vorbereitung auf die zweite Berliner Nachkriegsinszenierung von Wagners »Handlung«[28] einem lehrmeisterlichen Exerzitium vonseiten des Wagnerianers Tietjen unterworfen, und dieser hoffte, sich in Fricsay einen kongenialen Wagner-Dirigenten heranbilden zu können. Fricsays Haltung Wagner gegenüber blieb jedoch kritisch. Ohne die Singularität Wagners anzuzweifeln, wagte Fricsay auszusprechen, dass »die Musik Richard Wagners, mit absolutem Maßstab gemessen, nicht zum Größten in der Musikliteratur zu zählen ist«. Er konzedierte zwar, dass Wagners Musikdramen zusammen mit der ebenfalls kaum gipfelhaften Dichtung eine Einheit ergäben, die unter der Voraussetzung, die dritte Komponente der Bühnengestaltung wäre in Wagners Sinn stilgerecht gelöst, aufführenswert sei. Nur: »Richard Wagner kann man nicht entwagnerisieren. Man kann darüber diskutieren, ob einem diese Kunstrichtung hoch und heilig ist oder man sie nicht so sehr schätzt. Aber man kann sie nicht nach einem gewissen sogenannten Zeitgeist zurechtfrisieren«.[29] Fraglich bleibt Fricsays Ansicht, die von Wagner erlassenen Vorschriften seien für immer unantastbar, und ob sie eine reale Perspektive von Wagner-Aufführungen über den von Wagner repräsentierten Zeitgeist des späteren 19. Jahrhunderts hinaus hätte eröffnen können.

Während Fricsays *Tristan*-Dirigat (von Mai 1950 bis April 1952) einen ungetrübten, von Sentimentalitäten freien Hörgenuss hatte verursachen können, blieben die beiden Gesangssolisten der Titelrollen, obwohl große Namen (Max Lorenz und Paula Buchner), aufgrund ihres nachlassenden Beherrschens der Register außerhalb der Mittellage unbefriedigend, nur die Brangäne (Johanna Blatter) und König Marke (der aus seinem amerikanischen Exil angereiste Emanuel List) konnten erfreuen.

---

28 Eine erste Inszenierung von Frida Leider war mit dem Ensemble der Staatsoper bereits 1947 im Berliner Admiralspalast erfolgt, dirigiert von Furtwängler.

29 In einem Brief von Fricsay aus dem Jahr 1962, hier zit. nach Werner Oehlmann, »Berliner Opernakzente – Ferenc Fricsay und die Charlottenburger Oper 1948–52 und 1961«, in: *Ferenc Fricsay. Retrospektive-Perspektive* (Anm. 3), S. 57 f.

Letzte Saison 1951/52 mit Wagners *Walküre*, Bartóks *Blaubart*, Strawinskys *Ödipus* und Verdis *Rigoletto*

Tietjen strebte in Berlin eine neue Musterinszenierung von Wagners *Ring des Nibelungen* an und rechnete mit Fricsay als seinem musikalischen Zauberlehrling. Diese Rechnung ging nicht auf. Und es war kein Zufall, dass Fricsay nach seiner ersten Stufe einer Ring-Produktion, an der er sich, nachdem *Rheingold* im September 1950 noch von Artur Rother dirigiert worden war, im Februar 1951 mit einer als schwach inszeniert empfundenen Aufführung von *Die Walküre* beteiligt hatte, dann auf die Aufführung einer echt romantischen Wagner-Oper aus des Komponisten vordoktrinärer Phase auswich, auf *Der Fliegende Holländer* im April 1952.[30]

Von einer der Aufführungen vom Februar 1951 bis März 1952 von *Die Walküre*, die Fricsay nicht alle dirigierte, gibt es im RIAS-Archiv des DLF Kultur einen aufgrund des Vetos des indisponierten Wotan-Sängers Josef Herrmann nie gesendeten Mitschnitt (später vom Label MYTO diskografiert). Fricsay versuchte hier mehr zu bieten als nur gute Begleitung einer weitestgehend aus den 1940er Jahren stammenden Art des Wagner-Gesangs eines von Tietjen zusammengestellten Ensembles. Er nutzt jede Gelegenheit, die oft bis ins Hysterische sich steigernde Permanenz des Sprechgesangs abzumildern: in orchestralen Momenten von Stimmungswechseln, in Vor- und Zwischenspielen, eingestreuten instrumentalen Kantilenen und Motivmetamorphosen, wenigen Momenten anmutiger Melodik, um damit die ganze Wagner'sche Manie eines gelenkten Dramas beweglich zu durchbrechen und Musik um ihrer selbst willen und in der ihr eigenen Ausdruckspotenz zu präsentieren. Das Orchester der Städtischen Oper spielt mit einer merklichen Wachheit und folgt den stürmischen Bewegungsimpulsen Fricsays sehr flexibel. Leo Blech, der die Premiere der *Walküre* gerne statt Fricsay dirigiert hätte, rächte sich an Tietjens Entscheidung für Fricsay durch eine 13 Tage vor der Premiere stattfindende konzertante Aufführung des 1. Akts der *Walküre* mit den Berliner Philharmonikern,

---

30 Die Einspielung für die DG mit anderen Solisten, anderem Orchester und Chor (den RIAS-Ensembles) wird im Kapitel über die Rundfunkorchester besprochen.

bei der er einem staunenden Publikum die schwedische Sängerin Birgit Nilsson, die später in Bayreuth Furore machen sollte, als Sieglinde präsentierte.

Mit zwei Einaktern, Bartóks *Herzog Blaubarts Burg* und Strawinskys *Oedipus Rex* (in Berlin zuletzt an Klemperers Krolloper 1928 aufgeführt), entfaltete Fricsay im September 1951 eine viel zu selten genutzte Gelegenheit, Kurzopern an einem Abend und mit unterschiedlichen Regiekonzepten kontrastreich zu kombinieren, allerdings ohne große Resonanz. Viel wurde über die Kombination gerätselt: Alter und neuer Mythos, moderner Symbolismus, teils expressionistisch, teils neusachlich vorgetragen wie bei Bartók und rückwärts gewandte, antikische Anleihen nehmende Klassizität bei Strawinsky wurden zu Schlüsselbegriffen der Diskussion. Bei *Blaubart* übernahm Fricsay selbst die Regie (ohne als solcher ausdrücklich im Programmheft genannt zu sein), unterstützt von dem Bühnenbildner Hans Wolff-Grohmann. Für *Ödipus Rex* zeichneten Adolf Rott als Regisseur und Caspar Neher als Bühnenbilder. Von beiden Werken gibt es statt Mitschnitten der Opernaufführungen später mit dem RSO eingespielte Aufnahmen.[31]

Ähnliches gilt auch für die in Fricsays letzter Berliner Saison 1951/52 dirigierten neu einstudierten Opern: Verdis *Rigoletto* (drei Aufführungen, Februar und Mai 1952) und Wagners *Der Fliegende Holländer* (drei Aufführungen, April und Juni 1952). Während Fricsay bei der *Rigoletto*-Inszenierung weitgehend auf das Solistenensemble der RIAS-Einspielung von 1950 zurückgreifen konnte (mit Rita Streich als Gilda, Margarete Klose als Maddalena, Josef Metternich als Rigoletto, Rudolf Schock als Herzog), hatte er für die spätere Einspielung von *Der Fliegende Holländer* ein völlig anderes Solistenensemble engagiert (den erhalten gebliebenen Mitschnitt aus der Städtischen Oper gibt es als Bandkopie im Archiv der Ferenc-Fricsay-Gesellschaft).

Zum Ende der Spielzeit 1951/52 im Juni 1952 gab Fricsay nicht ganz so abrupt, wie es von außen schien, seine Stellung an der Städtischen Oper auf, nachdem er in künstlerischen Fragen übergangen worden war und wohl selbst gemerkt hatte, dass er der Doppelfunk-

---

31 Sie werden im Moderne-Kapitel besprochen.

tion als Chefdirigent eines Rundfunkorchesters und GMD eines Opernhauses trotz seiner nicht geringen Vitalität nicht standhalten konnte. Es kam zu misslichen Überschneidungen der von ihm wahrzunehmenden Verantwortlichkeiten und zu Absagen und Verschiebungen von Terminen, die von der Öffentlichkeit missbilligt wurden. Trotz weiterer Vorwürfe gegen Fricsay wegen politisch missliebiger, aber rein künstlerischer Kontakte zu Walter Felsenstein an der Ost-Berliner Komischen Oper und trotz vereinzelter Vorbehalte gegen ihn aus den Reihen des Ensembles wegen terminlicher Unzuverlässigkeit und herrischen Auftretens war Fricsays Schritt, um seine unmittelbare Entlassung zu bitten, extrem und in seiner Wirkung katastrophal.

Kurz zuvor gab es einen Beschluss des Berliner Senats zur Reduzierung des Opernorchesters auf 100 Mitglieder, was mit einer Klage von sieben gekündigten Orchestermitgliedern und einem Protest Fricsays beim Senat beantwortet wurde. Nach der Annahme der Bitte Fricsays um Vertragslösung vonseiten des Intendanten gab es eine gemeinsame Pressekonferenz von Intendant, GMD und der Senats-Kulturverwaltung. Fricsay nannte künstlerische Gründe, die mit der Programmplanung, den Sängerverpflichtungen und der Größe des Orchesters zusammenhingen, für die er keine Verantwortung mehr übernehmen könne; Tietjen behauptete, Fricsay sei der Doppelbelastung durch das RIAS-Orchester und die Oper physisch und zeitlich nicht gewachsen gewesen, und stellte die Absage einer Vorstellung von *Der Fliegende Holländer* wegen Krankheit (nach einer RIAS-Probe) als Vertragsbruch hin. Tietjen befürwortete eine Weiterverpflichtung von Fricsay für die Dirigate der Opern, die er einstudiert habe. Damit verdeckte Tietjen die nun entstandenen künstlerischen Probleme an der Oper (keine Hausregisseure und Hausdirigenten, kein Hausdramaturg) und zeigte sich der veränderten Situation nicht gewachsen. Tietjen nannte auch musiktheatralische Grenzen Fricsays: so habe er Fricsay erst ins Werk Wagners einführen müssen, Fricsay sei nur dem Auslaufen des Vertrags zum Ende der Saison 1952/53 zuvorgekommen.

Demagogische Kritik wurde in einer lancierten Resolution der Genossenschaft der Bühnenangehörigen der Städtischen Oper geübt an Fricsays Forderung einer Sondergage für ein Gastspiel mit

Beethovens *Fidelio* bei den Ruhrfestspielen in Recklinghausen, das die anderen Mitglieder des Opernensembles als »eine kulturpolitische und soziale Aufgabe, die innerhalb der Verpflichtungen an der Städtischen Oper gern erfüllt werde«, ansehen würden. »Wir weigern uns deshalb, ›Fidelio‹, das hohe Lied der Freiheit, unter der Stabführung eines Dirigenten, dessen menschliches Verhalten und Kunstausübung wir als herzlos empfinden, bei den Ruhrfestspielen zu singen«. Dies wurde mit einem Protest verknüpft gegen die »Diktatur des RIAS«, die eine »kulturzersetzende Entfremdung des Berliner Musiklebens«, unterstützt von wirtschaftlich vom RIAS abhängigen Musikkritikern, herbeiführe. Dazu gab es postwendend eine passende Replik von Hans Heinz Stuckenschmidt: die Rede der Resolution von kulturzersetzender Kritik sei eine bekannte und seltsame Sprache (womit er das in dieser Resolution auftretende NS-Vokabular meinte), der DGB bezahle die Kosten des viertägigen Gastspiels in Recklinghausen. Und: »es ist bezeichnend, daß man eine Honorarforderung Fricsays in diesem Augenblick dazu benutzt, ihn menschlich zu diffamieren«. Dies sei eine Ablenkung von den wahren Problemen der Städtischen Oper, die Stuckenschmidt hauptsächlich in der mangelnden Ensemblestruktur sah. Hier wurde Fricsay zum wiederholten Male mit einem Weiterleben der NS-Ideologie konfrontiert, mit einer unverhohlenen Anspielung auf ihn als einem herzlosen, geldgierigen jüdischen Künstler, der die edle deutsche Kultur zersetze. Zu den recht hohen Gehalts- und Honorarforderungen Fricsays ist generell zu sagen, dass für einen Überlebenden aus Budapest, der lange den Status eines staatenlosen Flüchtlings hatte, das Interesse, für sich und seine Familie eine gesicherte Existenz aufzubauen, einen Rückzugsort wie ein Haus in der Schweiz zu erwerben und das Beschaffen der dafür nötigen Geldmittel naheliegend war und stets im Rahmen einer angemessenen Bezahlung hoher künstlerischer Leistungen blieb.

In der Folge klagte Fricsay auf Nachzahlungen und Vergütungen für verlorene Einnahmen wegen eines Vertragsbruchs vonseiten der Intendanz, die ihn bei Sängerverpflichtungen und der Verkleinerung des Orchesters nicht angehört hatte. Im Oktober 1952 gab es nicht öffentliche Zusatzbestimmungen zum Vergleich mit der Bestätigung von Nachzahlungen, Entschädigungen und Abgeltungen für die Aufwendungen des Rechtsstreits.

Von der politischen Interpretation eines dem künstlerischen Austausch dienenden Treffens Fricsays mit Felsenstein distanzierten sich Tietjen und Senator Joachim Tiburtius, und sie beteuerten auch, an der Resolution nicht beteiligt gewesen zu sein – vermutlich eher ein Zeichen dafür, dass sie es waren. Sie machten ein Angebot für eine Fricsay zufriedenstellende finanzielle Regelung und äußersten ihre Freude über den Erhalt von Fricsay als Dirigent in Berlin und für die Oper.

Die Frage, ob es ihm erlaubt sei, autonom über die Besetzung der solistischen Gesangsrollen zu entscheiden, dürfte für Fricsay die entscheidende Rolle gespielt haben. Tietjen, ein neben seinen künstlerischen Ambitionen in Machtpokern erfahrener Musikbetriebsverwalter, der schon vor und in der Nazi-Zeit gelernt hatte, Widersprüche innerhalb der politischen Organe auszunutzen (einmal zum Schaden des Revolutionärs Klemperer, ein andermal zugunsten des Traditionalisten Blech), kämpfte nicht um Fricsay, stützte ihn nicht, griff ihn, den er gebraucht hatte, aber auch nicht öffentlich an. Einige seiner Pläne (wie die Vollendung von Wagners *Ring des Nibelungen* in gegen Wieland Wagners Neubayreuth gerichteten Musterinszenierungen) waren damit wohl vernichtet.

Dennoch erweckte Fricsay später den Eindruck, nicht nur versöhnlich, sondern geradezu euphorisch auf diese Zeit zurückzublicken. In seinem Glückwunsch-Schreiben an die Direktion des Opernhauses zum 50-jährigen Bestehen der Städtischen/Deutschen Oper Berlin vom 25. Mai 1962 aus Ermatingen heißt es:

>»Von diesen 50 Jahren kann ich über vier – wahrscheinlich die schwersten vier Jahre des Orchesters – berichten: Von 1948 bis 1952, wo sie in der kritischsten Zeit, die jemals eine Stadt in Friedenszeiten erlebt hat, bei Kälte und unzureichender Nahrung musiziert und damit Berlins, Deutschlands und Europas Opernkultur, dessen Zentrum Berlin war und noch immer ist, aus Schutt und Asche auf das heutige Niveau zu bringen geholfen haben. [...] Diese schwersten Zeiten sind gleichzeitig auch meine schönsten geworden.«

Don Giovanni, September 1961

Die Eröffnung des neuen Opernhauses in West-Berlin am 24. September 1961 in der Bismarckstraße unter dem Namen Deutsche Oper Berlin (D. O.) mit einer Neueinstudierung von Mozarts Dramma giocoso *Don Giovanni* über einen negativen feudalen Helden, dem kein amouröses Abenteuer mehr gelingt und der der Vernichtung preisgegeben ist, stand sechs Wochen nach dem 13. August 1961 ganz im Schatten des Baus der Berliner Mauer. Zusätzlich zu künstlerischen und innerorganisatorischen Problemen übten die gefährlichen politischen Spannungen in der Stadt zusätzlichen Druck auf die Einstudierung aus. Es ist keine persönliche Äußerung Fricsays zu dieser Situation überliefert, er konzentrierte sich ganz auf das musikalisch-szenische Gelingen dieser Opernaufführung, und von offizieller Seite trat man die Flucht nach vorne an und stilisierte das Ereignis einer Opernhaus-Eröffnung zum politischen Signal kulturellen Widerstands.

Über die verwickelten Vorbereitungen der Eröffnung des neuen Opernhaues sind wir durch die gesammelten Dokumente in Fricsays Nachlass bestens unterrichtet, die wichtigsten zerreißprobenartigen Verwicklungen sollen geschildert werden, um so einen Einblick ins Innenleben eines damaligen Opernbetriebs zu geben: Mit dem Wechsel von der Kant- in die Bismarckstraße zu Beginn der Spielzeit 1961/62 war auch ein Wechsel in der Intendanz des Opernhauses verbunden. Der Altintendant Carl Ebert (Nachfolger von Tietjen) war allerdings mit den Vorbereitungen für die Inszenierung des *Don Giovanni* als dafür selbsternannter Regisseur befasst, und so zogen sich die Verhandlungen über die Inszenierung zwischen der alten und der neuen Intendanz, bestehend aus Gustav Rudolf Sellner und dessen Stellvertreter Egon Seefehlner, der noch von Wien aus mitmischte, seit dem Frühjahr 1960 hin.

Noch vor den ersten Zeitungsberichten über eine Ernennung Sellners zum Intendanten der Deutschen Oper gab es im Februar 1960 Auseinandersetzungen über dessen Nazi-Vergangenheit. Der Kultursenator Tiburtius entschied trotzdem für Sellner, der sehr schnell bekanntgab, dass er Fricsay als GMD favorisiere. Im April 1960 begannen die Verhandlungen mit Fricsay, der prinzipiell bereit war, aber hohe künstlerische Forderungen stellte. Im Juni wurden Verhandlungen mit dem stellvertretenden Direktor der Wiener Staatsoper Seefehlner um die Leitung des künstlerischen Betriebsbüros der D.O. aufgenommen. Ebenfalls im Juni wurde Fricsay als GMD berufen. Sofort kursierte die Fälschung eines im Namen von Personalrat, Chor- und Orchestervorstand aufgegebenen Brieftelegramms an Fricsay, mit der Aufforderung, wegen seiner Misserfolge in Berlin und München das Amt nicht anzutreten. Die folgenden Verhandlungen Sellners mit Fricsay wurden erfolgreich abgeschlossen, die Entscheidung fiel im Juli 1960 für die erste Spielzeit 1961/62.

Bereits vom 12. April 1960 datiert ein Brief Eberts an Fricsay, in dem er um eine Vorverlegung von dessen Besuchen im Mai/Juni in Berlin bat, um mit ihm und Sellner noch besprechen zu können, welche Sänger er behalten, welche neuen Abschlüsse er tätigen, welche Werke aus dem Repertoire er dirigieren wolle. Ebert gab seiner Freude auf den Neubeginn Ausdruck sowie seiner Bereitschaft, Fricsay den Einstieg zu erleichtern. Man sieht daraus, wie weit die Entscheidung hinter den Kulissen bereits zugunsten Fricsays gefallen war, bevor im Sommer 1960 offiziell verkündet wurde, dass er zum GMD für die Spielzeit 1961/62 berufen worden sei – wieder parallel zum Chef des RSO, womit zunächst eine Wiederholung der alten misslungenen Konstellation vom Anfang der 1950er Jahre anvisiert war. Im November 1960 erfolgte dann die Meldung über die Entscheidung, das neue Opernhaus mit *Don Giovanni* zu eröffnen, im Dezember Meldungen über den Fernsehvertrag mit Fricsay für diese Aufführung.

Am 16. Januar 1961 gab der neue Intendant Sellner seine erste Pressekonferenz, in der er mitteilte, Fricsay sei lediglich als »musikalisch beratender Dirigent« mit zwei Einstudierungen und 40 Abenden pro Saison engagiert worden, Chefdirigent sei Heinrich Hollreiser. Außerdem legte Sellner ein Bekenntnis zum Ensemblegedanken ab.

Um den Bühnenbildner (infrage kamen Georges Wakhévitch, der schlecht zu erreichen war, oder Neher, der sich zierte) sowie um die Besetzungsfragen für die Rollen im *Don Giovanni* wurde lange gerungen. Es waren zunächst keine zweiten Besetzungen mit Ausnahme jener für die Rolle des Don Giovanni (Fischer-Dieskau) vor-gesehen. Trotzdem gab es später eine Liste der Erst- und Zweitbeset-zung für *Don Giovanni* mit handschriftlichen Veränderungen Fricsays. Peter Csobádi, der damals noch Assistent von Fricsay war, meldete aus Wien, wo er sich gerade bei Seefehlner aufhielt, die Entscheidung für die Schünemann-Übersetzung, die bei einigen Gesangssolisten vermutlich Jammern auslösen würde (diese Über-setzung war in den 1940er Jahren entstanden, um den Libretto-Text des Juden Lorenzo Da Ponte zu »arisieren«).

Ab Januar 1961 wurden auch für Fricsay die Vorbereitungen auf die Einstudierung akut. Er schrieb am 10. Januar 1961 aus Arosa an Seefehlner und bat um das Arrangement eines Gesprächs mit dem Regisseur Ebert wegen der Inszenierungsart zu *Don Giovanni*, auch wegen der Entscheidung über den Bühnenbildner, der mit den mu-sikalischen Ideen übereinstimmen müsse. »Du weisst ja, dass ich meinen Einfluss auf die Regie, die Wahl des Bühnenbildners, die meiner musikalischen Auffassung entsprechen müssen, zur Grund-bedingung gemacht habe.«[32]

Im Februar begannen Gespräche mit dem ukrainischen, in Paris lebenden Bühnenbildner Georges Wakhévitch über die Bühne für *Don Giovanni*. Aber es gab auch den Gegenvorschlag von Regisseur Ebert, Neher als Bühnenbildner zu nehmen, womit Fricsay nur ein-verstanden war, wenn dieser unverbindliche Entwürfe vorlegen könne und dann Ebert *und er* damit einverstanden wären. Obwohl Eberts Gespräche mit Wakhévitch in Paris positiv verliefen, wurden zunächst parallel gleiche Vereinbarungen mit Wakhévitch wie mit Neher getroffen.

Bereits am 26. Mai 1961 gab es eine Anfrage der Orchesterdi-rektion nach der von Fricsay gewünschten Besetzungsstärke der Streicher für die *Don Giovanni*-Aufführung. Ausgehend von vergrö-ßerten Raumverhältnissen ließ Fricsay antworten, vorbehaltlich akustischer Gegebenheiten im neuen Haus bei den Proben sei eine Aufstockung der Stärke um jeweils ein bis zwei Kräfte erforderlich. Von Salzburg aus, wo Fricsay mit den Aufführungen des *Idomeneo* und der Konzerte mit den Wiener Philharmonikern beschäftigt war,

---

32 AdK, FFA 1513.

ließ er am 2. August 1961 weitere Wünsche zur *Don Giovanni*-Auf-
führung an die Orchesterdirektion erteilen, zwischen den Proben
und Aufführungen so wenig Umstellungen und Platzwechsel wie
möglich vorzunehmen. Er bat um die Besetzungsliste der Streicher
und Bläser wegen eventueller Änderungswünsche, und – so fügte
er hinzu – um Beleidigungen zu vermeiden, ginge es von vornherein um eine Sammlung der besten Kräfte des Orchesters für die
Eröffnungsvorstellung. Am 21. August erfolgte nochmals die Bitte,
Vorkehrungen zu treffen für eventuell nötige Veränderungen in
der Orchesteraufstellung aufgrund akustischer Gegebenheiten im
neuen Opernsaal. Und es wurde korrespondiert über Fricsays Wünsche für die Orchesterproben und für die Korrepetitoren während
der Klavierproben, dass es für die Rezitative besonders wichtig sei,
gut und versiert Continuo spielen zu können.

Missverständnisse gab es mit Ebert über den möglichen Probenbeginn. Klavierproben sollten nach Fricsays Vorstellung bereits ab
dem 30. August beginnen (er gab sein letztes Konzert in Salzburg
am 27.), *nachdem* Ebert seine Regie-Proben beendet hätte; der
wollte aber erst ab dem 4. September beginnen zu proben, weil die
Solisten erst ab dem 1. September zur Verfügung stünden. Die Büh-
nenproben mussten zusammengeschoben werden, weil die Hauptprobe am 20. September zugleich als Fernsehübertragung geplant
war. Fricsay äußerte den dringenden Wunsch, ab 1. September mit
allen Solisten (außer Fischer-Dieskau) Gesangsproben am Klavier
beginnen zu können, und Ebert müsse einen eigenen Probenplan
erstellen.

Kurz vor dem Beginn der Proben spitzte sich die Lage weiter zu.
Am 25. August 1961 forderte Fricsay von Seefehlner, keine Ände-
rungen an der Besetzung des *Don Giovanni* mehr vorzunehmen,
und erklärte, dass keine zusätzlichen Proben wegen des fehlenden
Don Ottavio mehr möglich seien.[33] Er sei jetzt schon überlastet und
habe schon Gallenstörungen, die Fehldispositionen vergifteten das
Arbeitsklima.

---

33 Zwischen dem 23. und 29.8. wurden laufend Telegramme gewechselt wegen der
verpatzten Probentermine mit Ernst Haefliger, die Rolle sang schließlich Donald
Grobe.

In einem nicht abgesandten Brief von Fricsay an Seefehlner vom 13. September, also zehn Tage vor der Premiere, erinnerte Fricsay an die vorgenommene Aufgabe, für das neue Opernhaus neue Maßstäbe zu setzen, was mit dem jetzigen Probenplan für *Don Giovanni* nicht zu verwirklichen sei. Er betonte, dass durch eine weitere Reduktion der von ihm ursprünglich geplanten Proben die Reputation des Hauses auf dem Spiel stünde und es unglaubliche Belastungen gäbe.

Im Gegensatz zur Einspielung dieser Oper im Jahr 1958 in italienischer Sprache[34] wurde hier wieder auf Deutsch gesungen, was damals noch als populär, rücksichtsvoll dem Publikum gegenüber und pädagogisch sinnvoll galt. Von der Generalprobe mit Publikum gibt es einen Audiomitschnitt im RIAS-Archiv und von der Fernsehaufnahme im Archiv des Senders Freies Berlin (SFB) im Rundfunk Berlin-Brandenburg (rbb).

Fricsay dirigierte am 24. September 1961 auch das Einweihungskonzert mit prominenten Gästen aus der Politik. Es war ein Festakt mit Schlüsselübergabe und der ehrenvollen Verabschiedung des Altintendanten Carl Ebert. Die feierliche Eröffnungsveranstaltung mit anschließender Opernaufführung fand nur mit geladenen Gästen (darunter auch DDR-Flüchtlingen) statt. Man betrachtete von offizieller und medialer Seite die Eröffnung des Opernhauses als eine »Demonstration des Lebenswillens«, die West-Berliner standen Spalier, und der Abend stand ganz im Licht des Widerstands gegen den Mauerbau. Es gab sogar Kritik am Prunk der Einweihung, der sich in diesen Tagen nicht zieme, unter dem Motto: »Don Giovanni an der Berliner Mauer«. Dass man sich bei dieser Gelegenheit dazu verstieg, der Ost-Berliner Seite mit ihren Opernhäusern zu unterstellen, sie sei zu einer solch hochkarätigen Kulturleistung wie der Inszenierung einer Mozart-Oper gar nicht fähig, wurde durch Walter Felsensteins international stark beachtete Inszenierung von *Don Giovanni* zur Eröffnung der renovierten Komischen Oper in der Ost-Berliner Behrenstraße im Jahr 1966 entsprechend beantwortet.

Trotz des politischen Rummels, der diese *Don Giovanni*-Aufführung in ein Frontstadtereignis verzerrte, gab es auch plakative Belo-

---

34   Siehe dazu das Mozart-Kapitel.

bigungen des musikalischen Resultats in der Presse für ein »Fest des Belcanto«, das »Vorrecht der Stimmen«, für »mozartische Stimmen«.[35] Es habe ein »Gleichgewicht zwischen tragisch und buffonesk« bestanden, und Fricsay wurde attestiert, er habe den »Zugang zur Welt Mozarts« gefunden (was wohl heißen sollte, endlich, nach 25 Jahren Mozart-Dirigaten, habe er es nun doch noch geschafft).

Fricsay sandte am 5. Oktober 1961 ein Belobigungsschreiben an das Orchester für die Arbeit bei der Eröffnungsveranstaltung des neuen Opernhauses in der Bismarckstraße, in dem es heißt: »Sehr geehrte Herren!« (weiterhin scheint es keine Damen im damaligen Orchester der Deutschen Oper gegeben zu haben), man sei »bedeutend besser, zu einem bedeutenden Klangkörper der deutschen Kulturlandschaft« geworden.

In einer Betrachtung aus der Ferne zur sich anschließenden Situation in Berlin äußerte sich Fricsay brieflich an Boleslaw Barlog über die Bedrohung der Kunst durch politische Gewalt und seine Hoffnung auf ein Weiterbestehen speziell des (West-)Berliner Geisteslebens:

> »Mit vielen Erprobungen kann man sie [die Kunst] belasten, aber wo einmal Gewehre gepflanzt sind und menschliche Hassleidenschaften zu brodeln anfangen, hat Kunst nicht mehr viel auszurichten! [...] Ich würde natürlich gerne so bald wie möglich wieder [in Berlin] sein – abgesehen von meinem Musizieren schon allein darum, die Berliner Theater- und geistige Atmosphäre zu genießen, die hoffentlich uns allen erhalten bleibt und nicht gerade in Berlin der Geist der Skepsis, der Verneinung und der Vernichtung des Luzifer siegen wird. Und gebe es Gott, dass auch da eine Synthese [wie die zwischen dem Apollonischen und dem Dionysischen in dem Theaterstück »Die Tragödie des Menschen« von Imre Madách] gefunden wird, die uns den Berliner Geist, der in dieser Stadt einmalig herrscht und von ihr ausströmt, erhält. Das ist kein materielles Problem, denn mit dem Geisteszentrum Berlin würde vieles uns verloren gehen, von dem wir alle aus den guten Zeiten Berlins her heute noch zehren können und Nutzen haben.«[36]

---

35 Fischer-Dieskau als Don Giovanni; Walter Berry als Leporello, Greindl als Komtur, Elisabeth Grümmer als Donna Anna, Donald Grobe als Don Ottavio, Pilar Lorengar als Donna Elvira, Erika Köth als Zerlina, Ivan Sardi als Masetto.
36 Fricsay, Brief an Boleslaw Barlog vom 22.8.1962 aus Ermatingen nach Berlin, AdK, FFA 479.

Der Neubeginn der Zusammenarbeit unter dem Intendanten Sellner im neu erbauten Opernhaus im Jahr 1961 mit *Don Giovanni* war zugleich deren Ende, denn mit der siebten Aufführung am 14. November 1961 hatte Fricsay seinen letzten Auftritt in Berlin, und die Krankheit, die binnen eines guten Jahres zu seinem Tod führen wird, war zurückgekehrt. Geplant waren für die nächste Zeit Bizets *Carmen*, für die es bereits von Fricsay kritisierte Bühnenbildentwürfe von Michel Raffaelli gab, ein Verdi-Festival mit *Aida* und *Othello*, ein Bartók-Abend mit *Herzog Blaubarts Burg* und *Der wunderbare Mandarin*. Zwar hatte Fricsay am Ende des Jahres 1961 vor, im folgenden Jahr weniger zu tun, doch wie wenig ihm seine wirkliche Lage klar war, geht etwa daraus hervor, dass er noch am 31. Dezember 1961 eine Aufstellung der Klavier-, Orchester- und Bühnen-Proben für *Carmen* vom 23. Januar 1962 bis zur Generalprobe am 16. Februar (Premiere am 18.) – also während des Zeitraums von ihm dirigierter abendlicher *Don-Giovanni*-Vorstellungen – an den stellvertretenden Intendanten Seefehlner übersandte.

Bayerische Staatsoper

Sein Debüt an der Bayerischen Staatsoper gab Fricsay am 9. Mai 1956 mit der Premiere von Verdis vorletzter Oper *Othello*. Die Inszenierung hatte der Intendant Rudolf Hartmann übernommen. Dieser ersten Münchner Opernvorstellung des zum reisenden Dirigenten gewordenen Fricsay und dessen Entschluss, wieder sesshaft zu werden, und zwar in München, waren private Kontakte zum Intendanten Hartmann vorausgegangen, der, nachdem Rudolf Kempe seine Rolle als GMD 1954 beendet hatte, einen geeigneten Dirigenten für diese Position suchte. Die bereits seit August 1955 feststehende Berufung Fricsays[37] war einen Monat vor der *Othello*-Aufführung am 5. April 1956 durch einen Dienstvertrag mit Geschäftsanweisung für Fricsays Tätigkeit als GMD, ausgestellt vom Bayerischen Kultusminister, besiegelt worden, einen Sechs-Jahres-Vertrag über neunmonatige Anwesenheitspflicht im Jahr.

---

37 Dies geht aus einer in Fricsays Nachlass abgelegten Gratulation dazu von Robert Heger hervor.

Fricsay dirigierte auch wieder die 200. *Othello*-Aufführung, von der es wie von der 1956er Premiere einen Mitschnitt im Archiv der Ferenc-Fricsay-Gesellschaft gibt. Nach Meinung von Kritikern hatte die Wiedergabe bei der späten Wiederaufnahme alles Starre verloren, und es wurde nicht nur der Klartext der Noten, sondern das Unsagbare zwischen den Chiffren musiziert.

Nicht mit einer Oper der drei Münchner Hausgötter Mozart, Wagner oder Strauss vollzog Fricsay Anfang November 1956 seinen Antritt als GMD der Bayerischen Staatsoper im Prinzregententheater, sondern mit der vom Intendanten Hartmann inszenierten Münchner Erstaufführung von Mussorgskys, von Nicolai Rimski-Korsakow bearbeiteten Oper *Die Fürsten Chowansky* (»Chowanschtschina«), dicht gefolgt von *Lucia di Lammermoor* von Gaetano Donizetti. Fricsay war *Chowanschtschina* noch von der Budapester Aufführung unter Failoni her vertraut. Am Anfang scheint das Münchner Publikum diese neuartige Kost noch goutiert zu haben (der Mitschnitt wurde gelöscht), wird aber schnell das Althergebrachte seines Stammrepertoires vermissen und anfangen zu rumoren. Gleich im Dezember folgte *Lucia di Lammermoor* in der Inszenierung von Herbert List, mit Erika Köth als Lucia, die in dieser Rolle triumphieren konnte. Nur Teile eines Mitschnitts haben sich im Archiv der Ferenc-Fricsay-Gesellschaft erhalten.

Eine der großen, aber leider nicht mehr hörend nachvollziehbaren historischen Leistungen Fricsays war die Münchner Erstaufführung von Alban Bergs Oper *Wozzeck* im Prinzregententheater im Mai 1957 in der Inszenierung Rudolf Hartmanns. Zum großen Bedauern einer interessierten Nachwelt wurde der Mitschnitt durch den BR gelöscht, auch die Aufnahme einer weiteren Studio-Produktion von *Wozzeck* vom 18. bis 30. April 1959 in Hamburg beim NDR hat sich nicht erhalten. Der Lyrismus und die klanglichen Ausbrüche der Aufführung fanden in der Presse große Beachtung.

Am 11. August 1957, während der traditionellen sommerlichen Münchner Opernfestspiele, dirigierte Paul Hindemith seine Kepler-Oper *Die Harmonie der Welt* selbst, nachdem Fricsay seine Teilnahme an der von ihm bereits vorbereiteten und weitgehend einstudierten Aufführung wegen Krankheit hatte absagen müssen.

In der kommenden Saison wurde im November 1957 Strawinskys *Oedipus Rex*, kombiniert mit Milhauds *Salade* (einer Ballettoper mit den Figuren der *Commedia dell'arte*, dirigiert von János Kulka) von Fricsay in München dirigiert, im November 1958 dann in einer einzigen Aufführung kombiniert mit Bartóks *Herzog Blaubarts Burg*, ebenfalls von ihm dirigiert. Anlässlich dieser Aufführung avancierte Fricsay auch außerhalb Münchens schon zum »heiß umstrittenen GMD Fricsay«, dennoch »dirigierte er mit makelloser Akkuratesse und stärkstem Ausdruck«. Erstmals gab es widerstreitende Berichte.

Das Jahr 1957 endete mit einer Neuinszenierung von Verdis *Ein Maskenball* am 22. Dezember als vorweihnachtliche Premiere in der Originalfassung (im schwedischen Milieu der Bellmann-Zeit spielend), inszeniert von Hartmann; eine Wiederaufnahme erfolgte im Februar 1960. Auch hier waren die Reaktionen der Kritiker zwiespältig, und man fragt sich, ob es nun gut oder schlecht war, dass Toscanini in Fricsay wiederauferstanden sein sollte.

Fricsays Tätigkeit wurde begleitet von einem Dankesbrief des Bayerischen Kultusministers vom 30. Dezember 1957 an Fricsay für die Schallplatteneinspielung des *Fidelio* mit dem Bayerischen Staatsorchester und mit der Bekundung einer sibyllinischen Freude darüber, dass sich die begeisterte Anerkennung Münchens von Fricsay »trotz so vieler böser Neider immer noch steigert«.

Andere Töne wurden dann als Silvestergruß an den GMD Fricsay und den Intendanten Hartmann in einem anonymen Artikel in der *Süddeutschen Zeitung* am 31. Dezember 1957 angeschlagen, sie richteten sich gegen die Tatsache von sechs Premieren an der Staatsoper mit Musik der Moderne (Egk, Berg, Hindemith, Strawinsky, Milhaud, Strauss) und nur drei aus dem 19. Jahrhundert (Nicolai, Wagner, Verdi). Dies sei gegen die Tradition des Hauses mit Mozart und Wagner gerichtet.

»Dass GMD Fricsay, dessen Neigung dieser modernen Musik entspricht, darüber Hausgötter wie Mozart und Wagner vernachlässigt hat und während der sommerlichen Festspiele kaum am Pult erschien, hat ihm freilich Vorwürfe und berechtigte Kritik eingetragen (...). Nun hat er gelobt, auf solche berechtigte Publikumswünsche Rücksicht zu nehmen.«

Etwas später wies der Kritiker dann darauf hin, dass die modernen Aufführungen vom Publikum positiv angenommen worden seien; hier verwechselte er also die eigenen konservativen Wünsche mit denen des Publikums. Auch trat er noch einmal zu Fricsays *Ein Maskenball* nach: Präzision statt echter Empfindung; keine südliche Sinnlichkeit, sondern troppo secco; aus Verdi-Gold werde Chromstahl. Dieser anonym gelegte Brandsatz war das Eröffnungssignal für den Schwenk gegen Fricsay, der nicht in der öffentlichen, wohl aber in der veröffentlichten Meinung vollzogen wurde.

Im Jahr 1958 überschnitten sich die Ereignisse hinter den Kulissen, die auf eine Auflösung des GMD-Vertrags hinausliefen, mit glanzvollen öffentlichen Auftritten. Bereits im Mai gab es einen entsprechend den Wünschen Fricsays abgefassten Umwandlungsvertrag, der bis zum 31. August 1962 lief. Er wurde gefolgt von einem Gastdirigenten-Vertrag samt Schiedsvertrag vom August 1958 und einem Vertragsexemplar für die künftige Tätigkeit als Gastdirigent an der Bayerischen Staatsoper vom September 1958.

Undatiert ist ein Schreiben Fricsays an den Staatssekretär im Bayerischen Kultusministerium, in dem er auf eine Unterredung mit dem Kultusminister hinwies, ferner gab es die Überreichung eines Briefes mit Bitte um weitere Gespräche über ein öffentliches Kommuniqué: »Ich habe bei Herrn Staatsminister sehr viel Verständnis gefunden, ebenso wie das letztemal bei Ihnen und bin fest überzeugt, dass wir unserem Sorgenkind Münchner Staatsoper so am besten helfen können.«[38]

Der Berliner Musikkritiker Friedrich Herzfeld gab folgende Darstellung der Konflikte in München: Fricsay sollte Repertoire-Aufführungen der von anderen Dirigenten einstudierten Opern von Mozart, Wagner, Strauss dirigieren, bestand aber auf seiner Absicht, nur selbst ausgesuchte, von ihm für wichtig gehaltene Werke einzustudieren und zu präsentieren. »Damit setzt er sich neben alle Münchner Stühle. Schon nach drei [recte zwei] Jahren wird sein lang laufender Vertrag rückgängig gemacht.«[39]

---

38 Siehe die in AdK, FFA 489 abgelegten Münchner Vertragswerke.
39 Friedrich Herzfeld, »Das Porträt: Ferenc Fricsay«, in: *Berlin im Spiegel*, Juli 1960.

Im Rahmen eines Interviews mit einer Kopenhagener Zeitung während der Proben zu einem der ersten Auftritte Fricsays nach seinen Gallen-Operationen gab dieser eine eigene Begründung für seinen Münchner Abgang: zu viele Verwaltungsaufgaben und kein festes Ensemble, zu viele reisende Stars, die ständig wechseln. Und er verwies in diesem Zusammenhang auf seine Opern- und Oratorieneinspielungen mit fast immer denselben Sängerinnen und Sängern[40].

Im Juni 1958 erfolgte dann Fricsays letzter Auftritt als amtierender GMD anlässlich der Wiedereröffnung des Cuvilliés-Theaters mit Mozarts *Die Hochzeit des Figaro* in deutscher Sprache. Es ging um die Wiedereröffnung des alten Residenz-Theaters des Kurfürsten Maximilian III., um die 700. Münchner Aufführung von *Die Hochzeit des Figaro* im Rahmen der 800-Jahr-Feier Münchens mit Festgottesdienst, Festkongress, Festmahl, einer Europäischen Rokoko-Ausstellung und einer Gala-Vorstellung mit 300 Ehrengästen im neuen Alten Theater der Münchner Residenz.

In den Logen lauter VIPs aus Adel, Corps diplomatique, Unternehmertum, Militär, Klerus, Landes- und Bundespolitik: die Crème de la crème der Wirtschaftswunder-Gesellschaft, das restaurierte Besitz-Bürgertum, vornehm herausgeputzt (»der Glanz der Toiletten wetteiferte mit den schönen Stimmen«, wie es sinnig in der Presse hieß), um das zu zelebrieren, was man ein »gesellschaftliches Ereignis« nennt. Durchaus im Kontrast zur dargebotenen Oper, die bekanntlich die Inhumanität der Noblesse eines *ancien régimes* angreift. Schwer zu sagen, wie sich Fricsay bei seiner Abschiedsvorstellung für die Münchner *haute volée* gefühlt haben mag. Dass er sich in die Loge der Grande Dame eines deutsch-französischen katholischen Widerstands, der Mozart-Biografin Annette Kolb und des im Dritten Reich mit Schreibverbot belegten und auch später nicht voll satisfaktionsfähigen Erich Kästner begab, könnte ein Signal dafür gewesen sein, in welchen Kreisen er lieber verkehrte.

Von dieser Premiere gibt es im Bayerischen Rundfunk (BR) einen als nicht sendefähig bezeichneten Mitschnitt sowie Filmausschnitte aus allen Akten als Fernsehaufzeichnung von Teilen der

---

40   Siehe Fricsay, Interview mit *Berlingske Tidende*, Kopenhagen, 14.11.1959.

Generalprobe. Die Presse versuchte sich anspielungsreich in allerlei Analogien zwischen der verschmockten Rokoko-Architektur des restaurierten Residenztheaters und einer angeblichen Rokoko-Oper eines gewissen Mozart, die zur Wiedereröffnung gespielt würde. Zum Verdruss vieler sich musikverständig dünkenden Hörer aus diesen Milieus präsentierte Fricsay ihnen eine wilde Jagd durch die Seelenkrämpfe eines tollen Tages in einer dekadenten Gesellschafts-epoche, die sie sich gut als eine Karikatur auf ihre eigenen mehr objektiven als subjektiv empfundenen Befindlichkeiten hätten aus-legen können. Die Pressevertreter waren sich über die musikali-schen Qualitäten des Dirigats uneinig, einer nannte es »kavalieris-tisch«, ein anderer »bemüht«, weil viel äußerlicher Rhythmus ohne inneren Herzschlag, weil keine musikalische Schilderung von See-lenzuständen, sondern nur landläufige Orchesterbegleitung gebo-ten worden wäre; das Finale sei ohne Steigerung gewesen, weil alles von Anfang an durchgehend in vollem Einsatz vollstreckt, die Ou-vertüre nur schnell, aber ohne Spannung gewesen sei. Einer stellte Mozarts *Figaro* dann doch auf eine wohl richtige Stufe mit Schillers *Kabale und Liebe* und fand, die Standesunterschiede seien von Beaumarchais/Da Ponte/Mozart/Fricsay ad absurdum geführt bzw. versöhnt worden durch die Betonung des menschlichen Herzens im Barbier wie im Grafen. Der tolle Tag war dem einen nur schnell und laut, dem andern waren die Tempi auch dramaturgisch deplatziert, sicher zu schnell, aber dennoch habe sich ein erotischer Zauber ver-breitet, habe es eine Kantilenensüße der Holzbläser und exzellente Ensembleleistungen gegeben. Fricsays Münchner Debüt als Mozart-Dirigent war auch schon sein Abschied; er wurde schon der »schei-dende Generalmusikdirektor« genannt.

Als Fricsay sich später wieder nach München wagte, gab es ne-ben denjenigen von *Othello*, *Lucia di Lammermoor* und *Ein Masken-ball* auch eine veränderte Wiederaufnahme des *Figaro* im Februar und September 1960. Der trockene Klang des Orchesters sei geblie-ben, aber freier, gelöster sei es in der Tempogestaltung gewesen, beseelte Kantilenen hätte es gegeben und fließende Tempowechsel in den Finali, hieß es in den Kritiken. Fricsay sei früher ein »rabiat-motorischer Pult-Cäsar« gewesen, nun gab's ein aristokratisches, zärtliches Espressivo, ein Seelendrama *con sordino*.

Im Rahmen von Fricsays späterem Gastspielvertrag gab es noch Überlegungen für eine Neueinstudierung im Februar 1960 von Verdis letzter Oper *Falstaff*; in brieflichen Ankündigungen Fricsays ist von Aufführungen bis Ende März die Rede, dann käme für ihn Boston. Auch diese Pläne mussten aus Rücksichtnahme auf die Gesundheit abgesetzt werden.

Im November 1961 noch hatte der Choreograf der Staatsoper, Heinz Rosen (der auch schon in Salzburg die Ballettmusiken des *Idomeneo* choreografiert hatte), an Fricsay die Bitte, in seiner Inszenierung der Opera choréographique *Fausts Verdammnis* von Berlioz in München zu dirigieren. Es erfolgte eine Absage wegen der Krankheit. Allerdings müsste zu diesem Zeitpunkt Fricsay bereits seinen Austritt aus der Gesellschaft zur Förderung der Münchner Opernfestspiele zum 31. Dezember 1961 vollzogen haben.

5 Fricsay und die Rundfunkorchester

Berliner Rundfunk-Sinfonieorchester und RIAS-Symphonie-Orchester/Radio-Symphonie-Orchester Berlin

Sein erstes Konzert in Berlin überhaupt, das als seine Eintrittskarte nach West-Berlin fungierte, gab Fricsay am 6. November 1948 mit dem Rundfunk-Sinfonieorchester Berlin (RSB), das damals seinen Sitz noch im Britischen Sektor hatte, im Großen Sendesaal im Haus des Rundfunks in der Masurenallee. Für das Programm hatte Fricsay ausgesucht: die *Tänze aus Galánta* von Kodály, die Berliner Erstaufführung der *Petite symphonie concertante* von Frank Martin und die 9. Sinfonie von Dvořák ›Aus der Neuen Welt‹, die von Fricsay als eine kontrastreiche Einheit vorgestellt wurde, über die es neben vorwiegend positiver Kritik eine kleine öffentliche Kontroverse gab. Im von einem ehemaligen NS-Journalisten herausgegebenen »Roland von Berlin«[41] wurde Kritik geäußert an einer angeblich verbreiteten Langeweile, an verpatzten Einsätzen und an alles demolierenden Posaunenklängen wie denen von Jericho. In einer nach einem nochmaligen Abhören der Tonbänder verfassten Antwort wird klargestellt, dass man der Aufführung bis auf zwei falsche Töne eines Trompeters eine einmalige Präzision bescheinigen könne und dass die diesmal besonders gut hörbaren dissonanten Akkorde der Bläser aus Dvořáks Partitur herrühren.

Darüber hinaus wurden Anfang Dezember Studioaufnahmen gemacht mit Werken moderner ungarischer Komponisten wie Sándor Veress (*Suite für Orchester*), Pál Kadosa und Ferenc Farkas (*Báb-táncoltató Suite*). Ein weiteres Konzert gab Fricsay mit diesem Orchester im Admiralspalast in der Friedrichstraße. Das erste Auftreten Fricsays machte Furore wie eine unverhoffte Glückserfahrung im musikalischen Nachkriegs-Berlin zur Zeit der sowjetischen Blockade, während der nur wenige auswärtige Dirigenten in Berlin auftreten wollten. Aber dieser Auftritt wurde dann von ei-

---

41 Ausgabe vom 11.11.1948, gleichlautend nachgedruckt in den »Musikblättern« (Nr. 22/1948).

nem noch erstaunlicheren Konzert mit dem gerade neu gegründeten, förmlich aus dem Boden gestampften RIAS-Symphonie-Orchester überboten.

Neben den durch Nachkriegswirren noch vagabundierenden Musikern ohne Anstellung und den aus einer Kriegsgefangenschaft Heimgekehrten arbeitete man beim RIAS-Orchester auch mit Aushilfen vom Orchester der Städtischen Oper und von den Philharmonikern. Auch manches Mitglied der in Berlins historischer Mitte, jetzt plötzlich im russischen Sektor angesiedelten Staatskapelle (des Orchesters der Staatsoper Unter den Linden) und des Berliner Rundfunk-Sinfonieorchesters wollte nun lieber in West-Berlin arbeiten; es gab sogar einen Kollektivantrag, dass die Staatskapelle vom RIAS übernommen werden solle, den Fricsay unterstützte, der dann aber aus finanziellen Gründen abschlägig beschieden wurde. Doch ca. 30 Musiker der Staatskapelle, darunter Spitzenkräfte bei den Solobläsern und die Inhaber der ersten Pulte bei den Streichern, wurden tatsächlich übernommen. Antiamerikanisch eingestellte Kritiker sprachen von Bestechungsgeldern, mit denen die Musiker von der amerikanischen Kulturverwaltung angeworben würden, und davon, dass dadurch die gewachsenen Strukturen der Berliner Orchester zerstört würden.[42]

Der erste Dirigent des RIAS-Orchesters, das seine ersten Proben mitten im bitterkalten Winter 1946/47 in ungeheizten Räumen eines Saales in der Kleiststraße (dem heutigen Gebäude der URANIA) abhalten musste, Walter Sieber, kam von der Filmmusik her[43] und war in sinfonischem Repertoire ungeübt. Er probte zuerst eine Haydn-Sinfonie und de Fallas *Meister Pedros Puppenspiel* und wagte dann im September 1947 einen ersten Auftritt des Orchesters im Titania-Palast mit Beethovens 2. Sinfonie, Ravels Klavierkonzert für die linke Hand (Solistin: Alberte Brun) und der deutschen Erstaufführung der 1942 in New York uraufgeführten 1. Sinfonie (*Rhythmus*

---

42 Einen weiteren nennenswerten Zustrom aus der Staatskapelle gab es im Jahr 1961 nach dem Mauerbau, als deren in West-Berlin wohnende Mitglieder ihre Anstellung in Ost-Berlin verloren.

43 Sieber war damals Leiter der RIAS-Musikabteilung, obwohl er früher Musik zu Filmen wie *Wir marschieren mit* (1938) geliefert hatte.

und Variationen) des noch nicht aus seinem Exil zurückgekehrten Richard Mohaupt.

Das Orchester konnte sich trotz großer Fluktuation seiner Mitglieder entwickeln, einen qualitativen Sprung aber konnte es erst erzielen und sich neben den Philharmonikern als anerkannte Größe etablieren, als Fricsay nach dem ersten Konzert, das am 12. Dezember 1948 stattfand, nach Berlin zurückkehrte, um zu bleiben, das heißt um die Ende Dezember vertraglich vereinbarte Leitung des Orchesters zu übernehmen. Für die plötzliche Wandlung, die das Orchester unter seiner Leitung schon bei den ersten Proben erfuhr, ist die Anekdote eines Bratschers charakteristisch, der glaubte, sich im Probentermin geirrt zu haben, als er verspätet zur ersten Probe mit Fricsay eintraf, drinnen im Saal ein Orchester Mendelssohn spielen hörte und nicht glauben wollte, dass dies sein Orchester wäre.

Für das erste Konzert des RIAS-Orchesters, das nun langsam wagte, sich ein Symphonie-Orchester zu nennen, unter seiner Leitung hatte sich Fricsay eine außergewöhnliche Programmfolge ausgedacht: Er kombinierte in der ersten Hälfte Rossini mit Mendelssohn, in der zweiten Ravel mit Dukas. Die Italianità der Ouvertüre zu *Die Italienerin in Algier*, die Fricsay der *Italienischen Sinfonie* von Mendelssohn voranstellte, war eine kongeniale Einstimmung in Mendelssohns musikalische Reminiszenzen an seine Italien-Reise. Es musste in Berlin noch viel für die Rehabilitierung dieses von den Nazis verbotenen Komponisten getan werden, und so setzte Fricsay auch hier ein Signal.[44] Wie sehr das eigentlich kammermusikalische Werk *Introduktion und Allegro für Harfe, Flöte, Klarinette und Streichquartett* von Ravel und Dukas' *Der Zauberlehrling* zusammenpassten und eine aufregende zweite Konzerthälfte ergaben, in der für Berliner Ohren selten gespielte Werke erklangen, bedarf keiner Erläuterung. Die zahlreich erschienenen Kritiker waren ein-

---

44 Dass Fricsay, was Mendelssohn betrifft, insgesamt über Aufführungen der *Italienischen Sinfonie*, des Violinkonzerts e-Moll und der Musik zu *Ein Sommernachtstraum* nicht hinauskam, steht auf einem anderen Blatt. Es gab, veranlasst von Fricsay, eine Initiative der Pianistin Dorothea Winand-Mendelssohn, zum 150. Geburtstag des Komponisten eine neue Schallplatteneinspielung mit Werken für Klavier und Orchester bei der DG zu unternehmen, die wohl versandete.

hellig der Meinung, dass das RIAS-Orchester unter dem jungen ungarischen Maestro einen qualitativen Sprung nach vorn gemacht und Fricsay sich damit in Berlin schnell als unentbehrlich erwiesen habe.

Bis zu einem zweiten Konzert des RIAS-Orchesters mit seinem neu ernannten Chefdirigenten mussten die Berliner bis Juni 1949 warten. Die Zwischenzeit wurde zur qualitativen Reorganisation und Stabilisierung des Orchesters genutzt, das nun mit 100 Mitgliedern auftreten konnte, um sich mit Hindemiths 1943 im amerikanischen Exil geschriebenen *Symphonischen Metamorphosen von Themen Carl Maria von Webers*, mit *Nächte in spanischen Gärten* von de Falla (Solistin: Gerty Herzog) und Beethovens 5. Sinfonie Gehör zu verschaffen. Häufigere und vertraglich vereinbarte Auftritte Fricsays mit seinem Orchester gab es dann erst seit der Saison 1949/50, in der sich Fricsay bereits an alle schwierigen Werke wagen konnte, die er auch mit anderen Spitzenorchestern hätte einstudieren können. Alle Konzerte musste sich Fricsay vom *Office of the United States High Commissioner for Germany* schriftlich genehmigen lassen. In diesen für das Nachkriegsdeutschland von der US-Administration entwickelten Kontrakten verpflichtete sich Fricsay, standardmäßig wie alle anderen Künstler auch, keine Werke zu präsentieren, in denen die Kultur anderer Völker und Menschen aus politischen, religiösen oder rassischen Gründen herabgesetzt würde – eine antinazistisch gemeinte Klausel, von der man sagen muss, dass sie damals in den USA selbst nicht immer ganz verwirklicht wurde.

Konzertprogramme 1949–61

Spielstätten des RIAS- und des später in Radio-Symphonie-Orchester umbenannten Klangkörpers waren wegen der zerstörten Baulichkeiten in West-Berlin von 1949 bis 1954 der Titania-Palast, von 1954 bis 1961 der neu gebaute Konzertsaal der Hochschule für Musik in der Hardenbergstraße und ab 1959 auch, dann ab 1961 nur noch der renovierte Große Sendesaal im Haus des Rundfunks des SFB in der Masurenallee.

Die Konzertprogramme der beiden Perioden, in denen Fricsay Chefdirigent des RIAS-Orchesters war, also zunächst aus der Zeit bis zum Ende der Spielzeit 1953/54, dann der Periode 1959–61, aber auch der dazwischenliegenden Zeit, in der er sporadisch ans Pult des Radio-Orchesters trat, stellten eine interessante Mischung dar aus konventionellem Repertoire, auf das kein Abonnement-Orchester verzichten kann, und aus Fricsays Vorliebe für selten gespielte Stücke, die er gedachte, einem staunenden Publikum nahezubringen. Mit besonderer Vorliebe tat er dies auf dem Gebiet der zeitgenössischen Musik, wobei er sich auf jene Komponisten und Werke konzentrierte, die man heute als »gemäßigte Moderne« bezeichnen würde, die damals aber für die Berliner Musikliebhaber und -kenner schockierend genug waren, weil sie einer Auseinandersetzung mit wirklich neuer Musik entwöhnt waren.[45]

Auch bei der Bewältigung des von ihm erwarteten klassischen Repertoires setzte Fricsay außergewöhnliche Akzente.[46] Nicht absehen konnte und wollte er von den Standards wie einer Reihe von Sinfonien Haydns (in einer bescheidenen Auswahl) und Beethovens. Gleich in den Jahreswechsel 1949/50 fiel die erste, noch in der Städtischen Oper gegebene, in Zukunft dann obligatorische Aufführung von Beethovens 9. Sinfonie, wobei Kritikern schon früh die verhaltene, nicht lastende Auffassung der ersten drei Sätze und die gesteigerte Ekstase des Chorfinales dieser ambitionierten Sinfonie auffielen. Während der 13 Jahre bis 1961, in denen Fricsay mit dem Orchester musizierte, nahm er sich (mit Ausnahme der 8.) in auffälliger Weise fast ausschließlich der Beethoven-Sinfonien mit den ungeraden Zahlen an, jener also, die (abgesehen von der 1.) einen ernst-heroischen Ton anschlagen. Allerdings wurde schon an seiner ersten Aufführung der *Eroica* im November 1949 hervorgehoben, dass Fricsays Eingriffe ins gewohnte Klangbild dazu führten, dass er in »keinem Takt die äußere heroische Geste« betone, dem »Trauermarsch jede Schwere« nehme und »erst in der Stretta des letzten Satzes, dessen Tempo er bis an die Grenze der Spielbarkeit treibt,

---

45 Siehe hierzu das Resümee anhand der Berliner Aufführungen mit dem Radio-Orchester im Moderne-Kapitel.
46 Die außergewöhnliche Gestaltung seiner Mozart-Programme wird im Mozart-Kapitel besprochen.

zur großen Schlusswirkung« aushole. Ein anderer Kritiker derselben *Eroica*-Aufführung von 1949 zeigte sich verblüfft über »eine Schwerfälligkeit und geistige Unbeweglichkeit, die vornehmlich die beiden ersten Sätze ausgesprochen langweilig werden ließen«.

Der Auswahl von Sinfonien Beethovens folgte eine derer von Tschaikowsky (4.–6.), Brahms (1., 2. und 4.) und Dvořák (9.). Daneben aber konnte ein Konzert auch schon mal ungewohnt enden mit Rossinis *Semiramis*-Ouvertüre, Ravels *Bolero* oder *La valse*, dem *Don Juan* von Richard Strauss (wie im Oktober 1952, wovon es einen diskografierten Rundfunkmitschnitt gibt, der zeigt, wie sehr Fricsay sich und sein Orchester in die besondere Lenau-Stimmung dieses Stoffes versetzen konnte) oder mit Hindemiths *Symphonischen Metamorphosen*. Ein reines Brahms-Konzert im September 1957 (mit den Haydn-Variationen, der Alt-Rhapsodie mit der kanadischen Altistin Maureen Forrester und der 1. Sinfonie in c-Moll) wurde als eine besondere späte Auseinandersetzung Fricsays mit diesem Komponisten gewertet und ihm eine integrale Interpretation bescheinigt. Ebenso relativ spät (im Juni des besonders produktiven Jahres 1961, an dessen Ende Fricsays Zusammenbruch stand) widmete sich Fricsay dem Brahms'schen Doppelkonzert und vereinigte den Geiger Schneiderhan mit dem Cellisten János Starker zu jenem innig-symbiotischen Spiel der beiden Solisten. Dieses Konzert, von dem es einen Radiomitschnitt gibt und in dem zu Beginn Honeggers *Pastorale d'été* und zum Schluss Bartóks *Concerto für Orchester* erklang, war das letzte Konzert, welches das RSO im Konzertsaal der Musikhochschule gab, zum Ende der Saison 1960/61.

Etliche Johann-Strauß-Konzerte entsprachen nicht nur Fricsays eventueller Vorliebe, sondern auch seinen Vertragsverpflichtungen, die vorsahen, volkstümliche Konzerte zu geben und populäre Programme einzuspielen. Auch das RIAS-Orchester war bis 1962 verpflichtet, Unterhaltungsmusik zu spielen. Und so verfügen wir über eine große Menge von Strauß-Einspielungen Fricsays, die nur noch von denen mit Mozart-Werken übertroffen werden. Auch öffentlich und konzertmäßig dirigierte Fricsay mehrmals Johann Strauß, etwa bei einem viel beachteten Konzert zu Pfingsten im Mai 1950 mit Maria Reith und gleich darauf im Februar 1951 mit Martha Musial und Peter Anders sowie im selben Jahr ein vom Rundfunk mitge-

schnittenes großes Johann-Strauß-Konzert in der Berliner Wald-
bühne mit Erna Berger als Sopranistin (für das Lied der Adele aus
Die Fledermaus und für den Frühlingsstimmen-Walzer). Das spezifische »Wiener Espressivo« mit dem elegant überdehnten zweiten
Taktteil im Walzer erzielte Fricsay nur beim Open-air-Konzert, man
hat den Eindruck eines sinfonisch aufgerüsteten Wiener Schram-
mel-Orchesters.

Auch bei Fricsays Auswahl der wie üblich meist in die Konzert-
Mitte platzierten Instrumentalkonzerte gab es Besonderheiten. Von
den Instrumentalkonzerten Beethovens sind die des Öfteren von
ihm aufgeführten Klavierkonzerte trotzdem nicht zentral zu nennen, und das selten zu hörende Tripelkonzert erfuhr relativ spät im
Mai 1961 eine denkwürdige Aufführung. Das Violinkonzert Beethovens führte Fricsay ein einziges Mal auf, mit dem RSO und Wolfgang Schneiderhan als Solisten in einem reinen Beethoven-Konzert
während der Berliner Festwochen im September 1956 – der Mitschnitt wurde gelöscht. Stets war die Auslese der Solisten exquisit,
wobei besonders das Engagement des greisen Alfred Cortot für
Schumanns Klavierkonzert im Mai 1951 hervorzuheben ist, in dem
Cortot sich Fehlgriffe erlaubte, die heutzutage gänzlich unstatthaft
wären, hier aber gar nicht störten, denn er führte auch unerhört
gesangliche und feingliedrige Dialoge mit einzelnen Orchesterins-
trumenten, wie der Konzertmitschnitt, den das Label audite veröffentlicht hat, hören lässt.

Des Weiteren gewann Fricsay Gioconda de Vito als Solistin für
das Brahms'sche Violinkonzert im Oktober 1951, in dem nicht nur
die Geigerin ihr durchdachtes, beseeltes und rhythmisch ausgefeil-
tes Spiel präsentieren konnte, sondern auch das Orchester sich be-
wahrheiten konnte als kongenialer Partner für diese Sinfonie mit
obligater Violine (ein Mitschnitt desselben Konzerts mit Yehudi
Menuhin bei einem Tourneekonzert im April 1961 in Stuttgart
wurde gelöscht). Ein Mitschnitt des 1. Klavierkonzerts von Brahms,
das im April 1953 mit Conrad Hansen und dem RIAS-Symphonie-
Orchester im Titania-Palast aufgeführt wurde, befindet sich im
RIAS-Archiv des DLF Kultur und wurde im Jahr 2008 diskografiert.
Die Aufnahme zeigt, dass die berüchtigten heiklen Klangkonstella-
tionen im Verhältnis zwischen Bläsern und Streichern nicht glück-

lich ausbalanciert werden konnten. Dass gleich zu Beginn des Maestoso der oft nur dumpf grummelnde Hintergrund auch hier zu muffig und nebulös war, hätte nur durch das von Brahms vorgeschriebene Fortissimo der Klarinetten und Fagotte im Verein mit den Bratschen als vordergründige Klangmauer, in die die hohen Streicher ihre geschliffenen Figuren hineinstechen, aufgeklärt werden können, um ihre erschreckende dramatische Wirkung zu entfalten. Erst ab dem 7. Takt mit dem Einsatz der Hörner und den Trillern der Streicher bekommt der Klang die intendierte Schärfe. Insgesamt hätte man für dieses Konzert Fricsay und dem Orchester einen inspirierter spielenden Solisten als Conrad Hansen gewünscht.

Außergewöhnlich oft gab es Bartók-Konzerte, nicht nur jene für Klavier (mit Annie Fischer und Géza Anda), sondern auch für Violine (mit Tibor Varga), Viola (mit Stefano Passaggio im Oktober 1960) und für mehrere Instrumente.[47] Tibor Varga spielte im September 1960 auch das Violinkonzert von Schönberg. Erstaunlich war, dass einmal das selten gespielte 2. Klavierkonzert von Tschaikowsky in G-Dur aufs Programm gesetzt wurde, das ganz andere, weniger die wuchtigen, elegischen und skurrilen des 1. als vielmehr energische und lyrische Qualitäten aufzuweisen hat – so geschehen im Januar 1951 mit Shura Cherkassky als virtuos brillierendem Solisten (mit dem Fricsay auch das 1. Klavierkonzert in Es-Dur von Liszt im Februar 1952 aufführte). Ein vergleichbares Experiment mit Dvořáks kaum gespieltem Klavierkonzert in d-Moll unterblieb, dafür erklangen sein Violinkonzert (im Juni 1953 mit der ungarischen, nur im Westen musizierenden Geigerin Johanna Martzy) sowie das Violoncellokonzert mit Enrico Mainardi (im Oktober 1949, leider ohne Mitschnitt). Aufsehen erregte Fricsay auch mit dem allerdings nur widerstrebend eingeleiteten Engagement des lange nicht mehr in Berlin aufgetretenen russischen, nach seinen großen Berliner Erfolgen in den Jahren 1928–34 in Amerika lebenden Pianisten Alexander Brailowsky für das e-Moll-Klavierkonzert von Chopin im September 1952, wovon ein Mitschnitt im RIAS-Archiv des DLF Kultur existiert.

---

47   Sie werden im Bartók-Abschnitt des Moderne-Kapitels besprochen.

Dass Fricsay keine Scheu hatte, Frauen als Solistinnen an den damals noch ganz überwiegend von Männern dominierten Instrumenten Klavier und Geige auftreten zu lassen, geht neben den bereits erwähnten zahlreichen weiblichen Engagements auch daraus hervor, dass er mit der österreichisch-jüdischen Geigerin Erica Morini im Oktober 1952 das Violinkonzert von Tschaikowsky im Titania-Palast aufführte, wovon ein Mitschnitt existiert. Diese Geigerin, die damals (ihr Debüt hatte sie als Elfjährige im Jahr 1916 in Wien gegeben) im Zenit ihres Ruhmes und ihrer internationalen Anerkennung stand und der eine Spielpraxis nach Idealen des 19. Jahrhunderts nachgesagt wurde, spielte hier sehr lebendig, klar und souverän in der Artikulation und mit spontanem Mut zum Risiko; Fricsay animierte das Orchester, ihr in dieser Hinsicht zu folgen, und ließ die Zügel schießen.

Eine besondere Stellung innerhalb der Konzerte mit dem RIAS-Orchester nahmen diejenigen ein, in denen (meist in Verbindung mit dem RIAS Kammerchor und/oder dem zum Konzertchor avancierten, in West-Berlin stationierten »Chor der St. Hedwigs-Kathedrale«) sakrale oder weltliche vokal-instrumentale Musik entsprechend zelebriert wurde. Bereits im Juli 1950 wagte sich Fricsay mit beiden vereinigten Chören an Beethovens *Missa solemnis* (die von der Kritik widersprüchlich, entweder als zu subjektiv oder als verfehlt, weil zu objektiv, als problematisch tituliert wurde, der Mitschnitt wurde gelöscht); es folgten im Dezember desselben Jahres Haydns *Die Jahreszeiten* (wiederholt im letzten Berliner Konzert, das Fricsay im November 1961 noch geben konnte), Mozarts Requiem im März 1951, Verdis *Quattro pezzi sacri* zusammen mit dem *Stabat mater* von Rossini im Januar 1952 (wiederholt im September 1954 und im Oktober 1961 ein drittes Mal aufgeführt), gefolgt vom *Stabat mater* von Dvořák im Februar 1953 und Verdis Requiem im September desselben Jahres (wiederholt im Oktober 1960 im Großen Sendesaal); im Mai 1954 erklang eine modern-sinfonische, stark gekürzte, als glänzend und monumental empfundene Darbietung von Händels Oratorium *Judas Maccabaeus*, gefolgt von dessen *Samson* im September 1955 ebenfalls in großer Besetzung; Kodálys *Psalmus hungaricus* im September 1954 (wiederholt im September 1959 in Verbindung mit Mozarts fragmentarischer c-Moll-Messe zur

Wiedereröffnung des Großen Sendesaals); Honeggers *König David* wurde im September 1952 aufgeführt und im Februar 1961 wiederholt (wovon wegen der Beteiligung des NDR-Chores ein Mitschnitt beim NDR liegt) und im Oktober 1961 das *Te Deum* von Haydn.

Im September 1959 hatte Fricsay mit Beethovens *Egmont*-Ouvertüre, dem 2. Klavierkonzert von Bartók (Solist: Géza Anda) und der *Symphonie pathétique* von Tschaikowsky seine Rückkehr ans Pult des RSO noch im Hochschulsaal, vom Publikum gefeiert, begangen. Für das nächste Konzert im selben Monat hatte er die Eröffnung des renovierten Großen Sendesaals im Haus des Rundfunks übernommen, in dem man bis 1961 nur ausnahmsweise spielte. Es war gleichzeitig ein mediengeschichtliches Ereignis, denn die Übertragung dieses Konzerts war die erste stereophone Sendung im Deutschen Rundfunk überhaupt. In seinem ersten Konzert als neu unter Vertrag genommener Künstlerischer Oberleiter des RSO ein Jahr später im September 1960 ließ er Mozarts große g-Moll-Sinfonie, Schönbergs Violinkonzert und Beethovens 7. Sinfonie spielen. Mit Haydns *Die Jahreszeiten* im Großen Sendesaal musste Fricsay am 12. November 1961 sein Konzertieren mit dem RSO krankheitsbedingt beenden. Er wird noch für einen allerletzten Auftritt in Bonn mit ihm am 16. November gastieren, um auf Einladung des Bundespräsidenten in der Bonner Beethoven-Halle ein reines Beethoven-Programm für das diplomatische Corps zu dirigieren mit der *Egmont*-Ouvertüre, dem 1. Klavierkonzert und der 7. Sinfonie, der gleichen Programmfolge wie der des letzten Gastspiel-Konzerts während der Wiener Festwochen im Juni, und danach nicht mehr ans Pult des Orchesters zurückkehren.

Abschied und Wiederkehr

Zu erörtern bleibt, was dazu führte, dass Fricsay 1954 seine Position als Chefdirigent des RIAS-Orchesters aufgab, weshalb er sie 1960 bei dem inzwischen in Radio-Symphonie-Orchester umbenannten Klangkörper wieder annahm. Dass er sich von seinem Orchester nicht abgewandt und seine hohe Meinung von ihm nicht geändert hatte, wird dadurch bezeugt, dass er auch während der sechs Jahre, in denen das Orchester ohne Chef dastand (ein neuer folgte erst nach Fricsays Tod mit dem jungen Lorin Maazel) und nur unter Gastdirigenten spielte, beachtlich viele Konzerte mit ihm veranstaltete.

Nach Fricsays Ausscheiden aus der Städtischen Oper war zunächst die Angst groß, er würde auch als Chefdirigent des RIAS-Orchesters aufhören. Beruhigende Presse-Meldungen betonen, dass er den Berlinern als Chef des RIAS-Orchester erhalten bleiben und in der Saison 1952/53 zwölf Konzerte dirigieren werde. Fricsays Hochachtung für das von ihm übernommene und herangebildete Orchester, seine Freude, mit ihm zu konzertieren, sind durch mehrere seiner Äußerungen authentisch überliefert, vor allem war seine Begeisterung für die einmalige Ausstrahlung der Blechbläserformation groß. Auch die Anerkennung, die das Orchester von Gastdirigenten erfuhr, war enorm. So schrieb nach einem Konzert im März 1952 Igor Markevitch an Fricsay, das Orchester sei »aujourd'hui un des meilleurs d'Europe«.

Aber im Laufe des Jahres 1953 verdunkelten sich die Existenzbedingungen des Orchesters, denn die amerikanische Militärverwaltung zog sich aus der Finanzierung des Orchesters über den RIAS zurück und zwang das Orchester, sich zu privatisieren und nur noch auf Basis von Einzelverträgen für Tonaufnahmen mit Berliner Rundfunkanstalten (RIAS und NWDR Berlin, dem Vorläufer des SFB), mit Schallplatten-Firmen (besonders der DG) und von Einnahmen aus dem Verkauf von Konzertkarten weiter zu existieren. Durch diese Quellen konnten aber nur 70 % des Jahresetats bestritten werden, sodass der Orchestervorstand zwar noch eine Konzertsaison für 1954/55 anberaumte, aber davon ausgehen musste, sie mit einem kräftigen Defizit zu beenden, was auch eintrat. Die finanzielle Hängepartie, während der man um die Existenz des Orchesters trotz seines guten Rufs bangen musste, dauerte bis 1956. Erst dann konnte sich die andere Berliner Rundfunkanstalt, der SFB im Haus des Rundfunks, entschließen, als Hauptträger des Orchesters zu fungieren.

In dieser Situation Mitte des Jahres 1954, nach einem erfolgreichen Amerika-Gastspiel in Boston und Houston, glaubte Fricsay wohl, seinem Berliner Orchester einen Gefallen zu tun, wenn es wenigstens die Position eines Chefdirigenten einsparen könnte, und verpflichtete sich zunächst als Künstlerischer Leiter des Orchesters in Houston mit 22-wöchiger Anwesenheitspflicht im Jahr. In der ersten anberaumten Saison ohne ihn als Chef dirigierte er dann auch nur ein Festwochenkonzert im September (mit Kodálys *Psalmus hungaricus* und dem *Stabat mater* von Rossini) und zwei weitere Konzerte, davon eins im Februar (mit dem ganz seltenen Programmpunkt einer Schumann-Sinfonie, der 1., sowie Schuberts *Rosamunde*-Ouvertüre und der *Háry János-Suite* von Kodály in Vertretung des erkrankten Klemperer, der im Januar mit dem RIAS-Orchester hatte konzertieren wollen) und eins im Mai 1955 mit Werken von Mozart, Strauss, Honegger und Liebermann. Bis auf die Unterbrechung wegen seiner Krankheit in der Saison 1958/59 hielt er seinem Berliner Orchester die Treue, konzertierte mit ihm mehrmals pro Saison und ging auf Reisen. Dies geschah auf der Basis von Gastverträgen, die der Intendant des RSO, Wolfgang Stresemann, mit Fricsay seit 1956 abschloss.

Seine endgültige Rückkehr ans Pult der Radiosymphoniker im September 1959, nach der ersten Phase seiner Operationen, mit Beethoven, Bartók und Tschaikowsky wurde ein alle erschütternder Triumph. Auch ein Festkonzert zum zehnjährigen Bestehen des Orchesters ließ er sich nicht nehmen, wenn er auch als damaliger Münchner GMD darum bitten musste, es zu verlegen, und es dann erst vor geladenen Gästen im Januar 1957 stattfinden konnte; gespielt wurden auf seinen Wunsch neben der *Französischen Suite* von Egk zwei seiner favorisierten Werke: das tragisch-heitere *Divertimento für Streichorchester* von Bartók und die 5. Sinfonie von Tschaikowsky, Reminiszenzen an frühe Konzerte aus der 1. Saison mit dem RIAS-Orchester.

Im Herbst 1959 begannen die ersten Verhandlungen mit Fricsay über sein wieder verstärktes Engagement in Berlin mit der Perspektive, erneut die Künstlerische Leitung des Orchesters zu übernehmen. Erste Vertragsentwürfe im Jahr 1959 zwischen dem RSO und Fricsay über seine erneute Leitungsfunktion beliefen sich auf unbestimmte Zeit über seine Tätigkeit als »künstlerischer Oberleiter und Hauptdirigent« ab September 1960, mit der Verpflichtung, sechs von zehn Abo-Konzerten zu übernehmen, zusätzlich eine eigene Konzertreihe zu gestalten, Konzertreisen zu unternehmen. Aus Oktober/November datieren auch die ersten Vertragsentwürfe über Rundfunkproduktionen mit Fricsay und dem RSO. Vereinbart wurden dann vier bis sechs Produktionen pro Jahr ohne Wiederholungen von Konzertübertragungen. Der SFB bat sich eine Mitsprache an der Programmgestaltung aus und machte für die Jahre 1960 und folgende fast nur Vorschläge aus dem Bereich der Moderne.

Tourneen

Fricsay bestritt weitgehend auch die Programme während der Tourneen des RIAS-Orchesters mit dem für die Berliner Konzerte erarbeiteten Repertoire. Aber es gab auch interessante Abweichungen und Neueinstudierungen nur für die Gastspielreisen. Die erste Tournee führte im Juni 1951 zunächst nach Frankfurt/M. zum 25. Musikfest der Internationalen Gesellschaft für Neue Musik (IGNM) mit einer Präsentation von Bartóks *Deux Portraits*, dem Konzert für Streichorchester von Helmut Degen und der Sonate für Violine und Orchester von Michał Spisak mit Tibor Varga, um dann in Stuttgart, Bielefeld und Dortmund Konzerte mit konventionell-klassischem Programm zu geben. Allerdings erklangen auch hier in Berlin noch nicht aufgeführte Werke wie Berlioz' Rakóczy-Marsch, Beethovens 3. Klavierkonzert (mit Detlef Kraus), Mozarts D-Dur-Violinkonzert (KV 218, mit Wilhelm Stross) und Schuberts 8. Sinfonie (›Unvollendete‹).

Die zweite Tournee mit dem RIAS-Symphonie-Orchester nach Westdeutschland und darüber hinaus nach Paris und London wurde im März/April 1954 unternommen. Die deutschen Stationen waren Bielefeld, Hameln, Essen, Leverkusen, Viersen, Lübeck, München, Stuttgart. Selten wurde in den verschiedenen Städten das gleiche Programm gespielt; wenn es Wiederholungen gab, dann in jeweils anderen Kombinationen. An großen Sinfonien hatte man die 7. von Beethoven, die 5. von Tschaikowsky und die 9. Sinfonie von Dvořák im Gepäck. Bei Bartók wählte man für verschiedene Konzerte zwischen dem *Divertimento* und der *Musik für Saiteninstrumente*; Mozarts Haffner-Sinfonie diente zweimal als erster Programmpunkt, in Abwechslung mit Haydns 98. oder Prokofjews 1. Sinfonie. Einmal wurde zum Schluss Smetanas *Die Moldau* gespielt.

In den Konzertprogrammen der dritten Tournee nach West-deutschland (München, Stuttgart, Wuppertal, Viersen, Essen, Leverkusen, Herne, Bonn) mit Erweiterung in die Schweiz (Basel, Bern, Zürich) im Oktober 1955 wiederholten sich teilweise die Programm-punkte, andernteils kamen neue hinzu. Repertoiremäßig erhalten blieben Bartóks *Divertimento*, ebenso Dvořáks 9. Sinfonie, die nun um Beethovens *Eroica* und Brahms' 1. Sinfonie ergänzt wurde; Mozarts *Haffner*- wurde durch die von Fricsay besonders geschätzte A-Dur-Sinfonie (KV 201), Haydns 98. Sinfonie durch dessen 44. in e-Moll (›Trauersinfonie‹) ersetzt; neu hinzu kamen Beethovens 3. *Leonoren*-Ouvertüre und von Richard Strauss die *Burleske für Klavier und Orchester* sowie dessen *Till Eulenspiegel*; aus dem Bereich der sinfonischen Dichtungen hatte man diesmal neben Smetanas *Moldau* auch noch den *Zauberlehrling* von Dukas im Gepäck.

Die vierte und längste (dreiwöchige) Gastspielreise wurde zusammen mit Yehudi Menuhin unternommen, der abwechselnd die Violinkonzerte von Brahms und Tschaikowsky präsentierte, und führte das Orchester Ende April/Anfang Mai 1961 nach München, Nürnberg, Stuttgart, Karlsruhe, Bielefeld, (Abstecher nach Kopenhagen) Lübeck, Kiel, Hamburg, Münster, Essen, Düsseldorf. Erstaunlich ist, dass Orchester, Dirigent und Solist noch eine Fortsetzung ins Ausland schafften, um am 9. Mai Aufnahmen für die Sendereihe »International Concert Hall« bei der BBC zu absolvieren (hier spielte Menuhin das 1. Violinkonzert von Bruch) sowie am 11. Mai in Paris zu gastieren (hier spielte Menuhin Tschaikowskys Violinkonzert, neben Kodálys *Tänzen aus Galánta* und Brahms' 2. Sinfonie). An Sinfonien wurden generell entweder Brahms' 2. oder Beethovens *Eroica* gespielt (nur einmal, in Düsseldorf, Dvořáks 9. Sinfonie), an weiteren Programmpunkten kamen abwechselnd hinzu: Kodálys *Tänze aus Galánta*, Strauss' Orchestersuite *Der Bürger als Edelmann*, Rossinis Ouvertüre zu *Die seidene Leiter*. Interessant an den Reaktionen waren zwei Kritiken wie sie gegensätzlicher nicht sein könnten: Während der Musikwissenschaftler Carl Dahlhaus, der damals noch als Musikkritiker tätig war, in Stuttgart an Fricsays Darbietung der *Eroica* zu loben hatte, dass hier trotz feinster Tempodifferenzierungen ein Gleichmaß ohne übertriebene Agogik zu hören war, monierte ein Hamburger Kritiker Fricsays zu heftige Rubati, die entstünden, »wenn man aus jeder Zäsur eine Weltanschauung macht« – sollte Fricsay an den beiden Abenden wirklich derart unterschiedlich dirigiert haben?

Abschließend wären noch Gastkonzerte des RIAS-Orchesters bzw. des RSO auf Musikfestivals zu erwähnen, Auftritte im Mai 1952 in Brüssel und in Paris beim Festival L'Œuvre du XXème siècle mit einem reinen Bartók-Programm und einer konzertanten Aufführung von Ausschnitten aus der Oper *Lady Macbeth von Minsk* von Dimitri Schostakowitsch (mit Traute Richter) oder ein Bartók-Konzert im Rahmen des 35. Weltmusikfests der IGNM in Wien am 20. Juni 1961. Ein Auftritt während der Düsseldorfer Funkausstellung im September 1953 brachte mit relativ gängig gewordenen Werken von Berlioz, Egk, Ravel und Rossini keine bemerkenswerten programmatischen Resultate, ebenso wenig ein Konzert bei den Europäischen Wochen in Passau am 24. Juni 1961 mit Kompositionen von Bartók, Mozart, Beethoven oder ein Konzert des RSO während der Wiener Festwochen am 21. Juni 1961 mit Werken von Beethoven (*Egmont*-Ouvertüre, 1. Klavierkonzert mit Anda und 7. Sinfonie) oder ein Abstecher nach Graz einen Tag danach. Trotz des traditionellen Programms (Beethovens *Egmont*-Ouvertüre, Bartóks *Concerto für Orchester*, Beethovens 7. Sinfonie) waren die Kritiken in Graz enthusiastisch, meinten, Fricsay sei gereift, vertieft, in der proportionalen Anlage überzeugend, gäbe bei Beethoven eine elementare und vergeistigte Wiedergabe, bei Bartók eine Vereinigung widerstreitender Ausdrucksbezirke.

Rundfunkaufnahmen

Ein Rundfunkorchester zu leiten, hieß nicht hauptsächlich, öffentliche Konzerte einzustudieren und zu dirigieren, sondern vor allem sinfonische, konzertante und oratorische Musik für den Rundfunk selbst und seine Sendungen zu produzieren. Das war der eigentliche Dienstauftrag des Orchesters. Und so verfügen wir im Falle Fricsays aus seinen Berliner Jahren über eine Unmenge von Einspielungen, die teilweise parallel zu den öffentlichen Konzerten und deren Programmpunkten, teilweise aber darüber hinausgehend als elektronisch gespeicherte Unikate produziert wurden. Fricsay dehnte diese Tätigkeit sogar auf die Einspielung von Opern aus, die er absichtlich nicht mit den Opernorchestern, sondern mit Radioorchestern vornahm, wobei die nicht-szenische, studiomäßige Aufnahme dazu genutzt wurde, klanglich Ergebnisse zu erzielen, wie sie auf offener Bühne und im Orchestergraben nicht möglich waren. Fricsay stürzte sich neben seinen öffentlichen Auftritten mit Eifer auf diese Produktionen, nicht nur um dem Bildungsauftrag der Rundfunkanstalten zu genügen und der massenhaften Verbreitung von guter Musik zu dienen, sondern auch, um die Ergebnisse seiner künstlerischen Arbeit mit dem Orchester, den Solisten und den Sängern möglichst für immer festzuhalten. Es folgt eine Auswahl besonders interessanter Aufnahmen.

Solokonzerte[48]

Gehen wir chronologisch in der von Fricsay präsentierten konzertanten Musikgeschichte am weitesten zurück, finden wir – neben einer schon 1949 vorgenommenen Aufnahme des 2. Brandenburgischen Konzerts von Sebastian Bach mit dem RIAS-Orchester (unveröffentlicht im Besitz der Ferenc-Fricsay-Gesellschaft) – ein Orgelkonzert von Händel (op. 4, Nr. 6 in B-Dur), das schon der Komponist als ad libitum auch für Harfe oder Cembalo zu spielen bezeichnet hat, ja sogar zuerst als Harfenkonzert hat spielen lassen im Rahmen der Aufführungen seines Oratoriums *Das Alexanderfest*, an jener Stelle, wo es vom Sänger Timotheus heißt, dass er »with flying fingers touch'd the lyre«. Nicht mit den Philharmonikern, für deren Konzert Fricsay Nicanor Zabaleta eingeladen hatte, sondern mit dem RSO nimmt er im Januar 1957 dieses Händel'sche Harfenkonzert in der Dahlemer Jesus-Christus-Kirche (dem künftigen ständigen Ort für Studioaufnahmen) für die ARCHIV-Produktion der DG auf, die alter Musik vorbehalten war. Das Klangbild, in dem Fricsay dieses Konzert musizierte, war zwar nicht eines wie zur Zeit Händels, aber das Resultat unterschied sich auch aus heutiger Sicht kaum von den Möglichkeiten auf historischen Instrumenten spie-

---

48 Die Einspielungen von Mozarts Konzerten sowie von Konzerten aus dem Bereich der modernen Musik (inkl. der von Bartók) werden in den jeweiligen Kapiteln gesondert besprochen.

Abb. 4: Schallplattenaufnahme mit dem RIAS-Orchester
in der Jesus-Christus-Kirche Berlin-Dahlem, 1954

lender Ensembles, denn sowohl die luftige Art der Spielweise des
Orchesters wie die sensible Art Zabaletas, die aufwärtsführenden
Figuren zu präsentieren, war mit Rücksicht auf die barocke Her-
kunft des Werkes bewusst gewählt worden.

Von Beethovens Klavierkonzerten hat Fricsay zwar alle fünf
mindestens einmal und jeweils mit verschiedenen Solisten einstudiert, überliefert in Form von Mitschnitten oder Extraaufnahmen
sind aber nur das 3. und 4., das 3. im Februar 1961 mit Géza Anda
und dem RSO, wovon im Archiv des SFB/rbb noch ein unveröffent-
lichter Mitschnitt existiert. Besondere Aufmerksamkeit erheischt
die Aufnahme von Beethovens Tripelkonzert. Fricsay hatte den Pianisten Géza Anda, den Geiger Wolfgang Schneiderhan und den Vio-
loncellisten Pierre Fournier vereinigt, um in einem Konzert Ende
Mai 1960 mit dem RSO im Großen Sendesaal jenes in Beethovens
Schaffen einzigartige oder kuriose Konzert zu musizieren. Im Anschluss entstand an mehreren Tagen eine Studioaufnahme. Das
Stück macht den Eindruck eines sinfonisch erweiterten Klavier-

trios, in dem in weiten Teilen die Soloinstrumente kaum begleitet, von kurzen Zwischenspielen des Orchesters unterbrochen, feinste kammermusikalische Finessen produzieren können. Vom ersten Einsatz der Cello-Kantilene an bis zum exzessiven intrikaten Spiel zu dritt im weiteren Verlauf vereinigen sich die Solisten als Gruppe wie das Trio mit dem Orchester zu einer präzis dialogisierenden, auch fröhlich streitenden Konzertvereinigung.

Wenn auch keine der Opern Carl Maria von Webers, so hat Fricsay doch dessen konzertante Werke öfter eingespielt. Webers 1. Klarinetten-Konzert in f-Moll mit dem Soloklarinettisten des Orchesters Heinrich Geuser wurde im September 1957 nur als Studio-Rundfunkaufnahme produziert. Geuser gelingt es, zahlreiche Timbres seines Instruments ins Spiel zu bringen, von erdigwarm in der Tiefe bis spitz und scharf in der Höhe, und kann den pastoral-dämonischen, waldigen Charakter des 1., wie den elegisch-schläfrigen des 2. und den schalkhaften des 3. Satzes kongenial in einen entsprechenden musikalischen Ausdruck versetzen. Das Orchester folgt diesem Verständnis, greift besonders im 1. Satz manchmal etwas zu massiv ein und kann die schwingenden Einwürfe der verschiedenen Streichergruppen nicht elegant oder federnd genug realisieren. Schön dialogisiert der Solist vor allem mit den anderen Holzbläsern des Orchesters. Webers *Konzertstück für Klavier und Orchester* f-Moll op. 79 wurde im Oktober 1960 eingespielt, Solistin war Margrit Weber. Ihre Diktion ist trotz aller Verzierungen ausgesprochen sprechend, erzählend gehalten. Das hing natürlich mit dem Charakter des Werks selbst zusammen. Hier ließ der Komponist das Wiener Konzertschema hinter sich und wurde auf handfeste Weise bildhaft. Fricsay ließ besonders die von Weber bevorzugt eingesetzten Holzbläser brillieren. Die Pianistin Weber ließ die Arpeggien und flüchtigen Läufe nicht so ins Gewicht fallen und konnte die versteckten Melodielinien akzentuiert ausstellen sowie voll in die Tasten langen beim Jubel über die Erscheinung und Vereinigung mit dem verloren geglaubten imaginierten Geliebten.

Von Mendelssohns Violinkonzert in e-Moll gibt es aus Fricsays Zusammenarbeit mit dem Wiener Geiger Schneiderhan eine Einspielung mit dem RSO ohne öffentliche Aufführung, aufgenommen im September 1956. Dass Fricsay keine Skrupel hatte, mit einem Musiker, der auf der Liste von Joseph Goebbels für die »Gottbegnadeten des Führers« stand, der unmittelbar nach dem »Anschluss« Österreichs seinen großen Karrieresprung zum Konzertmeister der Wiener Philharmoniker machen konnte (auf Kosten von Ricardo Odnoposoff, der keinen »Ariernachweis« erbringen konnte), ausgerechnet das von den Nazis verfemte Konzert Mendelssohns zu musizieren, mag verwundern, könnte aber heißen, dass Fricsay die musikalischen Qualitäten bestimmter Künstler wichtiger nahm als ihre politischen Verfehlungen – was etwas zu großzügig scheint; vielleicht hätte es damals einen unbelasteten und auch musikalisch geeigneteren Solisten für dieses Konzert gegeben, wenn Fricsay hätte allein entscheiden können. Die geigerischen Qualitäten Schneiderhans waren unleugbar, für Mendelssohns Konzert aber nur bedingt tauglich. Seine Interpretation übertreibt die agogisch flexible und weiche Stimmführung ins betont Überzarte, um damit einem weitverbreiteten Mendelssohn-Klischee Genüge zu tun. Die Gesamtkonzeption wird eindeutig von Fricsays Vorgaben dominiert, Schneiderhans Rubati und Tempowechsel werden vom Orchester mitgetragen wenn nicht verursacht, die zwischen sanftmütig und energisch wechselnden Stimmungen des Konzerts werden in ihren schnelleren und belebteren Teilen von Fricsays straffer Tempovorgabe diktiert. Vollends misslungen ist die Überleitung vom langsamen Satz zum Finale, hier lässt das betuliche Legato nicht die geringste Ahnung davon aufkommen, dass hier eigentlich ein begleitetes Instrumentalrezitativ mit markant sprechenden Gesten komponiert wurde.

Von Dvořáks melancholischem, hoch emotional inspiriertem Violinkonzert mit Johanna Martzy gab es im Juni 1953 zwei Einspielungen mit stark unterschiedenem Klangbild: eine am Vormittag zwischen zwei Abendkonzerten aufgenommene Rundfunkproduktion (vom Label audite 2015 reproduziert) und eine zwei Tage später für die DG aufgenommene Einspielung für den Schallplattenmarkt. Sie sind Beispiele für verschiedene Aufnahmetechniken: Während am Morgen alles etwas verhangen oder eingehüllt klingt und die Solistin in einem positiven Sinn nicht vom Orchester abgespalten erscheint, sind später nicht nur die Solistin, sondern auch die einzelnen mit der Solistin dialogisierenden Orchesterinstrumente gezielt mikrofoniert worden und dadurch prägnant hörbar, der Gesamtklang aber ist zerfallen.

Die *Symphonischen Variationen für Klavier und Orchester* von César Franck sind uns mit Margrit Weber als Studioaufnahme im Vorlauf zu einer Konzertaufführung im April 1957 überliefert. Solistin und Orchester finden unter Fricsays Leitung zu einem vegetativen Ton, der die Motivverknüpfungen dieses kleinen, in sich geschlossenen und stimmigen Zyklus mehr als Metamorphose denn als Variationenfolge vollzieht.

Vier Tage im Oktober 1958 nahm Fricsay sich Zeit, um mit dem RSO und Erica Morini Studioaufnahmen ohne Konzertauftritt zu machen mit dem Violinkonzert a-Moll von Alexander Glasunow und dem 1. Violinkonzert g-Moll von Max Bruch. Glasunows 20-minütige bruchlos ineinander übergehende, fünfsätzige kammermusikalische Perle, mit deren Wiedergabe man bei einem auf Akrobatik erpichten Publikum keine Begeisterungsstürme einheimsen, sondern nur aufmerksames und angerührtes Zuhören beim Verfolgen der ineinander verwobenen endlosen, idyllischen Melodiefäden hervorrufen kann, wird hier ganz intim und versponnen, absolut sauber ausformuliert musiziert, als wär's ein Stück eines zeitgenössischen Franzosen mit symbolistischen Anwandlungen. Auch das Bruch-Konzert wird in einer selten edlen Gestalt dargeboten: Hier wird nicht geschmachtet, geschmiert und gefetzt, sondern temperamentvoll, aber mit guten Manieren musiziert.

Fricsay hat sich auch mit zwei kleinformatigen konzertanten Werken von Richard Strauss auseinandergesetzt: zunächst mit dem Duett-Concertino für Klarinette und Fagott mit Streicherorchester und Harfe, einem Spätwerk aus dem Jahr 1947, das Fricsay als Berliner Erstaufführung im April 1953 im Titania-Palast erklingen ließ. Es wurde am Vormittag des zweiten Aufführungstags extra eingespielt und 2018 vom Label audite diskografiert. Diese skurrile, rückwärtsgewandte Musik aus Strauss' Elfenbeinturm inmitten des in Trümmern liegenden Europa, nachdem seine zensorischen Anwandlungen gegen revolutionäre Musik sich verflüchtigt hatten, wird hier ganz unbefangen und intim musiziert, aber durchaus mit Witz und virtuosem Charme von Bläsersolisten des Orchesters

(Heinrich Geuser, Klarinette, und Willi Fugmann, Fagott) präsentiert. Ein ähnliche Musik mochte vor 60 Jahren noch verstört haben, als Strauss in Eugen d'Albert endlich den Solisten für den vertrackten Klavierpart seines *Burleske* genannten Konzertstücks für Klavier und Orchester gefunden hatte, der es fünf Jahre nach der Entstehung 1890 in Meiningen zusammen mit *Tod und Verklärung* mit Strauss am Pult der Hofkapelle uraufführte. Strauss' *Burleske* war das Werk, mit dem Fricsay die Solistin Margrit Weber zum ersten Mal in Winterthur gehört und sie noch in der Konzertpause eingeladen hatte, mit ihm in Berlin oder Neapel zu konzertieren. Schon im Mai desselben Jahres kam es zu einer öffentlichen Aufführung im Hochschulsaal (der Livemitschnitt wurde 2018 von dem Label audite diskografiert) und im September dann zur Realisierung einer Studioaufnahme für die DG. Margrit Weber lässt in diesem an Ruppigkeiten, intrikaten Mehrfach-Trillern, weit ausholenden Arpeggien und kurzen lyrischen Einsprengseln reichen Virtuosenstück, von dem sich Strauss frühzeitig wieder distanziert hatte, nichts vermissen. Die viel beschäftigte, sogar thematisch bedachte Pauke wie alle hellwach spielenden Orchestermusiker legen dem Klavierpart ein buntes Gewand an.

Sinfonien

Über Haydn hinaus ist Fricsay in seiner Auswahl von zu dirigierenden Sinfonien zeitlich nicht zurückgegangen, wahrscheinlich galt er auch ihm als der eigentliche Erfinder der Sinfonie. An Einspielungen Fricsays mit dem RIAS-Orchester für den Rundfunk (teilweise auch für die DG) aufgenommen in den Jahren 1951, 1953 und 1954, sind neun Sinfonien Haydns bekannt (und liegen teilweise noch unveröffentlicht im RIAS-Archiv des DLF Kultur). Das sind mehr als Fricsay in Konzerten mit diesem Orchester in Berliner Abo-Konzerten oder auf Tourneen öffentlich gespielt hat. Auch hier veranlasste die Studio-Situation Fricsay, eine den Haydn-Partituren angemessene kleinere Besetzung als im Konzertsaal zu wählen. Fricsay erweist sich hier als einer, der die nicht einfache Kunst beherrscht, Haydn zu spielen. Haydn kam erst spät dazu, die Bläserformationen zu mehr einzusetzen als zu Haltetönen und eingeworfenen Figuren, sodass die dominanten Streicher melodieführend sind und man bei den frühen Sinfonien oft den Eindruck hat, Streichersinfonien zu hören. Aber das Wichtigste, was Fricsay bei seinen Haydn-Einspielungen hervorkehrt, ist, dass Haydn trotz seines rationalen Formkonzepts und seiner schlüssigen Architektur doch die stürmisch-drängenden und empfindsamen Elemente nicht unterdrückt – besonders schön zu hören an der Pathosformel zu Beginn der ›Trauersinfonie‹ oder in der lieblichen, kanonisch in Oktaven geführten Einlage in das Menuetto derselben sowie in deren weichem Adagio oder im Übergang von der Adagio-Einleitung zum Allegro des 1. Satzes der B-Dur-Sinfonie.

Im Falle Beethovens treten die überlieferten Einspielungen der 1., 3., 5., 7., 8. und 9. Sinfonie mit dem Berliner Radio-Orchester denselben mit den Berliner Philharmonikern gegenüber. Mit wenigen Ausnahmen stammen sie aus der späteren Zeit um 1956/57 sowie aus den Jahren 1959–61. Darum wurde diesen Aufnahmen auch ein durch Leiderfahrungen gereifter, abgeklärter, vergeistigter, verinnerlichter Charakter nachgesagt.[49] Schon aus der früheren Berliner Zeit aber gibt es zwei Einspielungen der 7. und 8. Sinfonie mit dem RIAS-Orchester, die jeweils im Januar der Jahre 1953 und 1954 aufgenommen wurden. Auch sie sind schon sehr durchdacht einstudiert und präsentiert, folgen dem Duktus Beethovens sehr gewissenhaft, geben der Art, wie Beethoven seine Themen und Motive durchführt, aufspaltet, aus aggressiven Tönungen in skurrile, zarte verwandelt, viel Raum und artikulieren orchestral die übereinander gelagerten Kontraste. Schon in der Einleitung zur 7. Sinfonie stoßen sich die harten, trockenen Tutti-Schläge mit den zart schwingenden Liegetönen der Holzbläser im Raume, und so wird die im Kopfsatz der Sinfonie waltende Dialektik voll entfaltet, das Tonmaterial durch Steigerungen, Konflikte und Absenkungen geführt – auch deswegen gut hörbar, weil die Klangbalance zwischen dem Streicherkorpus und den hyperaktiven Bläserformationen stets gewahrt ist und alle ineinandergreifenden Linien in ihrer Dynamik klanglich gegenwärtig sind. Dem drängenden Presto folgt ein noch un-

---

49 Ein Eindruck, den Fischer-Dieskau in seinem Interview, das er Caillat für dessen Fricsay-Film gab, als irrig bezeichnete und auf ebensolchen Charakter der früheren Dirigate Fricsays hinwies.

gestümeres Finale, in welchem Fricsay der hier verarbeitete kriege-
rische ungarische Tanz eines Verbunkos besonders nahegelegen
haben dürfte, und das schmetternd endet. Das Allegretto wird als
solches genommen und als lebhaft trauriges Lied federnd vorgetragen. Fricsays Wiedergabe der 8. Sinfonie grenzt ans Tänzerische,
auch die an Wahnwitz grenzende motorische Besessenheit in dieser
Sinfonie weiß Fricsay trotz aller Wahrung des Melodischen zur
Geltung zu bringen.

Von Beethovens 5. Sinfonie, die Fricsay in einem seiner ersten
Konzerte mit dem RIAS-Orchester im Juni 1949 sowie in einem
seiner letzten im September 1961 mit dem RSO öffentlich aufführte,
existiert bei der Ferenc-Fricsay-Gesellschaft eine unveröffentlichte
Aufnahme. Vielleicht handelt es sich dabei um jene Interpretation,
in der Fricsay jene seltene Lesart des Anfangs der Sinfonie realisierte, bei der zwischen die beiden versetzten Klopfmotive der ersten Takte eine längere abgründige Generalpause geschoben ist. Von
der 1. Sinfonie Beethovens machte Fricsay im September 1959 eine
Aufnahme mit dem RSO für den Rundfunk, ohne sie in einem Konzert öffentlich aufzuführen; sie schlummert im SFB-Archiv des rbb
ebenso wie der Mitschnitt einer Aufführung der heroischen 3. Sinfonie im Großen Sendesaal im Februar 1961.

Schuberts in zwei Sätzen überlieferte 8. Sinfonie h-Moll (›Unvollendete‹) wurde im September 1957 für die DG eingespielt, von
ihr existieren zwei weitere frühere Aufnahmen aus den Jahren 1950
und 1952 für den RIAS. Fricsay reizte in der Aufnahme mit dem
RSO von 1957 vor allem die dynamischen Möglichkeiten des Orchesters in Richtung einer innerlich belebten Schwäche, empfindsamen Zartheit und Gedämpftheit aus, er mildert die Forte-Aus-
brüche, verwirklicht einen Charakter stillen, aber drängenden
Sehnens, treibt in beiden Sätzen das Pianissimo bis an die Grenze
der Hörbarkeit.

Schumanns einzige von Fricsay eingespielte Sinfonie, die 1. in
B-Dur wurde im Februar 1955 parallel zu einer öffentlichen, vom
RIAS im Hochschulsaal mitgeschnittenen Konzertaufführung an
zwei Tagen für die DG aufgenommen. Wenn diese Sinfonie nach
eigenem Bekunden Schumanns mit imaginierten Frühlingsstim-
mungen etwas zu tun haben soll, dann mit Keimen, Quellen und

Sprießen in einem durchaus rauschhaften Sinn; das Treibende, Drängende präsentiert Fricsay durch schwellende Dynamik und kurze Tutti-Schläge, das subjektive Getriebensein und manisch sich an die stürmische Bewegung Anpassende der überraschten und überfallenen Seele wird von Fricsay allein durch das Tempo, das keinen jubelnden Triumph aufkommen lässt, besiegelt. Das heikle Larghetto, in einem nur scheinbar einfachen 3/8-Takt notiert, wird von Fricsay der sturen Taktschwerpunkte enthoben und ganz in irregulär schwebende, asymmetrische Linien verwandelt, die wohl den ungleichen Perioden folgen, ohne jedoch zu zerfallen und fadenlos auseinander zu driften und dabei dennoch zu erkennen geben, wie zerbrechlich sie sind.

Von Brahms' Sinfonien existieren mit Ausnahme der 3. etliche Fricsay-Einspielungen mit verschiedenen Orchestern in einem zerstreuten Zeitraum: Mit dem RIAS-SO hat er nur die 2. Sinfonie in einer Rundfunkproduktion im Anschluss an ein öffentliches Konzert im Oktober 1953 eingespielt. Alles, was man dieser Sinfonie an Charakteristischem und Positivem nachgesagt hat, alles, womit Brahms schon zu ihrer Entstehungszeit die Orchesterkultur beeinflusst hatte mithilfe einer kammermusikalischen Konstellation der Orchestergruppen, ist in Fricsays Wiedergabe dieser Sinfonia concertante voll zur Geltung gebracht. Alles Verschwimmen ist vermieden, markant heben sich die Tonlagen und Klangfarben voneinander ab und mischen sich dialogisierend. Die Verdunkelungen und Eintrübungen in dieser von Brahms als ein »liebliches Ungeheuer« bezeichneten Sinfonie werden deutlich, aber nicht erdrückend ausgespielt, sie bilden den besagten Trauerrand einer grundlegend heiter gestimmten Musik. Durch die durchgehend straffen Tempi mit gelegentlichen Verzögerungen verhindert Fricsay jegliche Anmutung von deplatziertem Pathos, auch die triumphierenden Gesten im letzten Satz bleiben generös und spielerisch.

Von den drei letzten Sinfonien Tschaikowskys hat Fricsay die 4. und 6. mit dem Berliner Radio-Orchester eingespielt, die 4. im Abschluss an eine öffentliche Konzertaufführung des RIAS-Orchesters im September 1952, die 6. wurde eine Woche lang studiomäßig produziert, im Anschluss an jene erschütternde öffentliche Aufführung im September 1959, während der Fricsay seine Wiedervereinigung mit dem RSO feierte. Nur durch ein rasant zu nennendes Tempo in den beiden Ecksätzen der 4. Sinfonie und eine äußerst direkte, scharfzüngige Artikulation konnte Fricsay die fast unvermeidlich scheinende Bräsigkeit und einen selbstgefälligen Heroismus im Klangbild verhindern, und er tat das bewusst und mit Erfolg. Kraftstrotzenden Übermut und Frohsinn strahlt diese Wiedergabe aus und lässt sich auch auf deren Zurücknahme und Verwandlung in intermittierende graziöse und elegische Stimmungen ein, inklusive des großen Atemholens während des *Andantino in modo di canzone*. Aber der Eindruck einer Apotheose von Kraft, Schnelligkeit und Lautstärke, eines musikalischen Vitalismus, überwiegt.

Auch in Tschaikowskys 6., vom Komponisten selbst als pathetisch bezeichneten Sinfonie ist das Markenzeichen der Orchesterbehandlung Fricsays, die unentwegte Transparenz des Klangs, besonders zu schätzen, denn die musikalisch hörende Haupterfahrung ist die, dass alle Stimmen präsent sind, dass trotz einer dick aufgetragenen polyphonen Fülle die Gleichzeitigkeit von Ungleichem hörbar bleibt. Der von Tschaikowsky programmatisch der Sinfonie eingepflanzte Verlauf wird von Fricsay in logisch bis katastrophisch entwickelte absolute Musik verwandelt, die ihren inneren Formen nach jegliche seelische Disposition und Grenzsituation zu verkörpern in der Lage ist, ohne aufgesetzt zu erscheinen. Selten kann man den 2. Satz als *Valse triste et sentimentale* so schwebend und federnd und das Scherzo so keck und spritzig artikuliert hören wie hier. Das Adagio lamentoso des Finalsatzes wird nach den aufbäumenden Gesten des Beginns empfindsam und elegisch musiziert, das Crescendo und Accelerando hin zum mittigen Ausbruch wird so lange wie möglich hinaus gezögert, die ihm folgende resignative Verzweiflung führt zwangsläufig in das Ersterben und Versinken der Musik im Schlund der tiefsten Lagen. Interessant ist, dass diese späte Einspielung verglichen mit jener mit den Berliner Philharmonikern im Jahr 1953 etwa acht Minuten länger dauert, jeder, insbesondere der 1. und 4. Satz um Minuten verlangsamt ist zugunsten einer intensiveren Darstellung der inneren Charakterform, von der Mit- und Nachwelt stets noch mit Ausdrücken wie »Vergeistigung« und »Verinnerlichung« nach der Krankheit belegt.

Von Dvořáks 9. Sinfonie (›Aus der Neuen Welt‹) gibt es, abgesehen von der späteren mit den Berliner Philharmonikern, allein zwei Einspielungen mit dem RIAS-Symphonie-Orchester aus zwei aufeinanderfolgenden Jahren: zuerst eine Rundfunkaufnahme, die ohne öffentliche Aufführung im September 1952 unternommen wurde (liegt im RIAS-Archiv). Sie dauert fünf Minuten länger als die zweite Einspielung, die an sechs Tagen im September 1953 im Anschluss an ein mit ihr veranstaltetes Festwochenkonzert für die DG produziert wurde. Dvořáks 9. Sinfonie war für Fricsay ein ausgesprochenes Lieblingsstück, das er unablässig und unzählige Male dirigierte. Es ist aber auch ein Werk, das alle Merkmale, die das Dirigieren Fricsays auszeichnen, hervorlockt. Größte Bandbreite dynamischer Nuancen, von feinsten Pianissimi an vielen Stellen bis zum Einbruch brachialer Klanggewalten, stechende Blechbläser, markante Sforzati der Streicher, scharfe kurze Schläge des ganzen Orchesters, Temporückungen, Accelerandi und Steigerungen von mitreißender Art und immer wieder die Durchhörbarkeit übereinander gelagerter, ineinander auf kleinstem Raume und in kürzesten Zeitabständen verzahnten Figuren. Alles drängt, wird gepeitscht, weiß, woher es kommt und wohin es will, verbleibt unbehaglich und bange in Oasen trügerischer Ruhe. Und das Ganze ist von einer anhaltenden melancholischen Färbung der Vergeblichkeit durchzogen, denn der Kraftakt, klanglich Disparates zusammenzuzwingen, bis der Mississippi durch Prag fließt, kann nicht gelingen.

Auffällig abwesend in dem von Fricsay zu Lebzeiten entwickelten sinfonischen Repertoire war die französische und slawische Sinfonik bis auf die Ausnahme der drei letzten Sinfonien von Tschaikowsky und der letzten von Dvořák; abwesend auch die komplette sinfonische Produktion von Anton Bruckner und Gustav Mahler (von dem er nur Orchesterlieder aufführte oder einspielte), was seltsam anmutet bei einem Dirigenten, der sich als tief verwurzelt in der österreichischen Tradition bezeichnet hat. Es gibt allerdings Vertragsentwürfe zwischen Fricsay und der DG aus dem November 1959 über die weiteren Produktionen mit dem RSO in den kommenden Jahren, in denen Fricsay Programmvorschläge unter anderem mit Bruckners 4. Sinfonie ergänzte, was man als zaghafte Annäherung ansehen kann.

Orchesterstücke

Es kann gut sein, dass Ballettmusiken wie Hector Berlioz' ätherisches *Ballet des Sylphes* (März 1952) und der lärmintensive *Marche hongroise* aus *La Damnation de Faust* (November 1961) wie auch Charles Gounods tändelnd-schwebende bis schwermütige Ballettmusik und Walzer aus dessen Oper *Faust* (Januar/Februar 1960) aus den Vertragsverpflichtungen Fricsays und des RIAS-Orchesters für den Sektor »gehobener Unterhaltungsmusik« herrühren, sie werden aber mit der gleichen Präzision und Ernsthaftigkeit musiziert. Man muss, angesichts der vielen französischen Musik, derer sich Fricsay nicht annahm (kein Saint-Saëns, kein Fauré!), froh sein, in diesen Beispielen etwas romaneskes Flair à la Fricsay serviert zu bekommen.

Die *Haydn-Variationen* von Brahms ließ Fricsay im Zusammenhang mit einem reinen Brahms-Konzert im September 1957 studiomäßig aufnehmen. Frappant daran ist, wie das Thema aus einem choralartigen Wallfahrtslied (Choral St. Antoni, den Haydn in das Andante seiner 16. Sinfonie übernommen hatte) über etliche Zwischenstufen von Variationen, in denen nur Fragmente des Themas in einem feinen Wechselspiel der streichenden oder blasenden Orchestergruppen durchschimmern, polyphon traktiert und durch alle denkbaren Temperamente gezogen werden, in einen triumphalen orchestralen finalen Hymnus verwandelt wird. Von der *Alt-Rhapsodie* gab es eine wegen ihrer aschfahlen, hohlen und trotzdem dezidierten Tongebung, ihrer trostlos wankenden Sforzati und wegen der allmählichen Aufhellung mit dem Einsatz des Chores beeindruckende Studioaufnahme mit Maureen Forrester[50], den Herren des RIAS Kammerchors und des Berliner Motettenchors.

Von den sinfonischen Dichtungen und Orchesterwerken seines Landmanns Franz Liszt hat Fricsay nur Orchester-Arrangements

---

50 Mit ihr, die Bruno Walter als ausgezeichnete Mahler-Sängerin entdeckt hatte, spielte Fricsay in Berlin im September 1958 Mahlers fünf Lieder nach Gedichten von Rückert ein; es ist eines der wenigen Mahler-Dokumente, die wir von Fricsay besitzen, und es zeigt, wie dezent weltschmerzlich und verklärt Fricsay Mahlers Orchesterlieder zu gestalten wusste. Fischer-Dieskau teilte in seinem für den Film von Caillat gegebenen Interview mit, Fricsay habe die Sinfonien Mahlers noch dirigieren wollen.

der 1. und 4. Ungarischen Rhapsodie sowie *Les Préludes* eingespielt, letzteres zwischen zwei RSO-Konzerten im September 1959, beide Male ohne öffentliche Aufführung. Magyarisches Ungestüm und Schmelz, besonders in der Stretta der 1. Rhapsodie konnte Fricsay seinem Orchester gewiss entlocken. Fricsay hatte es sich schon in Ungarn während des Krieges nicht versagt, *Les Préludes* konzertmäßig aufzuführen, obwohl ihm nicht entgangen sein dürfte, dass eine bestimmte Stelle dieses musikalischen Epos für die Kriegspropaganda der deutschen Wehrmacht durch Diebstahl missbraucht wurde. Die sinfonische Dichtung Liszts will aber ein ganzes Menschenschicksal in verschiedensten Aspekten schildern, wovon die frühe Teilnahme am Krieg nur einer unter anderen ist und nicht unbedingt verherrlichend gemeint war. Man könnte die erste relativ kurze Stelle auch hässlich und brutal spielen, was Fricsay zwar vermeidet, er lässt sie aber auch nicht besonders martialisch oder heroisch spielen, sondern eher weichlich. Was die Wiederaufnahme der kriegerischen Motivik für die Schlussapotheose betrifft, ist der eingleisig affirmative Charakter bereits kompositorisch durch Gegenbewegungen gestört und wird von Fricsay schon durch ein angezogenes Tempo nicht heroisch ausgewalzt.

Nicht nur die drei letzten Sinfonien Tschaikowskys, sondern auch dessen Ballettmusiken, Ouvertüren und Serenaden hat Fricsay zu verschiedenen Zeiten aufgenommen, ohne sie öffentlich aufzuführen. Die fünfteilige Suite aus dem Ballett *Schwanensee* hat er zusammen mit Walzern aus der Suite *Der Nussknacker* und aus der Oper *Eugen Onegin* im September 1957 aufgenommen. Sie dokumentieren nicht nur die Ballett- und Tanzbegeisterung auf Bällen der Oberschicht des zaristischen Russlands, sondern auch, wie sehr Tschaikowsky diese Gelegenheiten nutzte, um anspruchsvolle Salonmusik zu schreiben, und Fricsays Einspielung dokumentiert seine kultivierte Art, diese teils lyrischen, teils schmissigen Stücke zu präsentieren.

Auch die im Januar 1953 eingespielte *Ouverture solennelle 1812* hob sich über gewöhnliche Wiedergaben hinaus. Sie wird von Fricsay nicht als reine orchestrale Schlachtmusik, als Battaglia aufgeführt, sondern in einer Version geboten, die mit der Uraufführung 1882 in der Moskauer Christ Erlöser Kathedrale, die zum Gedenken an den Sieg über Napoleons Angriffsarmee erbaut worden war, identisch sein könnte. Dies geschah durch die Hinzunahme eines liturgischen Chors, der zu Anfang das orthodoxe Tropar vom Heiligen Kreuz intoniert und in der Siegesphase der russischen Truppen nochmals aufgreift. Die in der Ouvertüre siegreich über die Marseillaise triumphierende Zarenhymne hat mit der patriotischen Rolle der orthodoxen Kirche viel zu tun, was in Fricsays Aufführung nicht nur durch die von Tschaikowsky polyphon eingeflochtene liturgische Melodie, sondern auch durch die Präsenz eines sakral auftretenden Chores bekräftigt wird. Es sind wieder das angezogene Tempo sowie die kräftig, aber kurz ausgeteilten Orchesterschläge und Bläserstöße, die das Aufkommen eines bloß äußerlich übergestülpten Pathos verhindern.

Keine von Tschaikowskys vier Orchesterserenaden, aber die Streicherserenade C-Dur op. 48 wurde im Oktober 1952 aufgenommen, im unmittelbaren Anschluss an ein Konzert, in dem auch dessen Violinkonzert gespielt worden war. Schon Tschaikowskys relativ nüchterne Satzbezeichnungen warnen auch hier vor den Gefahren einer Schwelgerei mit himmlischen Geigen und vor Übertreibung im Ausdruck. Und so hat diese kammerorchestral und zügig gespielte Serenade eine angenehme Leichtigkeit und straffe Ausführung, in der nichts zerläuft, die zyklische Anlage der Serenade, die Rückkehr zum Anfang des 1. Satzes nach der Ausbreitung eines »Tema russo« im 4. Satz dafür umso sinnfälliger ist.

Eine Studioaufnahme von Mussorgskys Vorspiel zur Oper *Chowanschtschina* wurde 1952 eingespielt (die Aufnahme ist beim DLF Kultur archiviert), *Die Nacht auf dem kahlen Berge* im Arrangement von Rimski-Korsakow folgte im März 1953. Mit diesem Stück und der Oper *Chowanschtschina* hatte Fricsay schon 1942/43 in Szeged und Budapest Erfahrungen gesammelt, sodass es nicht verwundert, dass er in dem von ihm gepflegten russischen Repertoire neben Tschaikowsky auch Mussorgsky bevorzugte.[51] Diese bis zu den Mitternachtsglocken fast pausenlos jagende Aufnahme, in der nicht

---

51 Schon im Januar 1951 hatte Fricsay in einem RIAS-Konzert auch Mussorgskys *Bilder einer Ausstellung* in der Orchestrierung von Ravel aufgeführt (der Mitschnitt wurde gelöscht), die ganze Oper *Chowanschtschina* wird er 1956 an der Münchner Staatsoper einstudieren.

Hexen gejagt werden, sondern Hexen es sind, die jagen, bleibt wegen ihres rasanten Tempos leichtfüßig flirrend mit spitzen Einwürfen hellwacher Bläser. Die turbulent-archaischen *Polowetzer Tänze* aus *Fürst Igor* von Alexander Borodin wurden gefolgt von der ruhig fließenden, zärtlichen musikalischen Skizze über die Steppen in Zentralasien im April 1950 aufgenommen.

Rimski-Korsakows orchestrales Epos *Scheherazade* wurde an vier Tagen im September 1956 studiomäßig eingespielt. Des Komponisten überragende Instrumentierungskunst, die mit orientalistischem Flair und unerhörten Mixturen der Bläser alles in Okzidental-Europa bisher Gehörte und für möglich Gehaltene in den Schatten stellte, wurde von Fricsay hier nuancenreich und dem Ohr schmeichelnd ausgefeilt. Keine Ecken und Kanten verderben die Geschmeidigkeit, auch nicht in den Staccati oder in den Attacken des 4. Satzes, die in einem zielstrebigen Strom eingesogen werden. Nicht nur der Sologeiger Rudolf Schulz (Konzertmeister des Orchesters) kann zeigen, wie zart und schmiegsam er spielen kann, sondern auch viele der blasenden Instrumentalisten, um die unzähligen sanften Schönheiten dieses an Arabesken reichen Werks zu betörender Geltung zu bringen. Es geschieht, wie um zu bedeuten, dass fast alle Instrumente eines modernen europäischen Sinfonieorchesters uralten und orientalischen Ursprungs sind.

Von Debussy wurden das *Prélude à l'après-midi d'un faune* Anfang Januar 1953 und die beiden Tänze *Danse sacrée et danse profane* im Januar 1957 eingespielt. Fricsay lässt die schwimmende, aber nie verschwimmende Klangmagie voll auskosten. Für Debussys Tänze mit solistischer Harfe nutzte Fricsay die Tatsache, dass für ein Konzert mit den Philharmonikern der Harfenist Zabaleta gerade in Berlin war, um das Händel-Konzert und *Introduction et Allegro* von Ravel aufzuführen. Ravels *La Valse* ist vom Juni 1953 als Aufnahme in Verbindung mit einer Konzertaufführung überliefert, die den parodistisch-apokalyptischen Charakter erst ganz spät, dafür aber umso unverkennbarer offenbart. Ihr folgte eine längere Arbeit am *Bolero*, der hier als ein am Rande des Wahnsinns dahindämmerndes, immer aufdringlicher wallendes und erst gegen Schluss sich aufbäumendes Stück Anti-Musik inszeniert wird. *Introduction et Allegro* ist das dritte Stück, das Fricsay mit Zabaleta im besagten Konzert im Januar 1957 einspielte. Trotz der von Zabaleta zunächst geäußerten Bedenken gegen eine orchestrale Bearbeitung des eigentlich kammermusikalischen Stücks hatte er sich auf eine Einspielung mit den Solisten für Flöte und Klarinette und dem Streichorchester des RSO eingelassen, sich aber an diesem Arrangement dadurch gerächt, dass er an seinen Solostellen ein gegen Fricsays Hast gerichtetes eigenes Tempo setzte.

Ein spätes Johann-Strauß-Potpourri aus Polkas, Walzern und Märschen inkl. der *Fledermaus*-Ouvertüre sowie dem *Radetzky-Marsch* von Johann Strauß Vater wurde an sieben Tagen im Februar 1961 in Stereo eingespielt, wie früher schon vereinzelt dieselben und ähnliche Stücke in den Jahren 1949–52 (teilweise mit den Berliner Philharmonikern), die damals parallel liefen zu den öffentlichen Auftritten in den Johann-Strauß-Konzerten 1950/51. Diese Studioaufnahmen erreichen – vom Wienerischen her angehört – alle nicht das Niveau des Johann-Strauß-Waldbühnenkonzerts von 1951, am ehesten noch nähert sich Fricsay mit dem RSO bei den *G'schichten aus dem Wiener Wald* wieder dem Idiom des »Wiener Espressivo« an, nie aber klingt sein Johann Strauß verfremdet für ein aalglatt spielendes, gut gesittetes Sinfonieorchester.

Opern

Ohne Opern zu dirigieren – notfalls auch ohne Bühne, Szenerie und Publikum – konnte Fricsay nicht leben, sodass wir über eine ganze Reihe weiterer Einspielungen für Rundfunksendungen mit dem West-Berliner Radio-Orchester verfügen, die er neben seinen Berliner und Münchner Opernhaus-Engagements aufnahm.

Schon im November 1949 wollte Fricsay eine Operette einspielen und wählte dafür *Die Fledermaus* von Johann Strauß. An acht Tagen wurde die Aufnahme mit dem konsolidierten RIAS-Orchester und einem von Fricsay ausgewählten Solistenensemble bewerkstelligt. Fricsay dirigierte sie von vornherein als eine vom Opernhausintendanten Heinz Tietjen mit gesprochenen oder melodramatisch gesungenen Dialogen und Hintergrundgeräuschen arrangierte Funk-oper, mit der man nach 1945 wieder anfing zu experimentieren. Wir hören Peter Anders' Tenor und Anny Schlemms Sopran als Gabriel und Rosalinde von Eisenstein. Durch den musikalischen Teil der

Aufnahme strömt das österreichisch-ungarisch-böhmische Fluidum der Wiener Operette, mit deren Idiom Fricsay fast heimatlich vertraut war, während in manchen Dialogen ein eher preußischer Ton vorherrscht.

Eine Sonderstellung nahm im September 1957 eine konzertante Aufführung mit anschließender Studio- und Schallplattenaufnahme von Glucks *Orpheus und Eurydike* ein mit Solisten, dem RIAS Kammer- und Berliner Motettenchor sowie dem RSO. Fricsay musste mit einer damals noch bühnenüblichen Fassung aus dem 19. Jahrhundert arbeiten, einer im Gefolge von Hector Berlioz aus der Wiener und Pariser Fassung fabrizierten Mischfassung in deutscher Übersetzung. Die französische Fassung war von Gluck selbst einerseits mit einer selbständigen elysischen Eurydike-Arie, den vermehrten Balletten, dem *Tanz der Furien* und dem elegischen Flötensolo als Mittelteil des *Reigens seliger Geister* szenisch erweitert, andererseits in den Rezitativen stark gekürzt worden. Das Secco-Rezitativ mit Cembalo war abgeschafft zugunsten eines bei Fricsay orchestral eingesetzten Streichquartetts, und die Orpheus-Partie war schon in Paris 1774 mit einem originalen männlichen Tenor besetzt worden.

Die Entscheidung für einen deutschen Gesangstext entsprach dem Prinzip, eine verständliche Volksoper zu präsentieren. Fricsays unter Studio-Bedingungen aufgenommene Einspielung mit Fischer-Dieskau als Orpheus, Maria Stader als Eurydike und Rita Streich als Amor zeichnete sich aus durch scharf artikulierte Deklamation in den Accompagnati, besonders in der Dramatik der Unterweltszene. Der rezitativische Sprechgesang erschien aber auch lyrisch romantisierend ausgedehnt, zu wenig sprechend, etwas zu arienhaft. Das moderne Orchester war schlank besetzt, es herrschte straffe Bogenführung mit Einsatz von Staccato; es wurde kein Druck ausgeübt und das Vibrato moderat eingesetzt. Fricsay ließ stark akzentuiert spielen, stets traten die Bläser hervor, und es pulsierten die tieferen Streicher. Das Pariser Flötensolo im Mittelteil des *Reigens seliger Geister* wurde mit dominantem, lieblich-innigem Ton gespielt, mit ganz zurückgenommener, kaum hörbarer Streicherbegleitung. Generell war das oft erzeugte Pianissimo im Orchester wohltuend. Die Steigerungstechnik in der »Ich habe sie verloren«-Arie war raffiniert und ergreifend, hier wurde Trauer zur Verzweiflung. Das leidige Chor-Vibrato war noch nicht ganz abgeschafft, die chorischen Männerstimmen mit ihren Gegenfiguren kaum hörbar.

Wiederum bereits im Jahr 1950, also zwei Jahre vor der szenischen Neueinstudierung an der Städtischen Oper, unternahm Fricsay eine Einspielung von Verdis *Rigoletto* mit dem RIAS-SO und -Kammerchor. Vor zehn Jahren hatte er mit dieser Oper sein Debüt als Operndirigent in Szeged gegeben, und er hatte sie mehrmals in Wien dirigiert. Gewitzt durch die Hinweise, die Failoni ihm in Budapest gegeben hatte, gelang es Fricsay in dieser Aufnahme, die düsteren und widersprüchlichen Tendenzen der Handlung zwischen Fluch und versuchter Rettung in den Timbres der Stimmen und der von Verdi vorgegebenen Orchesterregistratur, den Tempi und scharfen Rhythmen zu charakterisieren. Die Stimmen von Josef Metternich (Rigoletto), Rudolf Schock (Herzog) und Rita Streich (Gilda) in ihrem Kontrast und ihrer Wandlungsfähigkeit beherrschten die unheilvolle Atmosphäre. Man kann diese Aufnahme dennoch nicht als ideal bezeichnen, weil schon allein der Sprachfluss und die erzwungenen Tempi durch die deutsche Übersetzung öfter den Willen der Musik brechen, dem Fricsay möglichst unbegrenzt folgen mochte.

Im September/Oktober 1951 folgte eine nicht komplette Aufnahme von Bizets *Carmen* für den Rundfunk (vom Label audite 2007 reproduziert). Eine Neuinszenierung der obligatorisch von Blech dirigierten Repertoire-Aufführungen an der Städtischen Oper war aus Zeitmangel nicht möglich. Doch Fricsays Drang zu *Carmen* war sehr groß: Er hatte sie bereits zu Anfang der 1940er Jahre im Szegediner Stadttheater einstudiert, durfte sie 1947 als Einstieg in Wien an der dortigen Volksoper dirigieren, und er wird 1956 wieder einige sogenannte Highlights, vor allem die Pre- und Interludes sowie die Ballettmusiken, mit dem RSO aufnehmen sowie im Januar 1958 mit dem Bayerischen Staatsorchester und anderen Solisten als in Berlin wiederum nur einen Opernquerschnitt für die DG, und er plante für 1962 eine Neuinszenierung an der Deutschen Oper. Am 3. September 1951 wurden zunächst die orchestralen Stücke, das Prelude und die drei Entreact-Musiken aufgenommen, am 29. und in den ersten fünf Oktober-Tagen dann einzelne Rezitative, Arien und Ensembles aus allen vier Akten sowie die drei Ballettmusiken vor dem 4. Finale. Man merkt an der Art, wie Fricsay unter Studio-Bedingungen Bühnenmusik produzierte, dass er darauf bedacht war, die fehlende Szenerie durch gesteigerte Plastizität der Musik zu ersetzen und die unterschiedlichen Charaktere durch kontrastierende Stimmtimbres hörbar zu machen, ohne Druck und übertriebene Emphase zu erzeugen. Margarete Kloses dunkel timbrierter Sopran als Carmen unterschied sich deutlich von dem hellen Klang der anderen Zigeunerinnen, auch sonst versuchte Fricsay räumliche Tiefe durch dynamische Effekte zu erzielen. Dass Rudolf Schock auf der damaligen Höhe seiner Stimmentfaltung einen glänzenden José geben würde, hatte Fricsay gut erkannt. Seine Entscheidung für die deutsche Sprache tat hier dem musikalischen Drama kaum einen Abbruch.

Wiederum nicht mit dem Ensemble der Städtischen Oper und den Gesangssolisten der dortigen Aufführungen vom April bis Juni, sondern mit völlig anderen Gesangssolisten, dem RIAS Kammerchor und dem RIAS-SO unternahm Fricsay im Oktober 1952 eine Studioaufnahme von Wagners Romantischer Oper *Der Fliegende Holländer*. Die vom Bühnenraum unabhängige Präsenz aller Beteiligten inklusive des Chores ist ein spezifisches Kennzeichen dieser Einspielung, die sich musikalisch besonders bewährt, weil sie das intime Drama zwischen dem zunächst nur imaginierten, dann echten Holländer (Josef Metternich) und der mutigen Senta (Annelies Kupper) sowie die langen Verhandlungen auf den Schiffen zwischen den Männern schon im 1. Aufzug einbettet in das soziale Milieu und die kollektiven Kommentare der Matrosen und der jungen Frauen an den Spinnrädern. Die ganze Oper erscheint als eine Verwirklichung der von Senta gesungenen Ballade, die nicht als Strophenlied, sondern unterbrochen von Träumen und Episoden erzählt wird: eine große dramaturgische Leistung Wagners und eine akustisch-musikalische Fricsays. In dieser Einspielung – mit nur zwei Stunden und fünf Minuten eine der kürzesten – wurde das Drama in seiner ganzen irdischen Tragik entrollt, ohne den doppelten Boden metaphysischen Verhängnisses zu strapazieren. Weibliche Liebe und Treue als Erlösung vom Fluch der Unsterblichkeit und ewigen Meeresfahrt des Mannes ist ein romantisches Paradox, das niemanden mehr faszinieren konnte als den Ironiker Heinrich Heine als Stofflieferanten, den eine gemeinsame Himmelfahrt der abgestürzten Elsa und des versunkenen Holländers als Happy End recht herzlich amüsiert hätte. Verknüpft mit Dämonie ergibt die Handlung eine schillernde und bedrohliche Sphäre, die musikalisch als Verdammnis mit unerbittlicher Wiederkehr der Motive ausgekostet wird. Fricsay legt auf deren Hörbarkeit bei ihrer Wanderschaft durch alle Instrumentengruppen großen Wert, um die Stimmung der Unentrinnbarkeit zu bekräftigen. Die von Fricsay gewählte direkte Tongebung nahm der vom Libretto vorgegebenen schicksalhaften Verzahnung von Liebe und Tod sowie ihrer motivischen Verflechtungen den metaphysischen Stachel. Der Vorteil der Mikrofonierung der Sängerinnen und Sänger ließ jedes Wort verständlich werden, und das Schmachten und Schwelgen, der Widerstreit der Protagonisten, besonders der kühle Mut Sentas kommen als musikalischer Ausdruck menschlicher Charaktere zum Klingen.

Auch zu Donizettis Oper *Lucia di Lammermoor* unterhielt Fricsay mit seinem Gespür für musikalische Dramatik eine besonders intensive Beziehung, er hatte sie bereits 1946 in Budapest dirigiert und sich mit ihr 1949 von dort verabschiedet, wird sie 1954 in Israel 20 Mal konzertant und im Dezember 1956 in München szenisch aufführen. Im Januar 1953 unternahm er für den RIAS eine Mustereinspielung mit dem hauseigenen Orchester, dem RIAS Kammerchor und dem Kern des von ihm in Berlin herangebildeten und bevorzugten Gesangspersonals, mit Maria Stader als Lucia, Fischer-Dieskau als Lord Enrico und Haefliger als Sir Edgardo. Fricsay nutzte die konzentrierte Studio-Situation und das gute Einvernehmen mit den von ihm ausgesuchten Solisten für eine kompromisslose Klangregie, in der selbst bei freiem Tempo eine passgenaue gemeinsame Stimmführung von Stader und Haefliger gelang und besonders die Wahnsinnsarie der Lucia von Stader mit textlosen Ariosi und den abgespaltenen Flöten-Echos zwar keine Wucht entfaltete, aber den zunehmend delirischen Zustand der betrogenen Frau authentisch nachbildete.

Oratorien

Von fast allen oratorischen Werken, die Fricsay mit dem RIAS-Orchester bzw. dem RSO in Berlin öffentlich dirigierte, gibt es parallel studiomäßig aufgenommene Einspielungen für Rundfunksendung oder Schallplattenaufnahmen.

Die beiden Mitschnitte der Aufführungen der Händel-Oratorien *Judas Maccabaeus* und *Samson* aus dem Konzertsaal der Musikhochschule jeweils im September der Jahre 1954 und 1955 folgten der von Mendelssohn in Deutschland eingeführten Tradition des 19. Jahrhunderts mit aufgestocktem Orchesterapparat und großformatigem chorischen Aufgebot (dem RIAS Kammerchor mit dem St. Hedwigs-Kathedral-Chor). Vermutlich musizierte Fricsay aus den alten Ausgaben von Friedrich Chrysander. So mutig es gewesen sein mag, diese althebräischen Leidens- und Widerstandsdramen mit ihren anrührenden und ergreifenden Rezitativen, Arien und Chören in Berlin 1954/55 in einer deutschen Übersetzung einem Publikum vorzutragen, von dem nicht gewiss sein konnte, ob es für jüdisches Leid und Aufbegehren empfänglich war, so fraglich waren sie in ihrer musikalischen Ausführung. Trotz hörbaren Bemühens, an manchen Stellen in *Judas Maccabaeus* so zart und leicht, leise und behänd, an anderen Stellen wieder so energisch, aufgeregt und springend wie möglich zu sein, hätte wahrscheinlich Fricsay selbst nicht sagen können, warum der Gesamteindruck schwerfällig und auch intonationsschwach ausfiel. Es lag vor allem aufseiten der Streicher an ihrem Dauer-Legato und -Vibrato und aufseiten der Gesangssolisten (Maria Stader, Sopran, als israelitische Frau; Ernst Haefliger, Tenor, als Judas Maccabaeus; Elise Hartwig, Alt, als israelitischer Mann; Cornelius van Dyck, Tenor, als Eupolemos und Fischer-Dieskau, Bariton, als Simon) und des Chores am verzierungslosen, nicht zierlichen, sondern tremolierenden Gesangsstil, der zeitgeistbedingt von barocken Manieren weit entfernt lag, obwohl man Fricsay zugestehen muss, dass er das Problem erkannt hatte und einige Maßnahmen ergriff, um Schwerfälligkeiten zu vermeiden wie die solistische Begleitung einiger besonders empfindsamer und empfindlicher Arien.

Vom letzten Berliner Konzert Fricsays 1961 mit Haydns *Die Jahreszeiten* gibt es einen Mitschnitt als Schallplatte, ebenso besitzt das RIAS-Archiv im DLF Kultur einen Mitschnitt der ersten Aufführung im Titania-Palast im Jahr 1950. Eine dritte Einspielung hat Fricsay für die DG unternommen, an acht Tagen des Januar 1952, und zwar mit denselben Solisten (Elfride Trötschel, Sopran; Walther Ludwig, Tenor; Josef Greindl, Bass) von 1950. Die dreimalige Arbeit an diesem Werk verrät die Vorliebe Fricsays, zumal er *Die Schöpfung* nie aufs Programm gesetzt hat. Nach dem klassischen Programm des Librettisten Gottfried van Swieten wurde hier ein humanistisches, also ein um die Interessen des Menschen zentriertes Konzept des Umgangs mit der Natur oratorisch-episch und tonmalerisch entfaltet, das zwar der Natur in naiver, das heißt ironiefreier Absicht unterstellt, gerne für den Menschen da zu sein, das aber zugleich den Menschen als argloses, gutmütiges, heiteres und lebensfrohes Naturwesen hinstellt. Abzüglich solcher Illusionen verkörpern Libretto und Haydns Musik dennoch eine Naturbewunderung und eine Sorge um sie, die am Beginn einer Moderne standen, deren zerstörerische Fehlentwicklung noch nicht zu ahnen war. An der 1961er Aufführung merkt man den dramatisch aufgeladenen großoratorischen, sinfonischen Impetus, der im Großen Sendesaal von Fricsay zwar lustvoll und mit Rücksicht auf klangliche Transparenz verbreitet wurde, möchte aber dennoch der mehr kammermusikalischen Einspielung von 1952 den Vorzug geben, weil näher an Haydns Spielweisen anknüpfend.

Von der 1954er Aufführung von Rossinis *Stabat mater* gibt es einen Mitschnitt aus dem Hochschulsaal, der zeigt, wie Fricsay versuchte, dieser Musik ihre auf sängerische Repräsentation angelegte Opernhaftigkeit auszutreiben. Vieles, was man bei Rossini von einer freien und expressiven Gesangsgestaltung erwartet (aber Stader und Haefliger beherrschten das italienische Fach nicht genuin), wird von Fricsay stark abgemildert zugunsten von instrumentaler Kraft, Präsenz und scharfer Rhythmik, wodurch Rossinis bloße Begleitfunktion des Orchesters aufgehoben wird. Fricsays Einsatz für Rossinis *Stabat mater* war lobenswert, war er doch zu dieser Zeit wohl der einzige Dirigent, der dieses in Deutschland verpönte Werk überhaupt aufzuführen wagte, wenn er ihm dabei auch neue

Qualitäten abgewann, die über Rossinis Horizont gelegen haben mögen.

Verdis Requiem ist besonders beachtenswert: Es ist kein Zufall, dass Fricsay dieses Werk mehrmals aufführte und einspielte. Verdis in deutlicher Abkehr von der Oper geschriebene sakrale Chorwerke hat Fricsay stets als solche behandelt. Nach seinen ersten Versuchen, einerseits mit den Philharmonikern Anfang Oktober 1949 im Titania-Palast (wobei es manchem Zuhörer vorkam, als hätte Fricsay in einer Mischung aus Opern- und Sakralstil den richtigen Ton gefunden), andererseits zu Verdis 50. Todestag im Januar 1951 in der Städtischen Oper das Requiem aufzuführen, nahm Fricsay sich zunächst im Januar 1952 in einer öffentlichen Aufführung der *Quattro pezzi sacri* an. Zwar folgte auch er nicht dem Wunsch Verdis, die *Laudi alla vergine Maria* von einem solistischen Frauenquartett singen zu lassen, aber immerhin reduzierte er den weiblichen Chor. Der zweiten Aufführung des Verdi-Requiems im September 1953 ging wiederum eine Studioaufnahme im Juni des Jahres voraus. Hier konnte Fricsay seine Zusammenarbeit mit der kürzlich entdeckten ungarisch-schweizerischen Sängerin Maria Stader fortsetzen, die noch längere Zeit die von ihm favorisierte Sopranistin für Oper und Oratorium bleiben wird. Man muss nicht den überspannten und ihre Stimme zu der eines Engels verklärenden Äußerungen von Joachim Kaiser zuneigen, um zu finden, dass sie in dieser Aufnahme, wie auch im Oktober 1960, den Sopranpart des Requiems mit aller gebotenen Tiefgründigkeit, mit Jenseitsperspektive, einer Mischung aus Gewissheit und Zweifel mit stellenweise ätherischzarter Innigkeit sang, ohne je theatralisch zu werden oder die Kontrolle zu verlieren. Was für ihre Stimme gilt, ist auch von der gesamten Konzeption Fricsays für dieses sakrale Werk eines religiösen Agnostikers wie Verdi zu sagen.

Als Generalprobe für ein abendliches RIAS-Konzert im Februar 1953 entstand eine Rundfunkaufnahme des *Stabat mater* von Dvořák, eines fürwahr anders gearteten sakralen Chorwerks als das Rossinis auf denselben mittelalterlichen Text. Fricsay gestaltet das Besingen der sieben Schmerzen Mariä ganz aus dem Geist der Partitur als eine um einen harten chromatischen, immer wiederkehrenden Abwärtsgang gruppierte, im unentwegten Wechselspiel von

Solisten, Chor und Orchester wiederkehrende Ausformulierung einer lastenden Schwermut, mit tragisch-dramatischen Aufschwüngen, in denen fast alle aufwärts gehenden Intervallbewegungen wie atemholende Seufzer klingen. Vier der zehn Nummern stehen in einem sonderbar traurig getönten Dur. Dieses von Fricsay nur einmal aufgeführte Werk musste ihm als gläubigem Katholiken, der mit slawischer Marienfrömmigkeit vertraut war, besonders nahegelegen haben.

Sinfonieorchester des Nordwestdeutschen, Norddeutschen, Süddeutschen und Bayerischen Rundfunks

Kölner Rundfunk-Sinfonie-Orchester (KRSO)

Die intensivste Beziehung zu einem Rundfunkorchester außerhalb Berlins unterhielt Fricsay mit dem damaligen Kölner Rundfunk-Sinfonie-Orchester (KRSO) des Nordwestdeutschen Rundfunks (NWDR), dem heutigen WDR-Sinfonieorchester. Sie gipfelte in dem von ihm geleiteten Eröffnungskonzert des Großen Saals im neuen Funkhaus am Wallrafplatz am 21. Juni 1952 mit Schumanns 3. Sinfonie (›Rheinische‹). Begonnen hatte sie aber schon 1950 mit zwei Gastspielkonzerten des Orchesters in der Stadt Viersen, in deren Rahmen mit Werken von Blacher (*Paganini-Variationen*), de Falla (*Nächte in spanischen Gärten* mit Gerty Herzog), Dvořák, Bartók und Tschaikowsky keine Abweichungen von Fricsays im Entstehen begriffenen Kanon zu verzeichnen waren, wenn man nicht Werk und Solist bei Chopins 1. Klavierkonzert in e-Moll (hier mit Julian von Károlyi) zu solchen zählen will. Das 2. Abo-Konzert des Orchesters im Funkhaus im November 1951 mit Schuberts ›Unvollendeter‹, Bartóks *Tanzsuite*, Mendelssohns Violinkonzert e-Moll mit Varga und Hindemiths *Metamorphosen über Themen von Weber* wurde als zu buntscheckig empfunden, die Schubert-Sinfonie sei nur mit gezügeltem Temperament dargeboten worden.

Bemerkenswert ist Fricsays zweiter Versuch nach Glyndebourne und vor München, Mozarts Buffa *Die Hochzeit des Figaro* komplett einzuspielen, was an fünf Tagen im Mai 1951 in deutscher Sprache passierte, wobei er besonders für die weiblichen Partien (Elisabeth Grümmer als Gräfin, Hilde Güden als Susanne und Anny Schlemm als Cherubino) erlesene Stimmen gewinnen konnte. Die Begleitung der Rezitative mit einem Pianoforte war ein Zeichen radikaler Modernisierung des Instrumentariums und hatte mit dem erst später beginnenden Einsatz von Hammerflügeln aus der Entstehungszeit dieser Oper nichts gemein.

Von den Konzerten und Rundfunkeinspielungen, die sich bis März 1954 hinzogen und dann abbrachen, sind hervorzuheben: eine konzertante Aufführung von Bartóks *Blaubarts Burg* (Mitschnitt gelöscht), Strawinskys Violinkonzert in D mit Arthur Grumiaux (Gastspiel in Recklinghausen im Juli 1951), Mendelssohns Violinkonzert e-Moll mit Johanna Martzy (November 1951, hier habe Fricsay den Elan der Solistin im 3. Satz gebremst), Bartóks 2. Klavierkonzert mit Anda (März 1952), Mozarts Klavierkonzert F-Dur, KV 459 mit Clara Haskil (Mai 1952).[52]

Im Juni 1952 gastierte Fricsay mit dem KRSO in Salzburg während des Musikfests der IGNM, sie spielten das 2. Klavierkonzert von Bartók mit Anda, Strawinskys *Divertimento* und Suite zum Ballett *Der Kuss der Fee*, Hindemiths *Sinfonische Metamorphosen* und Bartóks *Tanzsuite*. Außergewöhnlich waren auch eine Gesamtaufnahme in deutscher Sprache von Verdis *Troubadour* im April 1953, ein Konzert zeitgenössischer Musik während einer Teilnahme am Neuen Musikfest Köln (die von Fricsay damit unterstützte Konzertreihe des NWDR hieß damals schon »Musik der Zeit«) mit Werken von Werner Haentjes, Constantin Regamey und Henri Dutilleux' 1. Sinfonie sowie eine Aufnahme mit vier sehr frühen Mozart-Sinfonien KV 16, 17, 43 und 73 (Oktober 1953), gefolgt von Verdis Requiem im selben Monat. Von den meisten Konzerten existieren heute keine Mitschnitte mehr.

---

52 Wegen folgender Solisten, mit denen Fricsay bisher noch nicht musiziert hatte und es auch danach nicht wieder tun wird, seien noch Beethovens 1. Klavierkonzert mit Hans-Erich Riebensahm (Juni 1952), Chopins 1. Klavierkonzert mit Cor de Groot (Dezember 1952), Tschaikowskys Violinkonzert mit Christian Ferras (Mai 1953), Mozarts Klavierkonzert D-Dur, KV 537 mit Carl Seemann (Juni 1953) und Tschaikowskys *Rokoko-Variationen* für Violoncello und Orchester mit André Navarra (Oktober 1953) erwähnt.

Sinfonieorchester des Norddeutschen Rundfunks (NDR)

Verglichen mit Fricsays Auftritten in Köln waren jene in Hamburg eher sporadisch, erstreckten sich aber verstreut über einen längeren Zeitraum von 1952 bis 1961. Wir besitzen Mitschnitte von Bartóks *Divertimento für Streichorchester* aus dem Februar 1952 (Konzert in der Musikhalle Hamburg), Brahms' 1. Sinfonie aus dem Februar 1958 (ebendort), nicht aber die Aufnahme einer Studio-Produktion von Bergs *Wozzeck* vom 18. bis 30. April 1959. Hingegen hat sich der gemeinsame Mitschnitt von Kodálys *Psalmus hungaricus* und Rossinis *Stabat mater* aus einem Konzert in der Hamburger Musikhalle mit dem NDR-Orchester und -Chor sowie dem RIAS Kammerchor aus dem November 1959 erhalten. Auch der Mitschnitt des NDR von Honeggers *König David* ist erhalten geblieben wegen der Beteiligung des NDR-Chors an der Berliner Aufführung im Februar 1961.

Südfunk-Sinfonieorchester des Süddeutschen Rundfunks (SDR) Stuttgart

Abgesehen von zwei Interviews mit Fricsay im Vorlauf zu den folgenden Konzerten in den Jahren 1950 und 1955, von der Fernsehaufzeichnung der Proben von Smetanas *Die Moldau* mit dem SDR-Symphonieorchester und von dem posthumen Porträtfilm über Fricsay aus dem Jahr 1967 sind drei Konzerte Fricsays mit dem Stuttgarter Orchester bekannt: Das Erste fand bereits im Januar 1950 statt, es wurden unter anderem Blachers *Orchestervariationen über ein Thema von Paganini* gespielt, das Zweite war das Eröffnungskonzert zur »Woche der Leichten Musik« im Oktober 1955 mit parallelen Aufnahmen im Studio Villa Berg mit Rossinis Ouvertüre zu *Reise nach Reims*, Strauss' Burleske für Klavier und Orchester, Honeggers *Concertino für Klavier und Orchester* mit Margrit Weber, Kodálys *Tänze aus Galánta*, Ravels *Bolero* und *Caboclo – Brasilianisches Porträt* von Bernd Alois Zimmermann – ein anspruchsvolles Programm unter mutigem Etikett, 2019 von SWR Classic als CD veröffentlicht.

An acht Tagen im März 1953 unternahm Fricsay mit dem Symphonieorchester des damals noch selbständigen Südwestfunks Baden-Baden (SWF) Aufnahmen und ein Sendekonzert mit geladenen Gästen. Aufgenommen wurden entsprechend ungenauer Angaben Bartóks *Tanzsuite*, eine Sinfonie (entweder eine von Haydn oder Mendelssohns *Italienische*), Janáčeks *Sinfonietta* (das wäre die erste und einzige Aufnahme dieses Werks mit Fricsay gewesen); gesendet wurden Bartóks *Divertimento*, Liszts Klavierkonzert A-Dur und Tschaikowskys 4. Sinfonie.

Symphonieorchester des Bayerischen Rundfunks (BR)

Konzerte und Einspielungen mit dem Sinfonieorchester des BR sind nicht besonders zahlreich, denn in den Jahren seines Münchner Aufenthalts 1954–56 wollte Fricsay offensichtlich ähnliche Konflikte wie in Berlin zwischen dem Opernorchester (hier dem Bayerischen Staatsorchester) und dem Rundfunkorchester (hier dem des BR) vermeiden und engagierte sich außer für die Reihe *musica viva* von Karl Amadeus Hartmann nicht am Rundfunk. Wir besitzen Berichte über das erste Konzert, das Fricsay überhaupt in München gab (mit anschließendem Gastspiel in Rom mit demselben Programm) im November 1951 mit dem BR-Symphonieorchester mit Bartók, *Deux Portraits* (gelobt wurde Fricsays Klang- und Formsinn und dass er ein hervorragender Rhythmiker sei), Mendelssohns Violinkonzert e-Moll mit Tibor Varga (virtuos, aber kalt, nicht immer kultiviert) und Tschaikowskys *Pathétique* (Fricsay als Techniker des Taktstocks, präzis, aber stimmungs- und ausdrucksmäßig schwach, Fehlen des letzten seelischen Ausschwingens).

Im Juli 1958 wurde im Rahmen der Sendereihe »Musikaleum« im BR ein Gespräch mit Fricsay über das Für und Wider zu Richard Wagner und eine Wiedergabe des von ihm dirigierten *Siegfried-Idylls* mit dem BR-Symphonieorchester gesendet. Beim vierten Konzert des Orchesters im November 1960 dirigierte Fricsay Haydns 101. Sinfonie (*Die Uhr*), Annie Fischer spielte Bartóks 3. Klavierkonzert, und es erklang Tschaikowskys *Symphonie pathétique*.

Ein einziges Konzert ist bekannt geworden mit dem Symphonieorchester des Hessischen Rundfunks: am 4. November 1955 mit

Bartóks *Concerto für Orchester* (klar und trotzdem voller Poesie, keine Konzessionen) und Schuberts 8. Sinfonie C-Dur (mit *wirklich* himmlischen Längen und begeisterter Zustimmung des Publikums).

Europäische Rundfunkanstalten

Fricsay profitierte von der und beschleunigte die Internationalisierung des musikalischen Austauschs von sogenannter klassischer Musik auf dem Sektor der Radiofonie nach dem Zweiten Weltkrieg. So realisierte er relativ häufig Zusammenarbeiten mit nichtdeutschen Rundfunkanstalten in Europa.

Radio italiana (RAI) schnitt für Fricsay programmatisch typische, aber auch außergewöhnliche Konzerte mit wie zum Beispiel jene in Florenz im November 1950 mit Werken von Hindemith, Egk und Blacher, in Turin im März 1951 mit den örtlichen Philharmonikern mit dem Werk eines zeitgenössischen italienischen Komponisten und dem Pianisten Aldo Ciccolini, wie auch im Februar 1952 mit Haydns sonst von ihm nicht aufgeführter *Sinfonia concertante*, in Rom im März 1953 mit einem Konzert von »Telemann o altro autore tedesco«, einer Bach-Kantate und Martinůs Sinfonietta *La Jolla* (wie es in den Vereinbarungen heißt) wie auch die von ihm bevorzugte Kombination von Kodálys *Salmo ungarico* und Rossinis *Stabat mater* im April 1956. Sensationell war eine von RAI getragene Gesamteinspielung von Kodálys ungarischem Singspiel *Háry János* in einer italienischen Version von Carlo Emilio Gadda[53].

Des Öfteren wurde auch der Schweizer Rundfunk aktiv, und immer wieder mischen sich selten oder nur dieses eine Mal gespielte Stücke unter die Programme, zum Beispiel als beim Radio Beromünster/Studio Zürich für die Aufnahme eines der Konzerte im November 1950 mit dem Studio-Orchester Beromünster von Einems *Serenade*, Blachers Klavierkonzert mit Gerty Herzog und Prokofjews *Symphonie classique* mitgeschnitten wurden, oder bei einem Konzert in Kreuzlingen am 3. Mai 1955 mit Haydns 98. Sinfonie,

---

53   Siehe dazu Näheres im Kodály-Abschnitt des Moderne-Kapitels.

Konzertarien von Mozart mit Lisa della Casa und Beethovens 1. Sinfonie, bei einer Studioaufnahme im Januar 1956 mit der Kantate *Pour le retour de la paix* von Michel Pignolet de Montéclair (mit Flore Wend, Sopran).

Fernsehproben und -konzerte, Interviews, Fernseh-Porträtfilm und DVD

Das früheste Fernsehdokument, mit dem Fricsay nur indirekt zu tun hatte, war eine Fernsehinszenierung des Bayerischen Rundfunks von Mozarts *Die Entführung aus dem Serail* im Januar 1956, mit Playback-Technik wurden den Schauspielern Gesangstimmen und das RIAS-Orchester aus Berliner Bandaufnahmen unterlegt. Des Weiteren existieren als vereinzelte televisionäre Vorläufer Ausschnitte aus der Generalprobe zur Münchner Aufführung von Mozarts *Figaro* durch das Fernsehen des BR vom Juni 1958. Am 1. Juli 1958 wurde eine Fernsehaufnahme von Wagners *Siegfried-Idyll* mit dem BR-Orchester gemacht, einem stimmungsvollen, raffiniert komponierten Kammerorchesterstück, das Fricsay ohne Bekenntnis zu Wagners Doktrinen musizieren konnte. Ebenso existieren vom SFB-Fernsehen Probenausschnitte aus der Einstudierung von Mozarts c-Moll-Messe für die Eröffnung des renovierten Großen Sendesaals im September 1959.

Eine neue Form der Musikvermittlung an neue Hörerschichten, besonders solche, die noch nicht regelmäßig Konzerte besuchten, als eine Aktivität innerhalb des Informations- und Unterhaltungsmediums Fernsehen mit durchaus pädagogischer Absicht, besonders für Jugendliche, entwickelte der SFB Anfang der 1960er Jahre zusammen mit Fricsay. Trotz einiger kulturkritischer Alarmglocken war Fricsay von der positiven Wirkung solcher Veranstaltungen auf den breiten Musikgeschmack, um Interesse an Musik zu wecken, überzeugt. Vertragsentwürfe mit dem SFB aus dem November 1960 über Fernseheinspielungen und -übertragungen in den Jahren 1961–63 sahen Aufnahmen abwechselnd mit dem RSO und den Berliner Philharmonikern vor und wurden im Januar 1961 öffentlich angekündigt. Dazu ist es dann nicht mehr gekommen.

Der Süddeutsche Rundfunk veranstaltete im Februar 1960 die Fernsehaufnahme einer Probe des SDR-Sinfonieorchesters mit Fricsays Einstudierung von Smetanas *Moldau*, deren hörbarer Teil von der DG als Schallplatte und deren sichtbarer später als DVD übernommen und mehrfach verbreitet wurde, ebenso wie die Proben und Aufführungen von Dukas' *Der Zauberlehrling* und Kodálys *Háry János-Suite* durch den SFB 1961. Auch während einer Gastspielreise mit dem RSO nach London wurde von der dortigen BBC am 9. Mai 1961 eine Fernsehaufnahme von Rossinis Ouvertüre zu *Die seidene Leiter*, Beethovens 3. *Leonoren*-Ouvertüre und des 1. Violinkonzerts in g-Moll von Bruch mit Menuhin gemacht, und sie ist heute noch als DVD bei Medici Artist erhältlich. Für Teile von Mozarts Messe in c-Moll gibt es eine Fernsehaufnahme von der Probenarbeit im Großen Sendesaal am Vormittag des 28. September 1959. Weitere Fernsehaufnahmen waren mit dem SFB von der Hauptprobe und der Opernhauseröffnung in der Bismarckstraße mit Mozarts *Don Giovanni* vereinbart.

Fricsays Art zu dirigieren und zu proben lässt sich nach diesen visuellen Eindrücken charakterisieren als instruktiv und suggestiv zugleich, fordernd und aufmunternd, verlässlich und präzise. Er trägt die Musiker und funktioniert in ihrem Interesse und Sinne, er koordiniert und animiert und lässt keinen Zweifel an seinen Wünschen, arbeitet auch mitunter mit klangmalerischer Gestik. Seine Erläuterungen sind anschaulich und kommen aus einem Verständnis der inneren Form (er nennt es »Inhalt«) des Komponierten. Dass Musikmachen mit Orchester für ihn (im Gegensatz zu seiner Auswahl von Solistinnen) eine reine Männersache gewesen war, schien ihm aus seiner ungarischen Militärzeit so sehr in Fleisch und Blut übergegangen zu sein, dass er gar nicht merkte, wie unsinnig und respektlos es war, die vor ihm versammelten Musiker, unter denen stets auch Frauen, zumindest im Streicherchor, sichtbar waren, mit »Meine Herren« anzureden.

Rundfunkanstalten und/oder die DG nahmen auch Interviews mit Fricsay auf, bereits 1948 interviewte im RIAS Hans Heinz Stuckenschmidt Fricsay zu seinem Start in Berlin und der Inszenierung von Verdis *Don Carlos*. Als besonders authentisch wird das Gespräch angesehen, welches die DG in Fricsays Haus in Ermatingen während der sonst unproduktiven Krankheitsperiode im Jahr 1962 mit ihm organisierte und das unter dem Titel »Erzähltes Leben« ein von Fricsay gesprochenes Selbstporträt wiedergibt. Von einem weiteren längeren intimen Gespräch im Ermatinger Haus, vermutlich aus dem Zeitraum 1960/61, gibt es im Nachlass nur schriftliche Transkriptionen der [Ton]Bänder II und III. Der Verbleib des ersten Bandes sowie die Herkunft und Hintergründe dieses Gesprächs und Informationen darüber, von wem es geführt wurde, müssen leider unklar bleiben.

Fricsays Stimme klingt rein phonetisch ähnlich wie die vieler anderer Deutsch sprechender Ungarn, sehr charmant, nicht ganz fehlerfrei, doch man merkt ihm den Willen an, ein elaboriertes, kultiviertes Deutsch zu sprechen, mit möglichst vielen ausgesuchten, ausgefallenen, charakteristischen, an deutscher Literatur geschulten Ausdrücken. Inhaltlich verraten diese Interviews (oder täuschen vor) ein in sich ruhendes, abgerundetes Selbstbild, das zwar vieles verschweigt oder beschönigt, um das Reden über sich, sein Schicksal und seine Laufbahn nicht zu einer Klage oder Anklage werden zu lassen – insofern ist es aus Stolz und Scham gemischt –, und es lässt Selbstkritik und Ironie zu, entfaltet sein Leben und seine Auffassung davon als Exempel einer Künstlerexistenz des 20. Jahrhunderts. Gradlinigkeit und einerseits durch Zielstrebigkeit, andererseits durch Zufälle hervorgerufene glückliche Wendepunkte und Hoffnung auf eine positive Lösung der Konflikte – so kennzeichnet Fricsay seinen Weg und seine Haltung.

Der *Fernseh-Porträtfilm* des SDR von 1967 zeigte neben längeren Ausschnitten aus der Probenarbeit mit dem Stuttgarter SDR-Orchester an Smetanas *Moldau* und mit dem Berliner RSO an Kodálys *Háry János-Suite* mehrere Interviews mit Elsa Schiller, Gottfried von Einem, Egon Seefehlner und Heinrich Geuser, die persönliche Erfahrungen mit dem Musiker Fricsay preisgaben und ihn und seine künstlerische Arbeit absetzten vom sonst grassierenden Musikgeschäft. Ein weiterer Teil zeigte mithilfe von privatem Material das familiäre Leben im und ums Ermatinger Haus, auch Fricsays Mutter, die in dem Haus wohnte, war zu sehen sowie die Terrasse mit den wechselnden zahlreichen Besuchern und die Herzlichkeit im Umgang mit dem schwer kranken Künstler. Es sind bewegte und bewegende Bilder von herzergreifender Intensität, die den Verlust, den die Musikwelt 1963 mit dem frühen Tod dieses Dirigenten erlitt, anschaulich machen.

Stephen Wright und Gérald Caillat haben im Jahr 2008 aus dem vorhandenen verstreuten Bildmaterial einen eindrucksvollen 50-minütigen Film zusammengestellt, der als DVD-Video unter dem Titel *Fricsay – Music transfigured. Remembering Ferenc Fricsay. Une vie trop brève* auf dem Markt ist (im Rahmen des classic archives der Firma medici arts). Zu Aufnahmen aus Budapest, Szeged, Salzburg, Berlin, München, London und Ermatingen kommen Ausschnitte aus Proben und Aufführungen sowie Interviews mit Tamás Vásáry, Antonio Pappano, Dietrich Fischer-Dieskau, Lutz von Pufendorf und Kurt Masur.

6 Gastdirigent bei Städtischen Orchestern in Berlin, München und Wien

Berliner Philharmoniker

Insgesamt gab Fricsay neun Konzerte mit den Berliner Philharmonikern, das erste bereits im Dezember 1948, kurz nachdem er das RIAS-Orchester zum ersten Mal dirigiert hatte. Er durfte für Eugen Jochum einspringen und nutzte die Gelegenheit, seine besonderen Qualitäten überzeugend zu demonstrieren. Das Orchester hatte zu diesem Zeitpunkt keinen Chefdirigenten; Furtwängler, der dieses Amt 1934 niedergelegt hatte und 1935 ohne Amt an die Spitze des Orchesters zurückgekehrt und seit 1945 suspendiert war, um sich bis 1952 »entnazifizieren« zu lassen, war noch nicht ans vakante Chefpult zurückgekehrt. Leo Borchard war durch eine verirrte Kugel tödlich verunglückt, doch Sergiu Celibidache nahm die künstlerische Leitung wahr, sodass die Berliner Nachkriegs-Zuhörer im Titania-Palast durchaus anspruchsvolle Darbietungen vonseiten der Philharmoniker gewohnt waren. Fricsay wagte seinen Einstieg bei diesem Orchester, das gerade von einer ersten Versöhnungs-Tournee durch England zurückgekehrt war, sogar mit Beethoven, allerdings mit dessen 1. Sinfonie, die nicht den kanonisierten teutonischen Beethoven-Furor auslöste, dafür aber einen in Berlin ungewohnten Ausdruck von Schönheit und Heiterkeit, von Klarheit und Transparenz annahm (»Spielen Sie, bitte, kein Drama, spielen Sie Komödie!«, wie Fricsay den Musikern während einer Probe zurief). Den lange Zeit in Berlin nicht mehr aufgeführten Bartók konnte sich Fricsay nicht versagen, und so ließ er die *Deux Portraits* spielen und konnte mit dem Idealklangbild und dem grotesken Zerrklangbild als orchestrale Stücke mit Solovioline (von Siegfried Borries charmant gemeistert) den Bartók-Entzug für die Berliner beenden und sie für dessen Musik begeistern. Die Aufführung der *Pathétique* rüttelte vor allem durch das straffe Geschwindmarsch-Tempo des Scherzos und die Pianissimi des finalen Lamentos an den Nerven der Zuhörer, servierte ihnen aber einen entrümpelten Tschaikowsky.

Als nächstes beendeten die Philharmoniker die Saison 1948/49 im Juli 1949 unter Fricsays Leitung im Titania-Palast mit Werken von Blacher, Bartók und Schubert (große C-Dur-Sinfonie). In der Saison 1949/50 spielten sie unter Fricsay Anfang Oktober das Requiem von Verdi, im November ein schlecht besuchtes Konzert mit der Berliner Erstaufführung von drei Sätzen aus Schönbergs Suite im alten Stil für Streichorchester, Kodálys Variationen über ein ungarisches Volkslied und Dvořáks 9. Sinfonie, des Weiteren im April 1950 ein Programm mit Rossinis *Seidene Leiter*-Ouvertüre, Haydns 4. Sinfonie D-Dur, Smetanas *Moldau*, Bartóks *Divertimento für Streicher* und Strauss' *Till Eulenspiegel*.

Wieder sollte Fricsay das Abschlusskonzert der folgenden Saison im Juni 1950 dirigieren mit Mendelssohns Ouvertüre, Scherzo und Nocturno aus der Musik zu *Ein Sommernachtstraum*, Bartóks 2. Violinkonzert mit Sirio Piovesan, Mozarts *Bläser-Concertante* und Beethovens 3. *Leonoren*-Ouvertüre, doch es scheint, als sei es bei der Ankündigung geblieben. Für die DG erfolgte im Januar 1951 eine Einspielung von Bartóks 2. Violinkonzert mit Tibor Varga.

Erst im Januar 1957 tritt Fricsay dann wieder vor die Philharmoniker zu einem Konzert zur Einweihung des Ernst-Reuter-Saals im Rathaus Reinickendorf und zwei Konzerten im Hochschulsaal mit Strawinskys *Jeu de cartes* (Mitschnitt wurde gelöscht), Händels Konzert für Harfe und Orchester mit Zabaleta, Ravels *Introduktion und Allegro* in einer Bearbeitung für Harfe und Orchester, Schuberts großer Sinfonie C-Dur (von »keinem innerlichen Verhältnis des Dirigenten zu ihr und unpräzisem Spiel«, schrieb der eine, von »Idealität in der Präzision des Zusammenspiels und der Durchleuchtung des Klangbildes« der andere Kritiker, der Mitschnitt wurde gelöscht).

Zum Jahreswechsel 1957/58 erklang Beethovens prätentiöse 9. Sinfonie in einer ungewöhnlichen, das Inhumane dieser angeblich humanistischen Musik ungewollt bloßstellenden Darstellung; die Rede war davon, dass für Fricsay die musikalische Klassik nicht ererbter Besitz sei, sondern von ihm erobert werden müsse (kraftvolle Exaltation, das Scherzo eine Mischung aus rustikaler Kraft und Eleganz, das Adagio zu klarer Linearität gelichtet, herbe Größe des Chorfinales, Wille zu Extremen). Ein weiteres Konzert im Oktober 1959 brachte Mozarts Sinfonie A-Dur (KV 201), Mahlers

Kindertotenlieder (mit Fischer-Dieskau) und Kodálys *Háry János-Suite*. Sein letztes Konzert mit den Berliner Philharmonikern gab Fricsay im Januar 1960 mit dem 2. Klavierkonzert von Brahms mit Anda (das dann während einer viertägigen Studio-Produktion im Mai 1960 für die DG in Stereo aufgenommen und mit dem Gro-ßen Deutschen Schallplattenpreis ausgezeichnet wurde) und mit Brahms' 2. Sinfonie, ebenfalls mit anschließender Stereoaufnahme im Mai.

Dreimal hat sich Fricsay mit den Philharmonikern der Schau-spielmusik Mendelssohns zu Shakespeares *Ein Sommernachts-traum* angenommen. Das erste Mal zum Saisonabschluss im Juni 1950 mit drei rein orchestralen Stücken daraus: der schon in Men-delssohns Jugend als selbständiges Konzertstück komponierten Ou-vertüre sowie dem Scherzo und dem Nocturne. Vielleicht aufgrund dieser positiven Konzerterfahrung unternahm Fricsay für die DG im Jahr 1951 die Einspielung einer etwas größeren Auswahl von ins-gesamt neun Stücken, darunter auch zwei Gesangsnummern: das Gute-Nacht-Lied zweier Elfen (Rita Streich, Sopran, und Diana Eu-strati, Alt) mitsamt dem Elfenchor (RIAS Kammerchor) und aus dem Finale nur der Gesang des Elfenchors mit einem Lied der ers-ten Elfe samt aus der Partitur arrangierter orchestraler Vor-, Zwi-schen- und Nachspiele. Zu den drei genannten orchestralen Stücken kamen hier noch Elfenmarsch, Intermezzo, Hochzeitsmarsch und Rüpeltanz. Die ganze Einspielung war von einer intensiven Klang-lichkeit erfüllt, Mendelssohns wechselnd schwebende oder hand-feste Klangregie und der Wechsel der Instrumentengruppen kamen wunderbar zur Geltung.

Als eine kleine Sensation darf man wohl bezeichnen, dass es damals möglich war, das ganze Schauspiel von Shakespeare an drei Abenden im Januar 1952 in der Schlegel-Tieck-Übersetzung zu ge-ben, mit Mendelssohns Musik, die außer den Zwischenaktmusiken auch in die Handlung implantierte Lieder, Melodrame, Chöre und Tänze enthält, mit den Berliner Philharmonikern, Rita Streich und Diana Eustrati als Elfenstimmen im West-Berliner Schillertheater in einer Inszenierung von Boleslaw Barlog. Das war eine Wiedergabe von Mendelssohns Musik wie sie der Komponist sich einzig hat vor-stellen können: als ein musikalisches Beiwerk zum Theaterstück, das aber nicht unerheblich zu dessen Dramatisierung und Intensivierung beiträgt. Musik und Gesang kamen aus einem verhüllten, verborgenen Orchesterraum, es gab keine singenden Schauspieler. Ob die umfangreichen Melodrame musiziert wurden, geht leider aus den vorhandenen Berichten nicht hervor.

Zu den öffentlichen Konzerten kam eine Reihe von Einspielungen für die DG.

Ein von Elsa Schiller geplanter Zyklus aller Beethoven-Sinfonien mit Fricsay zog sich von Januar 1953 (1. Sinfonie) bis September 1961 (5. Sinfonie) in die Länge, umfasste außer diesen beiden Eckpunkten noch die 3., 7., 8. und 9. Sinfonie und kam ohne die 2., 4. und 6. nicht zum Abschluss. Die Gründe dafür liegen nicht offen zutage, Unzufriedenheit aufseiten Schillers, die wohl dieses Repertoire bei Karajan besser aufgehoben fand und ihn dann auch verpflichtete, oder Zögern vonseiten Fricsays, der die nicht eingespielten Sinfonien auch öffentlich nie präsentierte, könnten bestimmend gewesen sein. Die vorhandenen Einspielungen zeigen einen schönen, kräftigen, erhabenen Beethoven voll Anmut und Würde mit kleinen Exaltationen, besonders in der 8. Sinfonie, präzise musiziert in straffen Tempi, mit lichter Transparenz in der Abgrenzung und Mischung der Orchestergruppen.

An zwei verschiedenen Terminen des Jahres 1953 (im Januar und zum Monatswechsel Juni/Juli) ließ Fricsay zwei Stücke aus dem Zyklus *Mein Vaterland* von Bedřich Smetana mit den Philharmonikern aufnehmen: *Die Moldau* und *Aus Böhmens Hain und Flur*. Erstaunlich ist hier, wie viele Feinheiten, die meist bei Einspielungen dieser beliebten Stücke verloren gehen, hier präsent und hörbar sind, was eindeutig an der nuanciert abgestuften Dynamik liegt, wodurch selbst leise stoßende Trompeten noch ihre Akzente setzen können. Dass die hier in Musik gesetzte Heimatschilderung und -liebe nicht nur naiv glücklich ist, sondern auch das Unheimliche kennt, wird an mehreren Stellen dieser Stücke deutlich, besonders, wenn sich die sordinierten Streicher pianissimo mit ihrer schmerzlichen Figur durch alle Stimmen schlingen oder der ausgelassene Furiant immer wieder von Bläserakkorden eingetrübt und vorübergehend zum Stillstand gebracht wird. Ähnliches gilt aus dem Bereich der böhmischen Musik für Fricsays Philharmoniker-Einspielung von Dvořáks 9. Sinfonie, die eine ähnliche Steigerungsdynamik aufweist wie die weiter oben beschriebene Einspielung mit dem RIAS-Orchester.

Die Einspielung des 2. Klavierkonzerts von Brahms mit Anda im Mai 1960 lässt daran erinnern, dass Brahms selbst dieses Konzert 1881 in Budapest uraufgeführt hat, die Elemente *all'ungherese*, besonders im Finalsatz, sind unüberhörbar.

Aus den Jahren 1949 und 1953 stammen die Einspielungen mit den Philharmonikern von Tschaikowskys 5. und 6. Sinfonie. Nirgends als in dieser *Symphonie pathétique*, aber auch in der e-Moll-Sinfonie ist Fricsays frühere Tendenz mehr spürbar, falsches Pathos allein schon durch ein intrikat schnelles Tempo zu vermeiden. Im Vergleich mit der späteren Einspielung mit dem RSO geht es hier nicht um Sekunden, sondern um Minuten, um die die Sätze schneller gespielt werden und kürzer dauern. Das Innige, Kraftstrotzende, Tändelnde und Elegische sind in ein drängendes Fließen eingebettet, das aber der Genauigkeit, Ausgeglichenheit und Stimmigkeit der Wiedergabe keinen Abbruch tut.

Bayerisches Staatsorchester München

Trotz der Querelen mit der Bayerischen Kulturverwaltung und mit den selbsternannten Advokaten eines vermeintlichen Münchner Publikumswillens unter den Musikkritikern entwickelte sich zwischen Fricsay und dem Bayerischen Staatsorchester, das Opern- und Konzertorchester in einem war, auch außerhalb der Opernauftritte und für die sogenannten Akademiekonzerte des Orchesters eine freundschaftliche und produktive Atmosphäre, und es gab seit der Spielzeit 1956/57 etliche Konzerte mit ihm. In Ermangelung von Tondokumenten werden hier Meinungen der Musikkritik stichwortartig mitgeteilt. Der Einstieg erfolgte denkbar lokalpatriotisch mit einem Richard-Strauss-Gedenkkonzert am 8. September 1956, entsprechend einer Münchner Tradition zum Todestag des Komponisten, des »größten Sohnes der Stadt«. Man hörte galante, graziöse, delikate Werke von Strauss mit musikantischem Esprit und ohne Schwergewicht; von aufgemunterten Musikern gespielt erklangen die Suite *Der Bürger als Edelmann*, die Burleske für Klavier und Orchester, das Oboenkonzert und *Till Eulenspiegels lustige Streiche.*

Gleich Anfang November schaltete Fricsay auf das von ihm bevorzugte Repertoire um: Es gab Kodálys *Psalmus hungaricus* (flehentlich, klagend, jubelnd) und Rossinis *Stabat mater* (straff, plastisch, fein dynamisch abgestuft). Anfang Dezember folgte mit Mozarts *Haffner*-Sinfonie ein angeblich missglückter Auftakt des Konzerts (gestampft, verschleppt, glanzlos, jäh, hektisch – so hatte man Mozart im geschmäcklerischen München wohl noch nie gehört), dann Bartóks *Divertimento* (mit Stimmungswechseln und Verve musiziert) und Beethovens *Eroica* (fern von falschem Pathos, mit transparenter und schwungvoller Klangentfaltung).

Im Mai 1957 dirigierte Fricsay eine Uraufführung von Everett Helm, die Fricsay und dem Staatsorchester gewidmete *Serenade für kleines Orchester*, dann Mozarts Klavierkonzert B-Dur mit Clara Haskil und Schuberts große C-Dur-Sinfonie. Im August 1957, während der Münchner Opern-Festspiele, erklang unter Fricsays Leitung Beethovens 9. Sinfonie, und es herrschte allgemein Verwunderung darüber, dass er anderen Dirigenten die Opern überließ, vermischt mit dem üblichen Gerede (›die Neunte‹ als »ein Abschluss, der eine Fortsetzung der symphonischen Form sinnlos gemacht hat«, etc.). Es muss eine imposante Aufführung gewesen sein, obwohl sie wegen Fricsays Erkrankung ohne Generalprobe auskommen musste.

Anfang November 1957 ließ Fricsay Honeggers *König David* anstelle einer der traditionellen Requiem-Aufführungen an Allerheiligen in München folgen. Man erörterte den oratorischen Charakter des Werks zwischen Drama, Hymnus und Lied, seine Analogien zu Bachs Passionen, zwischen Debussy und Strawinsky stehend, man hob Fricsays Betonung des lapidaren und zugleich drastischen und lyrischen Charakters des Stücks hervor.

Anfang Dezember folgten im Herkulessaal Kodálys *Tänze aus Galánta*, Beethovens 3. Klavierkonzert mit Annie Fischer (nobel, aber ohne Funken, es wurde einen Tag später für die DG aufgenommen) und Tschaikowskys 5. Sinfonie (enterotisiert, lieb- und leidenschaftslos, gepeitschtes Finale mit motorischem Elan, Tartarensturm im Prestissimo, Steigerung nur durch Instrumentation und Dynamik).

Im April 1958 gestaltete Fricsay ein Fernsehkonzert mit Johann-Strauß-Werken als Benefizkonzert für den Wiederaufbau des Münchner Nationaltheaters. Im Mai gab er ein Brahms-Konzert, Géza Anda war im 2. Klavierkonzert B-Dur der Solist, dem man bescheinigte, selbst bei Oktaven und Sechzehntel-Skalen nicht starr gespielt (»Klarheit und Intensität jeder Phrase«), außerdem einen »homöopathischen Gebrauch des Pedals« genommen und die ungarischen Elemente dieses Konzerts hervorgehoben zu haben, während Fricsays Dirigat »ohne Beschwörung des geistigen Inhalts« der Musik, nur auf Rhythmik und Dynamik bezogen gewesen sein sollte. Brahms' 2. Sinfonie D-Dur erklang mit klanglicher Delikatesse »als Pastorale eines Sommertags in den Karpaten«. Beide Werke wurden im Kongresssaal des Deutschen Museums mitgeschnitten und sind im Archiv des Bayerischen Rundfunks erhalten.

Im November wurde Verdis Requiem durch Fricsays Interpretation als aller opernhaften Elemente entkleidet, erstmals als sakrales Werk empfunden, man habe trotz Perfektion keine Kühle, sondern durchglühte Musik gehört. Maria Stader konnte in diesem letzten Münchner Konzert Fricsays vor seiner ersten längeren Krankheitsphase das zarte Gewicht ihrer klaren Stimme präsentieren.

Im März 1960, bei seinem ersten Konzert mit dem Staatsorchester nach der Krankheit, sei ein verwandelter Fricsay aufgetreten, er habe ohne Taktstock dirigiert und mit »durchdachter Zeichensprache, musikalisch perspektivischere, gefühlsmäßig tiefere Wirkungen« erzielt bei Bartóks *Divertimento*, Rachmaninows *Rhapsodie über ein Thema von Paganini* (mit Margrit Weber, die der Partie nicht gewachsen gewesen sein soll) und Dvořáks Sinfonie ›Aus der neuen Welt‹ (gegen Routine gerichtete neuartige Übergänge und melodramatische Züge).

Der Mitschnitt eines weiteren Münchner Brahms-Konzerts im Mai 1960, diesmal mit dessen 1. Klavierkonzert in d-Moll mit Géza Anda und der 4. Sinfonie, wurde gelöscht. Neben Brahms blieb Beethoven der von Fricsay für das Münchner Publikum bevorzugte Komponist, und so gab es Ende Mai 1961 ein reines Beethoven-Konzert mit der *Egmont*-Ouvertüre, dem Klavierkonzert c-Moll (wieder mit Géza Anda) und der 7. Sinfonie. Man sprach Fricsay einen neuen Espressivo-Stil zu, hörte ein Atmen des Orchesters, eine Verlangsamung und Vereinheitlichung der Tempi, ein atemversetzendes Finale (ein anderer Kritiker fand es »eher ehrfürchtig als überzeugend«), ein Allegretto als melancholisches Andante, mit dickem Klang durch Verdoppelung der Bläser.

Auch jenseits der Aufführungen in der Bayerischen Staatsoper entwickelte Fricsay mit der DG Pläne zu Opernaufnahmen mit dem Münchner Orchester, und so gab es zunächst eine im Juli 1957 im Münchner Herkulessaal begonnene und im September in Berlin fortgesetzte Studioeinspielung von Beethovens *Fidelio* mit dem Bayerischen Staatsorchester, dem Staatsopernchor und von Fricsay ausgesuchten Solisten. Auffallend sind hier das zügige Tempo, das in allen Nummern herrscht und sie dicht aneinanderschließt, sowie das prononcierte Parlando, in dem die Verhandlungen der Protagonisten ablaufen; die Schürzung des Knotens und der Drang zur Befreiung durchpulsen das ganze Werk. Von allen Schwerfälligkeiten einer tragischen Szenerie befreit, entfaltet sich die Musik als eigentliche Triebkraft des Geschehens. Auf *Fidelio* folgten im Januar 1958 ein Opernquerschnitt aus Bizets *Carmen* für die Schallplatte mit völlig anderen Solisten als in der Berliner Einspielung von 1951, es waren nur die sogenannten Highlights, aber Fricsays Liebe zu diesem Stoff und der delikaten Musik sind allzeit hörbar.

Wie eng die menschlichen Beziehungen Fricsays zu einzelnen Musikern des Münchner Orchesters geworden waren wird dadurch bezeugt, dass Fricsay noch in der Endphase seines Lebens, als er viele beste Freunde um sich zu versammeln pflegte, auch den Konzertmeister des Bayerischen Staatsorchesters am 12. Dezember 1962 bat, noch vor dem 20. Dezember nach Ermatingen zu kommen; dieser musste per Telegramm absagen, weil es ihm unmöglich war zu kommen wegen der Premiere des *Palestrina* von Hans Pfitzner.

Bereits am 18. November 1962 hatte sich Fricsay an den Konzertmeister gewandt und von überwiegend schönen Erinnerungen an die künstlerische Zusammenarbeit geschrieben. Jetzt aber wäre eine Sache der Menschlichkeit gefragt. Ein ehemaliges Orchestervorstandsmitglied wäre todkrank und in materieller Not. Fricsay schilderte dessen familiäre und finanzielle Situation und bat um Hilfe aus den Reihen des Orchesters. Sensibilisiert durch seine eigene Krankheitserfahrung schrieb er:

»Da man sich in der Oper nur auf Paragraphen stützt und das Menschliche
nicht in Betracht ziehen kann – was eigentlich dem Sinn eines kunstausüben-
den Instituts, das Abend für Abend nur mit Schönem und Menschlichem zum
Trost und zur Aufheiterung der Menschen dienen soll, widerspricht, wenn es
in dem Moment, wo es tatsächlich um Menschenliebe, Menschenleben und
Hilfe geht, sich wie gesagt hinter Paragraphen verschanzt – ist eine Hilfe von
dieser Seite nicht zu erwarten.«[54]

Er machte den Vorschlag, dass alle Orchestermitglieder monatlich
5 DM in einen Fonds zur Unterstützung notleidender ehemaliger
Kollegen einzahlen sollten, und der betreffende Kollege davon zunächst 60 % ausgezahlt bekommen sollte, um seine Erholung und
sein Wohlbefinden zu gewährleisten. Fricsay drückte noch die Hoffnung aus, mit dieser Initiative nicht eine Linie überschritten zu haben, die ihm einem geschlossenen Klangkörper gegenüber gegeben
sei, und schloss mit der Bitte, diesen Vorschlag mit Taktgefühl und
Verantwortung dem Orchester zu unterbreiten. Es gab im November auch noch einen weiteren Brief Fricsays in dieser Angelegenheit
an den Kultusminister, gefolgt von dessen Versprechen, die Sache
zu überprüfen. Am 18. Dezember 1962 richtete Fricsay einen Dank
an den Minister, die Sache war mit einer Pension der Staatsoper
positiv geregelt worden.

Wien

Als dritte Stadt, in der Fricsay intensiv aktiv war und gerne noch
mehr gewesen wäre, hatte er neben Berlin und München die Musik-
metropole Wien auserkoren. Die Wiener Musiker (der Symphoniker aber auch der Philharmoniker) und das hörende Publikum hätten ihn gerne öfter bei sich gehabt. Dass Fricsay in den frühen
1960er Jahren vorhatte, nach Überwindung seiner Krankheit seine
Präsenz in Wien zu erhöhen, diese Stadt vielleicht sogar zum Zentrum seiner künstlerischen Aktivitäten zu machen, geht aus einem
Briefwechsel mit Egon Hilbert hervor. Als es um den Plan ging, dass
Fricsay das Festkonzert zur Wiedereröffnung des Theaters an der
Wien im Mai 1962 und während der folgenden Festwochen Bartóks

54   AdK, FFA 1494.

Blaubarts Burg an der Wiener Staatsoper dirigieren solle, schrieb er an Hilbert:

> »Wenn mir jemand von wirklichem Format in Wien den Weg so ebnen würde, dass ich meine musikalischen Gedanken und meine Arbeit mit möglichst wenig Hindernissen entfalten kann, so hätte ich auch großes Interesse, in dieser Stadt mehr zu arbeiten, in der ich mich eigentlich sehr zuhause fühle und die bisher jedesmal mit so starker Resonanz auf mein Musizieren geantwortet hat.«[55]

Nachdem die Krankheit sich verschlimmert hatte und alle Pläne für 1962 auf 1963 verschoben werden mussten, schrieb Hilbert an Fricsay: »besonders die Philharmoniker und auch die Symphoniker (sind) daran interessiert, wenn auch außerhalb der Festwochen, daß Sie nicht nur öfter, sondern systematisch am Dirigentenpult in Wien erscheinen«.[56]

Wiener Symphoniker

Öfter noch und länger während als mit den Philharmonikern war Fricsay mit den Wiener Symphonikern verbunden. Nach dem ersten Nachkriegskonzert 1947 mit Kodálys *Psalmus hungaricus* (den er später noch zweimal mit diesem Orchester aufführen wird) und Mozarts Klavierkonzert D-Dur, KV 537[57] gab es bereits zu Anfang der 1950er Jahre ein Übereinkommen mit dem Wiener Konzerthaus für Orchesterkonzerte mit den Wiener Symphonikern. Wieder war es Hilbert und später der Intendant Seefehlner, die Fricsay gerne ans Haus gebunden hätten. Leider sind die Unterlagen über diese Verhandlungen nicht aufbewahrt worden.[58]

---

55 Brief vom 23.12.1961, AdK, FFA 738.
56 Brief vom 8.4.1962, ebd.
57 Näheres siehe im Mozart-Kapitel.
58 In dem Zeitraum vom Mai 1955 bis März 1961 konzertierte Fricsay mit dem Orchester folgende Werke: Haydns 98. Sinfonie, Bartóks 2. Klavierkonzert mit György Sándor, Tschaikowskys 5. Sinfonie, Verdis Requiem, ein Bartók-Konzert (*Divertimento*, 2. Violinkonzert mit Tibor Varga, *Concerto für Orchester*), Rossinis *Stabat mater*, Kodálys *Tänze aus Galánta*, Beethovens 3. Sinfonie, von Einems *Stundenlied nach Bertolt Brecht* op. 26 mit der Wiener Singakademie und den Wiener Sängerknaben, Bartóks *Deux Portraits* mit Schneiderhan, Mahlers *Kindertotenlieder* mit Christa Ludwig, Brahms 4. Sinfonie, Honeggers *Pastorale d'Été*, Bartóks 3. Klavierkonzert mit Annie Fischer und Tschaikowskys 6. Sinfonie.

Mit den Wiener Symphonikern unternahm Fricsay während 13 Tagen im November/Dezember 1959 Schallplatteneinspielungen von Mozarts Sinfonien in A-Dur (KV 201) und C-Dur (›Jupiter‹) und an fünf Tagen im März 1961 von denen in Es-Dur (KV 543) und g-Moll (KV 550).

Die Wiener Symphoniker veranstalteten nach Fricsays Tod im Februar 1963 ein Konzert aus ihrem Zyklus ›Mahler-Bruckner-Schubert‹ »in memoriam Ferenc Fricsay« und spielten unter der Leitung von Hans Swarowsky vor der 3. Sinfonie von Mahler Mozarts *Maurerische Trauermusik*.

Wiener Philharmoniker

Nachdem die erste Einladung der Wiener Philharmoniker an Fricsay, sie zu dirigieren, im Jahr 1946 den in Budapest wirkenden Dirigenten verfehlt hatte, dauerte es bis zum Oktober 1961, bis es Fricsay vergönnt war, die von ihm hochgeschätzten Philharmoniker, mit denen er zunächst ausschließlich als Gast in Salzburg gearbeitet hatte, endlich auch in Wien selbst dirigieren zu dürfen. Dies geschah während eines Abonnementkonzerts mit Brahms-Werken, dem 2. Klavierkonzert mit Géza Anda und der 2. Sinfonie, von deren Aufführung mit den Wienern es zwei Mitschnitte gibt, einmal von den Salzburger Festspielen im August 1961 (aus dem Archiv des ORF von der DG diskografiert), einmal aus Wien im Oktober 1961 (im Archiv der Wiener Philharmoniker). Über die Wiener Philharmoniker äußerte Fricsay, sie stünden in einer Dirigententradition von Beethoven über Hans von Bülow bis Arthur Nikisch und spielten auf eine unveränderliche Art und Weise in einem Stil, der von diesen Großen geprägt worden sei, mit demselben, von Hand zu Hand weitergegebenen Notenmaterial.[59]

---

59   Siehe (Ton)Band III, AdK, FFA 1530.

7   Der reisende Dirigent

Fragen nach der Überfülle seiner Engagements und Dirigate, die er während seiner Laufbahn übernommen habe, pflegte Fricsay stets mit Hinweisen auf andere berühmte Dirigenten der Vergangenheit zu beantworten. So auch in dem mit (Ton)Band III betitelten Dokument eines privaten Interviews aus der Zeit um 1960/61, in welchem er zu Protokoll gab, der Reisedirigent sei keine heutige Erscheinung, und auf die Reisetätigkeit von Mahler, Nikisch und Bartók sowie des verstorbenen »großen Meisters der Dirigierkunst« Wilhelm Furtwängler verwies.

Das Reisen, um in der Fremde zu dirigieren, half ihm nicht nur über die verlorenen festen Engagements in Berlin und München hinweg, sondern diente ihm auch dazu, sein Repertoire und seine Interpretationskunst weltweit zu Gehör und Anerkennung zu bringen. Es ging ihm auch darum, seinen Erfahrungsschatz im Umgang mit neuen Musikern zu erweitern und seine Fähigkeit, ein Orchester zur Zufriedenheit der Musiker und des Publikums zu leiten, zu verbessern. Besonders hob er die wichtigen Erfahrungen in Amerika hervor, sie wären zwar mit Versäumnissen in Berlin verbunden gewesen, wären aber letztlich wieder Berlin zugutegekommen, zum Beispiel seine Erfahrungen mit dem Boston Symphony Orchestra 1953, speziell mit der Cellogruppe, wie sie ohne vorherige Anweisung die Kantilene im 2. Satz der 6. Sinfonie von Tschaikowsky gespielt hätte, mit unvergleichlich strömender Phrasierung und Kantabilität, wie wenn Pablo Casals, Gregor Piatigorski und Emanuel Feuermann zusammen dagesessen hätten.

Das Frankfurter Museumsorchester, das Pariser Lamoureux-Orchester, das Amsterdamer Concertgebouw Orkest sowie das Genfer OSR könnte man fast zu jenen Städtischen Orchestern zählen, mit denen Fricsay regelmäßig konzertierte, wenn es auch keine Verhandlungen oder vertragsähnliche Vereinbarungen darüber gegeben hatte.

Es mag aufschlussreich sein, Fricsays Reisen nicht *mit* seinem Berliner Radio-Orchester, sondern *zu* anderen Orchestern als denen in Berlin, München und Wien oder als denen der deutschen Rundfunkanstalten in Köln, Hamburg, München und Stuttgart einmal chronologisch zu entrollen: Neben den Reisen noch von Budapest aus nach Wien und Salzburg gab es 1948 wohl schon von Berlin aus die erste Reise nach Warschau. Abgesehen von diesem schlecht

Abb. 5:
Der reisende Dirigent;
Fricsay mit Yehudi Menuhin
aus dem D-Zug-Fenster 1961

oder im Westen nicht dokumentierten Konzert, begann Fricsays Reisetätigkeit im Jahr 1950, und zwar mit Konzerten in Italien, zuerst in Rom (wozu er noch eine Aufenthaltsgenehmigung der römischen Questura benötigte) im März in der Accademia nazionale di Santa Cecilia mit dem Cellisten Antonio Janigro, gefolgt von Konzerten in Florenz, Venedig, Triest und Mailand. Während des Glyndebourne Festival im Juli/August führte Fricsay Mozarts *Le nozze di Figaro* auf, nach eigenem und fremdem Bekunden soll es missglückt sein. Über den Zeitraum von sechs Wochen im Oktober/November erfüllte Fricsay einen Gastspielvertrag in Buenos Aires im Teatro Colón mit Aufführungen von sinfonischer, instrumental-vokaler Musik sowie Opern und Balletten mit Dirigierkursen, unter anderem mit den argentinischen Erstaufführungen von Hindemiths *Metamorphosen über Themen von Weber* und Werner Egks *Joan von Zarissa*. Bereits am 20. November gab Fricsay ein Konzert in Neapel.

Im März 1951 war Fricsay in Paris beim Orchestre Lamoureux zu Gast, zwischen dem und der DG ein Vertrag über umfangreiche Aufnahmen und Einspielungen mit Fricsay bestand. In Neapel gastierte Fricsay vier Wochen im März/April, um Aufführungen im Opernhaus von Beethovens *Fidelio*, Bartóks *Il castello di Barbalù* und De Fallas *La vida breve* einzustudieren. Wieder gab es für das Teatro Colón in Buenos Aires einen Gastspielvertrag für sechs Wochen im Herbst mit Aufführungen von sinfonischer, instrumentalvokaler Musik sowie Opern und Balletten mit Dirigierkursen. Darauf folgten in Genf zwei Aufführungen von *Fidelio* im November sowie ein Konzert in Rom.

Im Februar 1952 gab Fricsay sein erstes Konzert in Amsterdam mit dem Concertgebouw Orkest (Haydns 98. Sinfonie, Martins *Petite symphonie concertante* und Tschaikowskys 5. Sinfonie). Bereits Anfang März dirigierte er das nächste Abonnementkonzert des Concertgebouw Orkest mit Bartóks *Divertimento*, anschließend Rossinis *Semiramide*-Ouvertüre sowie Beethovens 4. Klavierkonzert und Strauss' *Eulenspiegel*. Und im März war er wieder in Paris beim Orchestre Lamoureux zu Gast, um Berlioz' *Le Carnaval romain* und Dukas' *L'Apprenti sorcier* aufzuführen, beides wurde in der Salle de la Mutualité mitgeschnitten. Im Juni folgte ein Konzert in Zürich, im Juli konzertierte er wieder mit dem Concertgebouw Orkest, um während des Holland Festivals zunächst im Kurhaus des Seebads Scheveningen zu gastieren und dasselbe Programm (Kodálys *Tänze aus Galánta*, Strawinskys *Capriccio für Klavier und Orchester* mit Monique Haas und Schuberts große C-Dur-Sinfonie) im Amsterdamer Concertgebouw einen Tag später zu wiederholen, dicht gefolgt von einem weiteren Sommerfestival-Konzert im Concertgebouw mit Mozarts *Maurerischer Trauermusik* (gespielt in memoriam Henriëtte Bosmans, der verstorbenen niederländischen Komponistin und Pianistin), Kodálys *Tänzen aus Galánta*, Beethovens 1. Klavierkonzert mit der niederländischen Komponistin und Pianistin Marjo Tal und Schuberts 8. Sinfonie C-Dur.

Fricsays erster Auftritt bei den Luzerner Musikfestwochen (an denen er in Zukunft alle zwei Jahre teilnehmen wird) fiel in den August 1952 (mit Radioübertragung) und brachte mit dem Schweizerischen Festspielorchester Richard Strauss' *Vier letzte Lieder*,

Wagners Vorspiel und *Liebestod* aus *Tristan und Isolde*, beides mit Kirsten Flagstad, sowie Strauss' *Till Eulenspiegels lustige Streiche* und Mozarts *Maurerische Trauermusik* und Haffner-Sinfonie. In Frankfurt gastierte Fricsay beim Museumsorchester im Oktober mit Haydns Sinfonie *Die Uhr*, dem 1949 komponierten 2. Violoncello-konzert von Karl Hoeller mit Ludwig Hoelscher und Dvořáks 9. Sinfonie, im November zunächst in Brüssel mit Konzerten der Jeunesse musicales und einem Abo-Konzert im Palais des Beaux-Arts, dann wiederum in Paris mit dem Orchestre Lamoureux sowie wieder im Dezember mit dem Amsterdamer Concertgebouw Orkest (Mozarts *Haffner*-Sinfonie und Violinkonzert in D-Dur, KV 218 mit Johanna Martzy, Strawinskys *Petruschka*-Ballettmusik in der Fassung von 1947), in einem 4. Sonderkonzert spielte Martzy statt des Mozart-das Dvořák-Konzert.

Im Frühjahr 1953 fand man Fricsay für weitere Konzerte im Februar in Neapel und Bern, gefolgt von einem Konzert mit dem Städtischen Sinfonie-Orchester in Bonn im April mit Glucks *Alceste*-Ouvertüre, Hindemiths *Mathis-Sinfonie* und Schumanns 3. Sinfonie. Im Herbst tourte Fricsay erstmalig durch die USA, beginnend im November mit vier Konzerten mit Werken von Haydn, Bartók und Tschaikowsky mit dem Boston Symphony Orchestra. In Houston/Texas gab er sein erstes Konzert, unter anderem mit Mozarts *Haffner-Sinfonie*, das zu einem längeren Gastspiel im kommenden Jahr führen sollte, und im Dezember gastierte Fricsay vier Wochen lang beim San Francisco Symphony Orchestra, wo er unter anderem Brahms' 2. Klavierkonzert mit Artur Rubinstein einspielte (Aufnahme gelöscht). Insgesamt absolvierte er dort drei Programme an acht Abenden, unter anderem mit zwei dortigen Erstaufführungen: Kodálys *Tänzen aus Galánta* und Frank Martins *Petite symphonie concertante*.

Im Jahr 1954 konzertierte Fricsay zunächst im Januar in Bordeaux, dann den ganzen Februar über intensiv mit dem Concertgebouw Orkest in Amsterdam,[60] Fricsay gastierte dann im April in

---

60 Er spielte zunächst in einem Abonnementkonzert die ›Trauersinfonie‹ von Haydn, von Jurriaan Andriessen die *Symphonie concertante für vier Trompeten und Orchester* und Tschaikowskys *Pathétique*, gefolgt von einem Abo-Konzert mit Bachs 1. Orchestersuite, Mozarts G-Dur-Flötenkonzert (KV 313) und Brahms'

Frankfurt beim Orchester der Museumsgesellschaft, um unter anderem Dvořáks Cellokonzert mit Janigro zu spielen (leider ohne Mitschnitt).

Besondere Bedeutung kam Fricsays Verbindung mit dem Israel Philharmonic Orchestra zu; er schloss mit ihm einen Vertrag über sechs Wochen, um im Juni/Juli eine Reise durch israelische Städte zu unternehmen für mehrere Aufführungen von Verdis Requiem, denen das Publikum mit großer Ergriffenheit und Bereicherung folgte. Man kann davon ausgehen, dass ein Gedenken an die Toten des nationalsozialistischen Völkermords an den europäischen Juden bei diesen Aufführungen gegenwärtig war.

Im August finden wir Fricsay in Luzern für seinen zweiten Auftritt während der Musikfestwochen, wo er mit Clara Haskil und dem Philharmonia Orchestra London Beethovens 2. Klavierkonzert, sowie Bartóks *Divertimento* und Tschaikowskys 5. Sinfonie spielte.

Anschließend, im Juli/August begann Fricsays Engagement in Houston, zunächst mit einer Begrüßung und Vorstellung in der Lokalpresse, im September dann stieg Fricsay ein mit dem Versprechen, populäre Konzerte zu geben; der Probenbeginn für Liebermanns *Jazz Suite*, Haydns *Abschiedssinfonie* und Tschaikowskys *Ouvertüre 1812* fiel in den Oktober. Es gab auf amerikanische Art eine familiäre Berichterstattung, einen Empfang bei der Präsidentin des Orchesters, mit der Feststellung, dass »Mrs. Ferenc Fricsay likes cooking«, es gab »Womans Fetes and Symphonic coffees« sowie ein

2. Sinfonie, dann Konzerte an drei Nachmittagen für die Amsterdamer Schuljugend (mit Otto Nicolais Ouvertüre zu *Die lustigen Weiber von Windsor*, Haydns ›Trauersinfonie‹ und der *Symphonie concertante* von Andriessen). Er gastierte dann mit dem Orchester in Nijmegen mit Berlioz' Ouvertüre *Le Carnaval romain*, dem 2. Klavierkonzert von Rachmaninow (mit George van Renesse) und Tschaikowskys *Symphonie pathétique*, am nächsten Tag in Den Haag mit der *Symphonie concertante* von Andriessen, dem 2. Klavierkonzert von Bartók mit Géza Anda und erneut der *Pathétique*. Einen Tag später kombinierte er das Bartók-Konzert mit der Berlioz-Ouvertüre und Mussorgsky/Ravels *Bildern einer Ausstellung*, gefolgt von einem weiteren Abonnementkonzert mit Mozarts großer C-Dur-Sinfonie (›Jupiter‹), dem 1947 komponierten und bereits 1948 in Göttingen uraufgeführten 1. Klavierkonzert von Boris Blacher mit Gerty Herzog und Beethovens 7. Sinfonie. Der Amsterdamer Konzertzyklus wurde abgeschlossen mit zwei Volkskonzerten mit Bachs E-Dur-Violinkonzert, Bartóks 2. Rhapsodie für Violine und Orchester (Solistin für beides war Nadja Koutzen), Haydns ›Trauersinfonie‹ und Mussorgskys *Bildern einer Ausstellung*.

»Glamorous Concert opening«, mit »well selected works«: Egks *Französische Suite*, Liebermanns *Suite für Jazz Band und Sinfonie-Orchester*, *Antique Dance* und *Pines of Rome* von Ottorino Respighi, Dukas' *The Sorcerer's Apprentice*, Smetanas *Moldau*, Kodálys *Háry János-Suite*; des Weiteren später auch Bartók und Dvořák. Und man war angetan von »Fricsay's Hopes for building our Orchestra«. Es gab hochkarätige Konzerte mit der Sopranistin Astrid Varnay und dem Geiger Isaac Stern. Dann aber sagte Fricsay die zweite Saisonhälfte ab wegen Unstimmigkeiten zwischen seinen Idealen und selbstgestellten Aufgaben (seinen Forderungen nach besserer Bezahlung der Musiker gemäß ihrem Talent und Können, doppelter Besetzung der Bläserstimmen, Anschaffung besserer Instrumente, Verbesserung der Saal-Akustik) und deren Nicht-Erfüllung durch das Symphony Board (besetzt vorwiegend mit Damen der Geschäftswelt), und er verließ Houston vorzeitig.

Im Jahr 1955 beteiligte sich Fricsay in Zürich an den Juni-Festwochen mit Beethovens 4. Klavierkonzert mit Artur Rubinstein und dem Tonhalle-Orchester (Mitschnitt gelöscht), gab in Mailand an der Scala zwei Konzerte mit Solistenbeteiligung im Juli und konzertierte im Oktober in Bordeaux.

1956 gab Fricsay wieder mehrere Gastkonzerte mit dem Concertgebouw Orkest im Laufe des Januars, davon fünf Abo-Konzerte und zusätzlich zwei nachmittägliche Volkskonzerte.[61] In Genf kon-

---

61 Das erste der Abo-Konzerte gestaltete er mit Mozarts A-Dur-Sinfonie (KV 201), Bartóks 3. Klavierkonzert mit Annie Fischer, Bartóks *Divertimento* und Dukas' *L'Apprenti sorcier*; das zweite mit Schuberts ›Unvollendeter‹, Schönbergs Violinkonzert mit Tibor Varga und Kodálys *Háry János-Suite*; das dritte mit Haydns 101. Sinfonie (›Die Uhr‹), dem 1952 komponierten Konzert für zwei Violinen und Orchester des ungarisch-niederländischen Komponisten Géza Frid, der während des Zweiten Weltkriegs den Deportationen der in den Niederlanden lebenden Juden entkommen war, und Schumanns 1. Sinfonie (›Frühling‹); das vierte mit der 6. Sinfonie von Karl Amadeus Hartmann, Mozarts Bläser-Concertante (KV 297b) und Dvořáks 9. Sinfonie; das fünfte mit Schuberts *Zauberharfen*-Ouvertüre, dem polytonalen Klavierkonzert des 1947 gestorbenen niederländischen Komponisten Willem Pijper von 1927 mit Jan Odé, Egks *Französischer Suite* und Beethovens 5. Sinfonie. Während der Volkskonzerte musizierte er Schuberts ›Unvollendete‹, Mozarts D-Dur-Flötenkonzert (KV 314) und Brahms' 1. Sinfonie und gastierte in s'Hertogenbosch mit Bartóks *Divertimento*, Mozarts Flötenkonzert und Dvořáks 9. Sinfonie. Man sieht, dass in Fricsays Amsterdamer Konzerten mancher Programmpunkt auftauchte, der singulär war und von ihm sonst nicht musiziert wurde.

zertierte Fricsay im Februar mit den OSR und gab Bartóks *Divertimento*, Liszts A-Dur-Klavierkonzert mit Aldo Ciccolini und Brahms' 1. Sinfonie. In Paris erfolgte mit dem Orchestre Lamoureux eine Schallplattenaufnahme von Dukas' *L'Apprenti sorcier*. In Kopenhagen leitete Fricsay im Februar ein Konzert mit der Königlichen Kapelle und präsentierte Bartóks 3. Klavierkonzert mit Annie Fischer. Es folgten Konzerte in Stockholm und anderen schwedischen Städten in den Monaten Februar und März. In Israel gab Fricsay im Juni wieder ein längeres Gastspiel, diesmal mit Händels *Judas Makkabäus* (auf Englisch) und Donizettis *Lucia di Lammermoor* (auf Italienisch). Im August war Fricsay erneut bei den Luzerner Musikfestwochen mit Bartóks 2. Klavierkonzert und Kodálys *Tänzen aus Galánta* zu Gast.

Die wenigen Konzerte, die Fricsay 1957 gab, führten ihn im Februar nach Genf zum OSR, wo er Kodálys *Tänze aus Galánta*, Schumanns Violoncellokonzert mit Pierre Fournier und Beethovens *Eroica* aufführte (ein Mitschnitt liegt im Archiv des Schweizer Rundfunks), im März nach Frankfurt zum Museumsorchester, wo er mit dem ungarisch-belgischen Geiger André Gertler (beide wurden bejubelt) das 2. Violinkonzert von Bartók und Brahms' 1. Sinfonie spielte.

1958 gab Fricsay in Genf im Februar ein Konzert mit dem OSR und spielte dabei Kodálys *Háry János-Suite*, Bartók 3. Klavierkonzert mit Annie Fischer und Brahms' 2. Sinfonie. Weitere Aufenthalte führten Fricsay wieder nach Paris zum Orchestre Lamoureux mit Konzerten und Aufnahmen im Februar. Ende Februar gastierte Fricsay beim Sinfonieorchester in Wiesbaden mit Bartóks *Divertimento für Streichorchester*, Strauss' *Burleske* mit Margrit Weber und Dvořáks 9. Sinfonie. Im August konzertiert er mit dem Schweizerischen Festspielorchester bei den Luzerner Musikfestwochen mit dem *Stabat mater* von Rossini und dem *Psalmus hungaricus* von Kodály. Im Oktober spielten Fricsay und Arturo Benedetti Michelangeli in der Mailänder Scala das 5. Klavierkonzert von Beethoven (Mitschnitt gelöscht).

Im Jahr 1959 absolvierte Fricsay Konzerte im März in Neapel und gab im Oktober in der Mailänder Scala zwei Konzerte mit Solistenbeteiligung. Ein Konzert in Kopenhagen im November geriet

zu einem der größten Erfolge von Margrit Weber durch die Aufführung des 1. Klavierkonzerts in d-Moll von Brahms. Margrit Weber schrieb dazu:

> »Eines meiner schönsten und unvergesslichsten musikalischen Erlebnisse
> unter Fricsays Leitung war das Brahms d-Moll-Konzert mit der Königlichen
> Kapelle in Kopenhagen, wo nach den Schlussakkorden das Publikum sich
> lautlos von den Sitzen erhob und während Sekunden atemlose Stille herrschte,
> bis endlich der Beifall einsetzte.«

Es folgte im Dezember in Genf ein Konzert mit dem OSR, in dem
Beethovens *Egmont*-Ouvertüre, Bartóks 2. Klavierkonzert mit Anda
und Tschaikowskys *Pathétique* erklangen.

Im Jahr 1960 dirigierte Fricsay im August während der Luzerner
Musikfestwochen das Schweizerische Festspielorchester mit Bartóks *Tanzsuite*, Beethovens *Tripelkonzert* (mit Schneiderhan, Fournier und Anda) und Brahms' 1. Sinfonie. Im November leitete er
in Hannover das 3. Abo-Konzert des Opernorchesters mit Kodálys
Tänzen aus Galánta, Bartóks *Divertimento* und Beethovens 7. Sinfonie (eine von ihm geliebte Kombination) und konzertierte im
November noch in Frankfurt mit dem Orchester der Museumsgesellschaft und Annie Fischer mit Mozarts Klavierkonzert A-Dur
(KV 488, das von einem Kritiker als technisch perfekt aber lieblos,
geläufig aber geistlos empfunden wurde) sowie Kodálys *Tänze aus
Galánta* und Brahms' 2. Sinfonie (mit »beschwörenden Händen«
dirigiert). Nach einem von ihm dirigierten Konzert in Mailand im
November zum Gedenken an den verstorbenen Dimitri Mitropou-
los erhielt Fricsay die Einladung, in der kommenden Saison eine
Oper und mehrere Konzerte an der Scala zu dirigieren.

Im Jahr 1961 machte Fricsay in Paris mit dem Orchestre Lamoureux im Februar eine Schallplattenaufnahme mit Tschaikowskys in
der Salle Pleyel im Konzert gespielten 5. Sinfonie. In den April fiel
ein Konzert in Genf mit dem alten Wilhelm Backhaus (einst trotz
seiner jüdischen Frau und Schweizer Staatsbürgerschaft ein enger
Gefolgsmann der nationalsozialistischen Kulturpolitik und enger
Freund einiger oberster Nazi-Größen, weil sie doch alle wie er selbst
die deutsche Musik so sehr liebten) und dem OSR mit Beethovens
4. Klavierkonzert, wovon ein Mitschnitt im Archiv des Schweizer

Rundfunks erhalten ist, der inzwischen diskografiert wurde. Fricsay gab Ende April ein Konzert mit dem Orchester der Basler Orchester Gesellschaft und führte dabei Kodálys *Tänze aus Galánta*, Bartóks *Divertimento* und Dvořáks 9. Sinfonie auf. Sein letztes Konzert im Rahmen der Luzerner Festwochen gab er im August mit der viel beachteten Uraufführung von Kodálys später und einziger Sinfonie sowie mit Tschaikowskys Violinkonzert mit Menuhin und Beethovens 7. Sinfonie. Nach seinem Auftritt bei den Salzburger Festspielen mit den Wiener Philharmonikern und seinen letzten Auftritten in Berlin gab Fricsay in Genf ein weiteres Konzert mit dem OSR, bei dem Bartóks *Concerto für Orchester* und Brahms' 4. Sinfonie erklangen. Sein vorletztes und letztes Konzert überhaupt gab Fricsay in London mit dem London Philharmonic Orchestra in der Royal Festival Hall am 5. Dezember, zunächst ein reines Bartók-Programm mit den *Zwei Portraits*, dem 2. Klavierkonzert mit Géza Anda und dem *Concerto für Orchester* sowie schließlich am 7. Dezember die Londoner Erstaufführung von Kodálys Sinfonie, Mendelssohns Violinkonzert mit Schneiderhan und Beethovens 7. Sinfonie, die damit zum letzten von Fricsay dirigierten Werk wurde.

8 Wettlauf mit der Krankheit zum Tode

Aus psychosomatischer Sicht wäre es gewiss möglich zu diagnostizieren, dass Fricsays künstlerischer Elan, seine musikalische Leistungsfähigkeit sowie seine seelische und körperliche Gesundheit an widrigen äußeren Umständen innerhalb der Institutionen, an die er sich vertraglich band, gescheitert sind. Sein oft bis zum Aufzehren der letzten Kräfte getriebener Einsatz beim Vorbereiten und Realisieren künstlerischer Ereignisse in Opernhäusern, Konzertsälen und Aufnahmestudios stieß auf bürokratische Schranken und auf Maßnahmen, die gegen die Autonomie künstlerischer Entscheidungen gerichtet waren. Dies alles führte zu Konflikten und dazu, dass Fricsay seine musikalischen Ansprüche nicht immer realisieren konnte. Dass er unter diesen Enttäuschungen litt und trotz höchster Anspannung der Kräfte dem Gefühl der Vergeblichkeit ausgesetzt war, ist mit Sicherheit anzunehmen – wie auch, dass Überanstrengung kombiniert mit Enttäuschung zu seelisch-körperlichen Spannungen und Einbrüchen führen kann.

Auf körperlicher Seite sind Magenblutungen, Magengeschwüre, Magen-/Darmerkrankungen, Gallen- und Leberkoliken eine oft zu diagnostizierende spezifische Reaktion auf derartige Konflikte. So auch bei Fricsay, der von ersten Magenblutungen in Szeged im Jahr 1943 berichtete, nachdem seine künstlerischen Ambitionen an der administrativen Lethargie der städtischen Kulturverwaltung zerbrochen waren und er völlig erschöpft war. Man könnte sagen, dass Fricsay im November 1962 seine eigene Situation vor Auge hatte, als er an den Konzertmeister des Bayerischen Staatsorchesters über einen todkranken Musikerkollegen schrieb:

>»Ich kann den Gedanken nicht loswerden, dass bei einem Menschen, der 25 Jahre lang einem Institut angehört hat, der seine Nerven, seine Energie ungeschont in den Dienst der Musikalischen Akademie gestellt hat und der viele Jahre das Orchester als Vorstand repräsentierte und, wenn es notwendig schien, mit seinen Vorgesetzten dafür in die größten persönlichen Unannehmlichkeiten geraten ist, dieser uneingeschränkte Einsatz den vorzeitigen Zusammenbruch gefördert hat.«

Wahrscheinlich wäre Fricsays Krankheit, der er schließlich frühzeitig erlag, als eine Variante des Ulcus zu klassifizieren. Alexander Mitscherlich, der sein Konzept der psychosomatischen Medizin am Beispiel des Magengeschwürleidens veranschaulichte, beschrieb,

>»wie der beobachtbaren Ehrgeizhaltung vieler Ulcuskranker unbewußt eine intensive Sehnsucht nach Zuständen passiv erlebten Glücks widerspricht. [...] Eine primäre Wunschhaltung nach Beschütztsein, Geliebtwerden scheint enttäuscht worden zu sein. Das führt zu Angstentwicklung und kompensatorisch zu dem Wunsch nach Unabhängigkeit, aktiver Selbstsicherung, ohne daß aber die primäre Wunschwelt im unbewußten Erlebnisbereich aufgegeben worden wäre. Enttäuschungen, die sich später im Bereich der bewußten Ehrgeizbestrebungen ereignen – beispielsweise Furcht vor dem Verlust einer unabhängigen Position und damit die Bedrohung bewußt verfolgter Sicherungstendenzen –, erwecken Angst und haben eine Intensivierung einerseits des Leistungseinsatzes, andererseits des unbewußten Verlangens nach primärer Sicherheit, Schutz und Gefüttertwerden zur Folge.«[62]

Wenn auch nicht alle von Mitscherlich genannten Erscheinungsformen auf Fricsay zutreffen, kann man doch davon ausgehen, dass die geschilderten Verhältnisse vor allem an den Opernhäusern in Berlin und München wohl jene Ursachen waren, die den Ausbruch der Krankheit bei Fricsay antrieben und chronisch werden ließen. Bereits im November 1952 können wir in einem Brief an Robert Heger eine Beschwerde darüber lesen, dass es auch mit der Gesundheit nicht sehr gut ginge – wegen der vielen Arbeit und widriger Arbeitsbedingungen. Der Zusammenhang zwischen der krisenhaften Entwicklung seines Engagements an der Bayerischen Staatsoper und dem Ausbruch der Krankheit 1957 ist direkt greifbar. Das Jahr 1958 kannte außer kurzen Gastspielen in verschiedenen europäischen Städten nur noch die Münchner Aufführung von Mozarts *Figaro* und die Auflösung des Vertrags mit der Staatsoper. Die im November 1958 und Januar 1959 erfolgten Magen-/Darm-Operationen erzwangen eine Rekonvaleszenz-Zeit bis September 1959, die mit Fricsays Wiederauftritt in Berlin zur Eröffnung des neuen Großen Sendesaals beendet wurde. Gut zwei Jahre, bis Dezember 1961

---

62 Alexander Mitscherlich, »Anmerkungen zum Ulcusleiden und zum Begriff der Übertragung«, in: *Krankheit als Konflikt*, Frankfurt/M. 1967 (= *Studien zur psychosomatischen Medizin* 2), S. 87 f.

währte die letzte produktive Phase Fricsays, in der er das Fernsehen entdeckte, neben seinen Abonnementkonzerten unzählige Gastspiele bei anderen Orchestern und Gastspielreisen mit seinem Berliner Orchester unternahm, in der unmittelbar aufeinander folgend und ineinander verwirkt im Sommer und Herbst 1961 die Aufführungen der Mozart-Opern *Idomeneo* in Salzburg und *Don Giovanni* in Berlin stattfanden und der endgültige Zusammenbruch nach zwei Londoner Konzerten im Dezember unausweichlich war.

Eine Gallenstein-Operation mit Komplikationen im Januar 1962 erzwang eine längere Rekonvaleszenz. Schmerzen und Fieber traten auf, es bestand Verdacht auf Eiterherde im Wundbereich und eine Leberentzündung, langwierige Behandlungen und Untersuchungen waren die Folge. Auch im März 1962 war noch keine Besserung in Sicht. Es kam zu neuen Komplikationen, sodass Fricsay schließlich mit der Ambulanz nach Basel befördert werden musste zur Operation eines handtellergroßen Leberabszesses (selten, enorm schmerzhaft und langwierig), es gab weitere Abszess-Bildungen. Die Ärzte wussten keine andere Lösung als eine Folge weiterer Operationen, denen Fricsay am 20. Februar 1963 in Basel erlag. Zu Weihnachten 1962 machte sich Fricsay keine Illusionen mehr, sondern hatte die Alternative, zu überleben oder zu sterben, klar vor Augen. In einem Brief an Margrit Weber schrieb er:

>»Mein Leidensweg ist noch nicht zu Ende, und meine Verzweiflung ist ins Unermeßliche gewachsen. Es ist bitter. In dem Moment, wo ich alles erreicht habe: ein vollendetes Familienglück mit meiner engelhaften Silvi, gesunde und gut geratene Kinder, und ich endlich keine Sorgen mehr habe, bricht das Unglück mit voller Wucht herein, das mit Vernichtung droht. Meine Nerven sind sehr schlecht geworden, und die Schwäche des Körpers ist bedenklich. Wenn ich in diesem Zustand einen neuen Eingriff nötig haben sollte, weiß ich nicht, wie ich das überstehen werde ... Aber je mehr Erprobungen mir der liebe Gott auflädt, so weiß ich doch, daß dies alles seinen tiefen Sinn hat ... dankbar zu sein für alles, woran uns diese Erde teilhaben ließ, dankbar für Familie und Freundschaft. Das kommende Jahr wird die Entscheidung bringen. Entweder werde ich wieder ein ganzer Mensch oder die Weihnachtskerzen werden in diesem Jahr ganz abbrennen.«[63]

---

63   Hier zit. nach Margrit Weber, »Sein Wirken für andere«, in: Friedrich Herzfeld (Hg.), *Ferenc Fricsay. Ein Gedenkbuch*, Berlin 1964, S. 85.

9 Fricsay und die Moderne

Weites Feld vor der Avantgarde

Fricsays Stellung zur Moderne als einem Konglomerat verschiedener Strömungen, Standpunkte, Doktrinen und Techniken war entsprechend ambivalent, und sie wandelte sich im Laufe der Zeit wie der Charakter der Musikproduktion zeitgenössischer Komponisten selbst. Man kann aber feststellen, dass sich Fricsay einer angestrebten Dominanz der seriellen Kompositionsweise nicht fügte und daher auch Komponisten aufführte, die Verfechter der Zwölftonmusik damals belächelten oder gerne behindert hätten.

War Fricsay in der ersten Hälfte der 1950er Jahre noch bereit, Experimente mitzutragen und sich einer selbsternannten Avantgarde zu nähern, nahm er gegen Ende seines Lebens, auch als Resultat der Lehren seiner Krankheit, eine immer mehr ablehnende Haltung gegen sie ein – wegen ihres von ihm registrierten Leerlaufs. Im Originalton Fricsays klingt sein Widerstand gegen eine Musik, die in seinen Augen ohne Ausdruck und ohne Inhalt ist, in einem bekenntnishaften Brief an den Intendanten des Berliner Schillertheaters Boleslaw Barlog 1962 wie folgt:

»Die Kunst in unseren Tagen leidet ja am meisten unter einer gewissen Zersplitterung, unter dem Bestreben, alles in Details zu sehen, alles in kleinste Atome zu zerlegen, was übrigens auch unserem heutigen gehetzten Leben entspricht. Aber die Kunst sollte eben eine klassische, beständige Brücke für die Menschen bedeuten, die solchen Irrtümern nicht auszusetzen ist. Die moderne Kunst ist mit dieser Zersplitterung und technischen Vollendung vorangetrieben worden. Nur eines fehlt, das Wesentlichste, das, was die Kunst erst wirklich zur Kunst macht: der Ausdruck des Inneren, Unbegreiflichen, der menschlichen Seele, des Schönsten, des Humanen – tagelang könnten wir das umschreiben, ohne ein Ende zu finden, denn das muss man eben fühlen. Und unsere Generation fühlt das leider nicht, kennt das Gefühl für diese ›Klassizität‹ nicht (denn die Klassiker haben das als Grundlage und Vorbedingung für ihre Kunst gehabt und erfüllt), kommt mit dieser Idee kaum in Berührung, wird nicht dazu erzogen, ja, es fehlt ihr schon die Fähigkeit, diese Voraussetzung zu erfüllen. Es sind eben Leute, die Kunst machen, ohne selbst Künstler zu sein, oder sie sind Künstler, ohne dass sie Kunst machen würden. Wie man es auch formuliert, die große Voraussetzung für die Erfüllung fehlt. Es gibt, Gott sein Dank, Ausnahmen, und ich möchte das schon deshalb nicht verallgemeinern, weil ich mich selbst dann ja auch dazuzählen müsste. Ich bin Gott heute richtig dankbar, dass ich langsam dorthin gereift bin, dass mich weder technische Spielereien noch mosaikartig zusammengesetzte Töne überhaupt interessieren. Mich interessiert nur das Wesentliche: der Inhalt der Musik, und wo dieser fehlt, mit diesen Dingen möchte ich nichts zu tun haben für den Rest meines Lebens.«[64]

Wenn auch der Ruf nach Inhalt in der Musik meist vergeblich ist oder ins Vage führt, ist damit dennoch ein Problem benannt, das Fricsay in seinem Mozart-Aufsatz sehr viel besser anhand des Begriffs einer absoluten Musik entwickelt hat.[65] Hier scheint Klassizität in einem Sinn gebraucht, der das Streben nach und Erreichen von gelungenen, in sich stimmigen Kunstwerken meint – inmitten oder jenseits der Krise. Ähnlich hatte sich Fricsay bereits 1959 in einem Interview mit der Kopenhagener Zeitung *Berlingske Tidende* geäußert:

»Es gibt leider sehr wenige gute Komponisten, die gleichzeitig Interesse für ihre Werke zu erwecken verstehen. Bartók ist leider gestorben, aber er erlebte seine Popularität. Setze ich jetzt eins von seinen Werken aufs Programm, strömt das Publikum hinzu. Ein anderer meiner Landsleute Z. Kodály ist auf dem Wege, die Gunst des Publikums zu gewinnen. Strawinsky ist ein Kapitel für sich [...]. Ich bekomme fast jeden Tag Partituren von Komponisten und Verlegern zugesandt. Man kann sich nicht in alle diese vertiefen. Man muß auswählen und bisher ist es so gewesen, daß ich mich hinsichtlich bestimmter Werke nach den Wünschen der Konzertarrangeure richten mußte. Dies gilt sowohl für die klassischen Werke wie für moderne Musik, wie z. B. Bartók, dessen Werke ich unerhört viel dirigiert habe.«[66]

Wie intensiv der Austausch von Material und die Angebote noch nicht aufgeführter Werke waren, kann man aus dem dichten Briefwechsel zwischen Fricsay und der auf neue Musik spezialisierten Wiener Universal Edition ersehen, der im Nachlass deponiert ist.

---

64 Fricsay, Brief an Boleslaw Barlog vom 22.8.1962 aus Ermatingen nach Berlin, AdK, FFA 479.
65 Siehe dazu das Mozart-Kapitel.
66 Fricsay, Interview mit *Berlingske Tidende*, Kopenhagen, 14.11.1959.

Ein Resümee auch nur der Berliner Aufführungen mit dem
RIAS-/Radio-Symphonie-Orchester ergibt ein klares Profil zeitgenössischer Musik, das Fricsay im Laufe eines Jahrzehnts erarbeitete.
Mit Ausnahme der Werke von Bartók, Kodály, Strawinsky und
Schönberg, die gesondert besprochen werden, widmete sich Fricsay
folgenden Komponisten und Werken: Mit *Schelomo. Hebräische
Rhapsodie für Violoncello und Orchester* von Ernest Bloch von 1916
präsentierte er im November 1949 zwar kein modernes Werk, aber
eine archaisch auftretende Musik, die den Geist der jüdischen Antike in einem Zwiegespräch zwischen König Salomon (Violoncello,
Solist Arthur Troester) und seinem Volk (Orchester) mit altorienta-
lischen Klängen darstellen wollte. Im Januar 1950 gab Fricsay sein
erstes Konzert mit ausschließlich neuer Musik, woraus später die
Konzertreihe »Musik der Gegenwart« im Großen Sendesaal entstehen sollte, in deren Rahmen das spätere RSO mehrere Konzerte pro
Saison mit moderner Musik gab und sich dabei zu dem Berliner
Spezialorchester für Zeitgenössisches (auch für Uraufführungen
von RIAS-Auftragskompositionen) entwickelte. Gleich zwei Uraufführungen gab es an diesem Abend: von Einems *Serenade für zwei
Streichorchester* und Egks *Französische Suite* nach Stücken von Rameau, außerdem führte Fricsay das 1. Klavierkonzert von Boris
Blacher mit Gerty Herzog auf sowie einige Szenen aus Orffs *Carmina burana*[67]. Zum großen Erstaunen der Kritiker war es Fricsay
gelungen, in Berlin ein beim Publikum erfolgreiches Konzert mit
zeitgenössischer Musik zu veranstalten. Ebenso im Mai 1951, als er
im Titania-Palast Strawinskys *Psalmensinfonie* sowie Liebermanns
Streitlied zwischen Leben und Tod mit zwei Uraufführungen von
RIAS-Kompositionsaufträgen kombinierte, den *Ballettszenen* von
Hans Werner Henze sowie einem Klavierkonzert von Dietrich Erd-
mann mit Gerhard Puchelt am klanglich stark aufrauschenden und
doch nicht durchsetzungsfähigen Klavier. Oder im Januar 1953, als
er Schönbergs *Kammersymphonie für 15 Soloinstrumente* op. 9 zusammen mit dem *Klavierkonzert in einem Satz* von Hermann Reut-
ter, K. A. Hartmanns *Symphonie concertante* und Nicolas Nabokovs
La vita nuova, Concerto für Sopran, Tenor und Orchester aufführte.

---

67 Siehe die Bemerkungen dazu im Orff-Abschnitt des Salzburg-Kapitels.

Immer wieder kombinierte Fricsay in den kommenden Saisons mit dem RIAS-/Radio-SO klassische Repertoirestücke mit einzelnen zeitgenössischen Programmpunkten von Martinů, Hindemith, Blacher (Konzert für Klarinette, Fagott, Horn, Trompete, Harfe und Streicher im Juni 1950), Gian Francesco Malipiero (6. Sinfonie im Mai 1951), Siegfried Borris (*Divertimento für Streicher und fünf Bläser*), Egk (*Allegria-Suite*), Darius Milhaud (*Divertissement über zwanzig Volksmelodien aus Kentucky*), Rolf Liebermann (*Concerto für Jazz- und Sinfonieorchester* von 1954), Jurriaan Andriessen, Arthur Honegger (*Concertino für Klavier und Orchester* von 1925), von Einem (*Meditationen* op. 18) und Frank Martin (*Petite symphonie concertante* im November 1948 und Oktober 1961).

Hervorzuheben ist die von Fricsay geleitete Berliner Erstaufführung des 1935 komponierten und 1936 in Barcelona uraufgeführten Violinkonzerts von Alban Berg mit dem Konzertmeister des RIAS-Orchesters Rudolf Schulz, die am 28. Februar 1951 stattfand, große Resonanz fand und insofern ein historisches Ereignis war, als dieses dem »Andenken eines Engels« (nämlich Manon Gropius) gewidmete Konzert damals noch nicht als eine Ikone der Zwölftonmusik galt, das heutzutage auch jenseits aller ideologischen Barrieren als ein sanftmütiges, ausdrucksvolles und schönes Meisterwerk empfunden wird. Eine Aufnahme dieses Konzerts brauchte nicht erst fahrlässig und verständnislos gelöscht zu werden, es wurde erst gar nicht mitgeschnitten.

Es folgten im Laufe der Saisons mehrere Konzerte, die nur zeitgenössischer Musik gewidmet waren, abgesehen von den reinen Bartók- und Strawinsky-Konzerten gab es bereits im Februar 1952 ein Sonderkonzert mit moderner Musik. Die Presse sprach von »verständnisvollen Dirigaten« bei einer »Vorstellung junger Komponisten mit gutem Handwerk«, es waren Uraufführungen und Berliner Erstaufführungen von RIAS-Auftragskompositionen: Hindemiths *Konzert für Trompete, Fagott und Streicher* (1949), *Symphonische Intervention* (1951) von Carl Heinrich Veerhoff, Concerto für Violine und Orchester op. 10 (1951) von Heinz Friedrich Hartig und von Einems *Hymnus an Goethe* op. 12 für Solo und Chor.

Die frühesten Kontakte nach München hatte Fricsay schon 1951 zum Leiter der *musica viva*-Reihe, dem Komponisten Karl Amadeus

Hartmann, der sich bemühte, die von den Nationalsozialisten verfemte Musik bekannt zu machen und zu rehabilitieren. Zwar hatte sich diese Konzertreihe für neue Musik bereits durch die Übernahme durch den BR mit seinem Symphonieorchester konsolidiert, kam aber noch nicht ohne Programm- und Terminverschiebungen aus, wovon auch der Briefwechsel zwischen Hartmann und Fricsay geprägt war. In der Frühphase dieser Reihe ging es Hartmann noch darum, dem Nachholbedarf in der Rezeption der in den 1930er und 1940er Jahren komponierten Musik zu entsprechen, und so war ihm Fricsay als der Exponent der Musik Bartóks und Strawinskys sehr recht. Hartmann unterbreitete Fricsay im März 1951 für ein mögliches Konzert im Februar 1952 vier Programmvorschläge mit unterschiedlicher Kombination von Werken Liebermanns, Bartóks, Martins, Hindemiths, Martinůs, Strawinskys und Honeggers. Im Oktober 1951 äußerte Fricsay den Wunsch, ein Werk von Hartmann zu dirigieren, und bat um die Übersendung von dessen fünf Sinfonien. Im Mai 1952 bat Hartmann um Programmänderung für ein weiteres mit Fricsay geplantes Abo-Konzert der Reihe *musica viva*: kein Bartók-Divertimento, da in letzter Zeit zweimal in München aufgeführt, stattdessen die Zwischenspiele zu Liebermanns in München nicht aufgeführter Oper *Leonore 40/45*, nicht das in Hartmanns Augen schwache Violinkonzert »Tartiniana« von Luigi Dallapiccola, sondern das 2. Klavierkonzert von Prokofjew mit Pietro Scarpini als Solisten sowie Strawinskys *Divertimento* und Bartóks *Tanzsuite*.

Fricsays im Juni 1953 zum ersten Mal geäußerte Bitte um Zusendung von Hartmanns zweisätziger 6. Sinfonie für großes Orchester endete darin, dass er sie im September 1955 mit dem RIAS-Orchester einspielte, während er dessen *Adagio appassionato* für Streicher (2. Sinfonie) bereits im Dezember 1949 eingespielt hatte. Wie immer bei Hartmann tragen diese kunstvoll gearbeiteten düsteren Werke den Charakter von Trauer und Protest.

Durch die Wiedergabe einer historischen Aufnahme konnte man auf DLF Kultur im Dezember 2021 ein Konzert nachhören, das Fricsay im Mai 1954 gegeben hatte mit Dutilleux' 1. Sinfonie von 1951 (nach einer früheren Aufführung mit dem KRSO), dem 1. Klavierkonzert von Mario Peragallo mit György Sándor (dieses mit dem BR-Symphonieorchester und Pietro Scarpini bei einem Konzert der *musica viva* im November 1952 in München uraufgeführte Werk repräsentierte den Versuch des Komponisten, nach 1945 und seiner futuristisch-neoromantischen Phase mit der Zwölftontechnik neu zu beginnen, machte aber den Eindruck einer bloß technischen Übernahme) und Liebermanns *Furioso für großes Orchester* von 1947 (teilweise zwölftönig wie die ebenfalls im November 1952 in dem Münchner *musica viva*-Konzert uraufgeführte Suite aus *Leonore 40/45*).

Charakteristisch für Fricsays Beziehungen zur Schweiz war ein Abend mit Mitgliedern des RIAS-Orchesters für die Schweizerische Delegation in Berlin im Juni 1955, bei dem zeitgenössische schweizerische Musik mit Schweizer Solisten präsentiert wurde. Der franco-schweizerische Soloflötist der Berliner Philharmoniker, Aurèle Nicolet, spielte den Solopart des *Lyrischen Konzerts in einem Satz für Flöte und Orchester* von Armin Schibler, Ernst Haefliger sang *Chinesische Liebeslieder für Tenor, Harfe und Orchester* von Rolf Liebermann, Silvia Kind spielte das *Concerto per Clavicembalo ed Orchestra da Camera* von Peter Mieg, Maria Stader sang, begleitet von Hans Ehrismann, Lieder von Othmar Schoeck, und Margrit Weber spielte das *Concertino pour piano et orchestre* von Arthur Honegger.[68]

Bartók, der Wichtigste unter den Modernen

Bei aller Liebe zu den Werken von Kodály und Strawinsky nahm Béla Bartók in Fricsays Favorisierung zeitgenössischer Komponisten doch eine Sonderstellung ein. Dies führte auch dazu, dass er während seiner häuslichen Genesungsversuche im Jahre 1962 eine Abhandlung über Bartók schrieb, die für dessen Rezeption einfluss-

---

68 Der SFB plante 1961 mit Fricsay noch folgende nicht realisierte Rundfunkaufnahmen mit Werken von Bartók (Tänze und Suiten), Busoni (*Turandot-Suite*), Honegger, Hindemith, Janáček (*Sinfonietta, Taras Bulba, Adagio*, Streichersuite *Idylle, Serbischer Kolo*), Kodály, Laszlo Lajtha (*In memoria*), Gian Francesco Malipiero (*Sinfonie del silenzio e della morte*), Milhaud (*Cortège funèbre*), Ildebrando Pizzetti (*Präludien zu König Ödipus*), Goffredo Petrassi. Fricsay ergänzte: Ravel, Roussel, Armin Schibler, Florent Schmitt, Rudi Stephan (*Musik für Orchester*), Strawinsky (2. Suite für kleines Orchester, *Les Noces*), Michael Tippett.

reich wurde, weil sich Fricsay in ihr gegen damals noch florierende Vorurteile über Bartók wehrte. Für Fricsay war Bartók der bedeutendste humanistische Musiker in den finsteren Zeiten des vorübergehenden Sieges totalitärer Bewegungen in Europa. Bartóks eigentümliche Musik führte Fricsay unermüdlich auf und warb ununterbrochen für ihr Verständnis. Für das Nachleben Bartóks war es nach dessen frühem Tod 1945 in New York ein Glück, dass ein aus dem ungarischen Milieu kommender kongenialer Interpret daranging, vor allem außerhalb Ungarns seine Musik bekannt zu machen und zu posthumem Ruhm zu führen. Das von Fricsay in Bartóks Musik erkannte Humane oder Humanistische ist schwer zu beschreiben, man sollte darunter keine idealistisch verbrämte Verherrlichung des Menschen als kosmopolitischem Wesen verstehen, denn auch die dunklen Seiten der Condition humaine kommen bei Bartók gebührend zur Geltung.

Tatsächlich war Bartók einer der wenigen Komponisten des 20. Jahrhunderts, dem es gelungen war, aus den Auflösungserscheinungen der klassisch-romantischen Harmonik der Dur-Moll-Tonalität eine neue Tonalität aus pentatonischen und heptatonischen Tonleitern und entsprechenden Akkordbildungen zu entwickeln und den Rhythmus zu einem formgebenden Element zu erheben. Einzig das Zurückgehen auf vorzivilisatorische, Jahrhunderte überlebende Reste der Musik der ungarischen, rumänischen und bulgarischen bäuerlichen Bevölkerung des orientalisierten Balkans und deren Verknüpfung mit den Errungenschaften urbaner westeuropäischer Musikkultur konnte dieses Kunststück vollbringen. Großstädtisch gebildet, begab sich Bartók in abgelegenen Dörfern unter die Bauern, gewann deren Vertrauen, lebte mit ihnen und zeichnete ihre Musik auf, in der noch alte modale und fünftönige Skalen überlebt hatten. Nur durch diese Erfahrung einer originären und hochkomplexen Art zu musizieren konnte sich Bartók von dem, was man damals irrtümlich als Volksmusik bezeichnete und nachahmte und was doch nur ein blasser und kitschiger Abhub davon war, abwenden, um eine authentische Bauernmusik kennenzulernen, die die Basis für seine Revolutionierung der modernen Tonkunst wurde.

Fricsay nahm die ungarische Musiksprache Bartóks nicht als ein Exotikum, sondern fand, diese Musik solle in den internationalen Konzertsälen heimisch werden, weil sich in ihr das »Menschliche, das alle Grenzen überfliegende Brüderlichkeitsempfinden« äußere. Damit ist aber eher ein scheinbares Paradox benannt, denn keine Musik folgt so sehr dem spezifisch ungarischen Sprachfluss und -akzent wie diejenige Bartóks, die daher – ähnlich wie die Musik Janáčeks, die dem Melos der tschechischen Sprache folgt – dem Rest der Welt eigentlich als fremd und unnahbar gelten müsste. Aber in der ungarischen Komponistengeneration der ersten Hälfte des 20. Jahrhunderts – besonders in Bartók – verkörpert sich die Synthese von Ungartum und Kosmopolitismus, weil das Ungarische so randständig war, dass es sich mit Europa und der ganzen Welt austauschen und vereinigen musste – nach dem Vorbild des Ungarn und polyglotten Europäers Franz Liszt.

Fricsay gibt für die Hintergründe und Zusammenhänge des Phänomens ungarischer Musik folgende Erklärung: Die Westbindung Ungarns gehe mit ihrer Tradition zurück bis ins 16. Jahrhundert. Das Gebot des Grafen Széchenyi aus der ungarischen Märzzeit, Ungarns Neutralität zwischen West und Ost zu wahren, sei verdrängt worden durch den Nationalismus Kossuths. Entscheidend sei die Rolle Ungarns als Pufferstaat gewesen zwischen der Reformation vom Westen her und dem Islam (mit einer 165-jährigen türkischen Besetzung) vom Südosten her. Eine Beständigkeit des Ungarischen in der Musik habe es nur auf dem Land gegeben, was durch die Bewahrung und Umwandlung des Liederbaums bezeugt würde, für dessen Wiederentdeckung und Fruchtbarmachung die Rolle von Bartók und Kodály maßgeblich gewesen sei.[69]

Dazu stimmt auch eine Absage Fricsays an den ungarischen Nationalismus in einem späten Brief an Barlog:

> »Ich stamme aus einem armen Land und habe etwas erreicht; eben darum bin ich Kosmopolit und Europäer geworden, dem jeder nationale Gedanke fern liegt, denn wenn man den Nationalismus selber mitgemacht oder zumindest erlebt hat und kennengelernt hat, wird man ›Internationalist‹. Ich kenne keine

---

[69] Siehe Ferenc Fricsay, *Über Ungarn*, AdK, FFA 1522.

Vorurteile der Geburt oder der Abstammung, ich kenne nur Menschen und kenne nur den Gedanken als Ideal: wie könnte man selber soweit menschlicher leben, dass man dadurch die anderen auch menschlicher macht.«[70]

Die Internationalisierung der Musik Bartóks ist kein Phänomen eines musikalisch globalisierten Marktes, sondern tatsächlich, wie Fricsay betont hat, eines ihrer inneren Charakteristika, weil sie Folklore mit Urbanität in einer »irrealen Klangwelt« verknüpft.

> »Niemand in der Musikgeschichte wandelte jemals vor ihm in diesen Gefilden! Er allein auf der ganzen Welt hat solche geheimnisvollen Klänge geschrieben. Ein Jahrtausend eröffnet ihm seine verborgenen Träume. Seine Dissonanzen bilden eine neue Sprache, seine strenge, eherne Rhythmuswelt mahnt zum Ernst, seine Polyphonie ist übersensibel! Ein dämonisches Feuer und eiskalte Flamme, erstarrte Kälte und eruptive Vulkanausbrüche, Urklänge und Großstadtgeräusche, Seelendrama und himmelhochjauchzender Übermut und seine Wunderwelt, die nur er gesehen und geträumt hat. Er macht uns durch unsere Ohren zu seinen Weggefährten.«[71]

Mit Blick auf die genuin ungarischen Elemente in Bartóks Musik kann vermutet werden, dass speziell ungarische Musiker sie auch am besten aufführen können. Fricsays Interpretationen, die er meist mit ungarischen Instrumentalsolisten vornahm, könnten dafür ein Beispiel sein, wenn nicht Pierre Boulez dafür das kosmomusikalische Gegenbeispiel geliefert hätte.[72]

Überraschenderweise hat Fricsay ausgerechnet die vokalen Kompositionen Bartóks, die man sich in einer anderen Sprache als dem Ungarischen schwer vorstellen kann, da ihre Musik entschieden auf das ungarische Idiom abgestimmt ist, mit deutschen Sängerinnen und Sängern in deutscher Sprache aufgeführt und eingespielt.

---

70   Fricsay, Brief an Boleslaw Barlog vom 22.8.1962 aus Ermatingen nach Berlin, AdK, FFA 479.

71   Ferenc Fricsay, »Bartók. Entwicklungsweg – Wandlung – Wesen«, in: *Über Mozart und Bartók*, Kopenhagen – Frankfurt/M. 1962, S. 50.

72   Boulez hat es im Gegensatz zu Fricsay geschafft, eine Gesamtaufnahme aller Orchesterwerke Bartóks einzuspielen, die das Universelle an dieser Musik verkörpert. Fricsay hat eine Aufführung der unheimlichsten aller Bartók-Musiken, der Ballettmusik *Der hölzerne Prinz*, nicht einmal in Erwägung ziehen wollen.

Fricsay gab in mehreren Bartók gewidmeten kleinen Essays auch Schilderungen der in der Musik dargestellten außermusikalischen Inhalte, betonte aber, dass er in ihnen nur seine »Assoziationen, die diese Werke, nach dem Eindringen in ihre Geheimnisse, in mir hervorgerufen haben«, festgehalten habe. »Es handelt sich also nur um das Aufzeigen eines Verständnisweges zum absoluten Inhalt der Komposition.«[73] Das Gleiche gilt für seinen Versuch, den Werken Bartóks verschiedene Farbeindrücke zuzuordnen.

Fricsay unterscheidet in seinem ersten, etwas längeren und grundsätzlichen Bartók-Essay »Entwicklungsweg – Wandlung – Wesen« nicht nur vier maßgebend gewordene Schaffensperioden im Werk Bartóks, sondern gibt auch eine Liste jener Werke, die für ihn Höhepunkte in dessen Schaffen bilden. Im Folgenden werden zunächst Betrachtungen zu Aufführungen und Einspielungen dieser für Fricsay wichtigsten Werke angestellt: An Bühnenwerken sind dies der auf einer alten europäischen, zuerst von Charles Perrault gegen Ende des 17. Jahrhunderts notierten Legende beruhende Einakter *Herzog Blaubarts Burg* und die Ballettmusik *Der wunderbare Mandarin*, wobei es sehr erstaunt, dass Fricsay letzteres Werk nie aufgeführt hat, nur relativ spät – zu spät – noch geplant hat.

Von *Blaubarts Burg* sind etliche Aufführungsdaten und Einspielungen überliefert: 1951 in Neapel (zusammen mit de Fallas *Vita Breve*) und Berlin, 1953 eine Gesamtaufnahme beim Schwedischen Rundfunk mit Birgit Nilsson als Judith (liegt im dortigen Archiv), 1958 in Berlin eine Gesamtaufnahme für die DG (erhielt 1961 den Grand Prix du Disque), 1958 eine einzige Aufführung unter Fricsays Leitung in der Bayerischen Staatsoper in München.

Die Aufnahme für die DG erfolgte in deutscher Sprache und mit Hertha Töpper als Judith und Fischer-Dieskau als Blaubart. Dieses Zwei-Personen-Stück lebt von einem intensiven sprachbezogenen Dialog und wenigen symbolischen Handlungen in einer Musik, die dem ungarischen Sprachidiom eng folgt. Umso erstaunlicher ist, dass Fricsay die alte deutsche Übersetzung von Wilhelm Ziegler von 1921 zuließ, ein Kompromiss zugunsten der unmittelbaren Ver-

---

73 Ferenc Fricsay, »Gedanken zu Bartóks Concerto für Orchester«, in: *Über Mozart und Bartók* (Anm. 71), S. 54.

ständlichkeit der Vorgänge für ein deutsches Publikum auf Kosten der musikalischen Symbiose. Hier ist es aber eindeutig die dem ursprünglich achtsilbigen Versmaß des Originals angepasste Musik, die die deutsche Sprache beugt und sich gefügig macht, sodass von ihrem suggestiven Charakter kaum etwas verloren geht. Alle Kompositionsverfahren Bartóks: der unterschiedlich männlich/weibliche Gesangsgestus (*parlando* für Blaubart, *arioso* für Judith), pentatonische, auf dem Intervall des Tritonus aufgebaute Linien für Blaubart und schillernde Instrumentations- und Tonartenwechsel für die erhabenen und erschreckenden Inhalte der Räume hinter den geöffneten sieben Türen, werden von Fricsay, Töpper, Fischer-Dieskau und dem RSO realisiert, Blaubarts Obsessionen als Insignien seiner Einsamkeit und Liebesunfähigkeit zum Klingen gebracht. Expressionistische und impressionistische Zeitelemente mischen sich in der Partitur wie in Fricsays Klangformationen; das Spiel mit tonmalerischen Mitteln der Klangfarbe wird intensiv gestaltet.

Fricsay besaß den von Bartók benutzten Klavierauszug von *Blaubarts Burg* mit dessen Annotationen, die er auch für seine Schallplatteneinspielung dieses Einakters verwendete. 50 Jahre nach ihrer Budapester Uraufführung erfuhr diese Oper hiermit ihre zwar nicht erste, aber eine international wirksame Schallplatteneinspielung durch Fricsays Engagement für dieses menschliche Not offenbarende und Menschen erschütternde Werk.

An Chorwerken nennt Fricsay unter den Höhepunkten noch die Cantata profana *Die Zauberhirsche* für Tenor, Bariton, Doppelchor und Orchester. Von ihr gibt es eine Studioeinspielung vom Vortag der Berliner Erstaufführung im September 1951, für die der in moderner Gesangstechnik versierte Helmut Krebs (Tenor) einen der in Hirsche verwandelten Söhne und Fischer-Dieskau (Bariton) den Vater sang, der zunächst auf die Hirsche schießen will, sie dann vergeblich zurück in die Menschenwelt zu locken sucht. In der Rolle des erzählenden und kommentierenden Doppelchors sangen der RIAS Kammerchor und der Chor der St. Hedwigs-Kathedrale. »Cantata profana« scheint, in Anlehnung an die Kantatenkultur des 17. und 18. Jahrhunderts, eher Gattungsbezeichnung denn eigentlicher Titel des Werks zu sein, da Bartók hier wirklich aus seiner Verehrung Bachs als dem Höhepunkt einer idealen Vereinigung von Melos und Rhythmik ernst gemacht und eine Kantate als oratorische Szene mit Turba-Chören und solistischen Dialogen geschrieben hat. Mit ungarischem Text nach einer rumänischen heidnischen Legende (›Colinde‹) verfasst und 1930 fertiggestellt, wurde sie zunächst 1934 in London und in englischer Sprache uraufgeführt. Die Verwandlung der jagenden neun Brüder in Exemplare des gejagten Wilds durch Verfolgen der Spur des Zauberhirschen und ihr folgender Unwille, in die ihnen plötzlich entfremdete Menschenwelt zurückzukehren, ist eines der großartigen Volksmärchen, in denen die menschliche Naturbeherrschung beendet und das gedemütigte und zu vernichtende tierische Opfer zum regierenden Akteur wird, um künftig nur noch »aus dem klaren Quell der Natur zu trinken« – ein »persönliches Glaubensbekenntnis«, wie Bartók betont hat. Bartók synthetisiert hier tatsächlich Volksmusik mit Bach'scher Technik, und Fricsay gelingt es, in seiner Einspielung ein klingendes Bild der Natur zu evozieren, das sie als magisch und auratisch erscheinen lässt. Als Hans Werner Henze fünf Jahre später seine ähnlich naturklanglich grundierte Oper *König Hirsch* an der Städtischen Oper in Berlin aufführen ließ, war Fricsay schon nicht mehr zur Stelle.

Das von Fricsay unter den Konzerten Bartóks neben dem 2. Violinkonzert favorisierte 2. Klavierkonzert erlebte unter seiner Leitung etliche Aufführungen und Einspielungen, ausschließlich mit Géza Anda (Anda schätzte sie auf ca. 60): 1952 beim NWDR in Köln, in Paris (Gastspiel des RIAS-SO auf dem von Nicolas Nabokov organisierten Festival »L'Œuvre du XXème siècle« während eines reinen Bartók-Konzerts) und in Salzburg (Gastspiel des KRSO beim 26. Weltmusikfest der IGNM), dann 1953 und 1959 in Berlin, 1956 in Luzern, 1959 in Genf, 1961 in Wien und London (während eines Gastkonzerts beim London Philharmonic Orchestra, wiederum einem reinen Bartók-Konzert).

Vergleicht man die Einspielung von 1953 mit der sechs Jahre späteren, gespielt von demselben Solisten und Orchester, sind die Unterschiede nicht gravierend: Die zweite Einspielung erscheint etwas luzider, die pro Satz jeweils einige Sekunden länger dauernde spätere erlaubt es sich, bestimmte Passagen, besonders Übergänge, Stimmungswechsel und Zäsuren deutlicher auszuspielen, ansonsten bleibt der perkussive, aufstöbernde Charakter gleich. Betonter ausartikuliert sind besonders im Nachtstück des langsamen Satzes der brutalistische Dialog zwischen martellato angeschlagenem Klavier und den Pauken sowie die Rückkehr von der Presto-Passage zu

Abb. 6: Fricsay und Géza Anda in Berlin bei der Aufnahme des 2. und 3. Klavierkonzerts von Béla Bartók, September 1959

den kriechenden und düsteren Streicherlinien, die nach einer Äußerung Fricsays die »finstere Weltnacht« verkörpern. Der eruptive Gesamtcharakter des Klangs ist in beiden Einspielungen ähnlich verstörend, und in beiden brilliert die Blechbläserriege mit ihren vertrackt ineinandergreifenden Figuren und geweiteten Fanfaren. Die Virtuosität und Präzision von Géza Anda ist in beiden Aufnahmen bestechend. Der auf verschiedene historische Kompositionstechniken anspielende neu-klassizistische Charakter, ja universelle Anspruch dieses Konzerts (man hört im 1. Satz eine Sequenz mit barocken Imitationen, die an Bach gemahnen) hat es im Repertoire verstetigt, und die Einspielung mit Anda und Fricsay wird für eine lange Zeit, auch wegen ihres Muts zu einer romantisch-lärmenden Atmosphäre, eine internationale Referenz darstellen.

Unter den Instrumentalkonzerten zählte Fricsay auch das 1937/38 noch in Ungarn komponierte, aber 1939 vom Widmungsträger Zoltán Székely in Amsterdam uraufgeführte 2. Violinkonzert zu den Höhepunkten in Bartóks Produktionen. Relativ früh, an zehn Tagen im Januar 1951, nahm Fricsay es mit dem ungarischen Geiger, Absolventen der Budapester Musikakademie und Hubay-Schüler Tibor Varga und den Berliner Philharmonikern für die DG auf. Mit demselben Solisten führte er dieses Konzert im September 1951 mit dem RIAS-Orchester auf, wovon ein Mitschnitt existiert. In einem Konzert der Museumsgesellschaft in Frankfurt am 11. März 1957 führte er das Konzert mit dem schon in den 1920er Jahren wegen des wachsenden Antisemitismus in Ungarn nach Brüssel emigrierten Geiger André Gertler auf, der ein Absolvent der Budapester Musikakademie und mit Bartók befreundet war und zum Zeitpunkt des Frankfurter Konzerts an der Musikhochschule in Köln unterrichtete. Der Mitschnitt des 2. Violinkonzerts mit Menuhin in Wien am 20. Juni 1961 im Rahmen des Abschlusskonzerts des 35. Weltmusikfests der IGNM wurde gelöscht. Menuhin wurden wie üblich keine musikalischen, sondern nur technische Mängel bescheinigt.

Man spürt auch bei Bartóks 2. Violinkonzert den ernsten kompositionstechnischen Anspruch, es in die klassisch gewordenen Exemplare dieser Gattung einzureihen. Trotz experimenteller Klang- und Instrumenten-Kombinationen für schrille, schnarrende und scheppernde Effekte merkt man die Bändigung der Lust an tumultuarischen Passagen durch strenge Formgebung entlang von Themen- und Motivvorstellungen, die das rotierende, Fäden spinnende und rhythmisch sich verästelnde Spiel antreiben. Ruppige Passagen lösen sich mit sanften ab, der Wechselbalg der Stimmungen ist in dem Variationensatz Episode für Episode besonders spürbar. Die beiden Aufnahmen mit Varga aus dem Jahr 1951 zeigen kaum Unterschiede in der Auffassung und Darbietung des Konzerts, in der Studioaufnahme mit den Berliner Philharmonikern ist der Geiger direkter mikrofoniert, wodurch das Orchester hintergründiger wirkt; eine gewisse Scheu vonseiten des Orchesters, die aggressiven Stellen zu exponieren, ist spürbar.

Drei Orchesterwerke zählte Fricsay zu den Höhepunkten bei Bartók: Das *Divertimento für Streichorchester* (1939), die *Musik für Saiteninstrumente, Schlagzeug und Celesta* (1936) und das *Concerto für Orchester* (1943). Das *Divertimento* hat Fricsay unzählige Male weltweit aufgeführt. Das lag an der Bedeutung, die Fricsay besonders dem langsamen Satz beimaß.

> »Bartók drückt mit den sparsamen Mitteln des Streicherklangs alles Leiden der Welt, eine Traurigkeit ohnegleichen aus. Die erhabene funebre Stimmung der ›Eroica‹ ist diese Stimmung nicht. Hier wird nicht um jemanden getrauert, sondern trostloser Zusammenbruch zum Ertönen gebracht. (…) Die Violinen steigern sich in ein hysterisches Weinen, das in einem schmerzlichen Aufschrei kulminiert. Die tragische Wahrheit steht in ihrer ganzen Brutalität nackt vor uns.«[74]

Vier Aufnahmen sind überliefert: zwei mit dem Berliner RIAS-Symphonie-Orchester, ein Konzertmitschnitt vom 11. Februar 1952 und eine Studioaufnahme von zwei Tagen im April 1953, sowie je eine Aufnahme in Genf vom 8. Februar 1956 mit dem OSR (liegt im Archiv des Schweizer Rundfunks) und in Kopenhagen vom 14. Februar 1957 mit dem Sinfonieorchester des Dänischen Staatsradios (liegt im Archiv des Danmark Radios). Die beiden RIAS-Einspielungen aus zwei aufeinanderfolgenden Jahren zeigen recht unterschiedlichen Charakter; während beim Mitschnitt der Aufführung im Titania-Palast die Expressivität und besonders im langsamen Satz die lastende Tiefe der orchestralen Gestaltung überwiegt (für die Fricsay sich im langsamen Satz fast zwei Minuten mehr Zeit nimmt als in der späteren Studioaufnahme), ist bei der Schallplattenaufnahme stärker auf die feinen Unterschiede zwischen dem Tutti und der Streichquintett-Sologruppe Wert gelegt und der Klangfluss strömender, weniger hart.

Zur *Musik für Saiteninstrumente, Schlagzeug und Celesta* steigert sich Fricsay zu der Äußerung, dass sie (zusammen dem 5. und 6. Streichquartett) den »absoluten Höhepunkt« darstelle – im Sinne der von Bartók entworfenen irrealen Klangwelt aus Elementen des Bauerntums und der Urbanität. Saiteninstrumente sind hier nicht

---

74 Ferenc Fricsay, »Bartóks irreale Klangwelt«, in: *Über Mozart und Bartók* (Anm. 71), S. 52.

nur die beiden Streichergruppen, sondern auch Klavier und Harfe. Dieses historisch wohl einzige mehrsätzige Orchesterwerk, das mit einer Fuge beginnt, überrascht immer wieder durch überbordende magisch-fantastische Erfindungen und Instrumentenkombinationen und ist in seiner strengen Architektur ein formal gebändigter Überschwang. Auch hier existieren nur zwei Aufnahmen als Studioeinspielungen, beide mit dem RIAS-Symphonie-Orchester, eine von 1952 im Anschluss an eine öffentliche Aufführung (diskografiert vom Label audite) und eine vom Juni 1953 für die DG. Fricsay lässt bei äußerster Präzision der spielerischen Verwirklichung Zeit und Raum, wobei in der Einspielung von 1952 der magisch-dämonische langsame Satz eine Minute länger ausgespielt wird. Die anfängliche, zunächst im Quintenzirkel, dann in den chromatischen zwölf Stufen aufgefächerte Fuge erfordert dirigentische Geistesgegenwart und Vergegenwärtigung des ganzen operativen Vorgangs in jedem einzelnen Schritt und Einsatz, was in beiden Aufnahmen glänzend gelingt.

Auch das *Concerto für Orchester* führte Fricsay oft auf und spielte es mindestens dreimal ein, zunächst im November 1955 mit dem Sinfonie-Orchester des Hessischen Rundfunks (Konzertmitschnitt in dessen Archiv), dann im April 1957 im Anschluss an ein Konzert des RSO und noch einmal 1961 mit dem OSR (im Archiv des Schweizer Rundfunks). Fricsays in einem gesonderten Essay[75] im Rahmen seiner Betrachtungen zu Bartók gegebene Schilderung seiner Vorstellungen zum Werk, die er auch bei den Proben den Musikern, das Verständnis animierend, vermittelte und die keine Inhaltsangabe sein wollten, mögen ihren Zweck erfüllt haben, können sogar helfen, das Werk hörend nachzuvollziehen. Ein Weg zum »absoluten Inhalt der Komposition«[76] sind sie wohl eher oder gerade nicht, denn dieser wäre vielmehr in den Charakteristika der inneren Formen zu suchen. Der im deutschen Namen »Konzert für Orchester« getilgte italienische Titel des Werks ist wohl ein Fingerzeig Bartóks, man solle das gemeinsame Konzertieren von Orchestergruppen in Anlehnung an die alte italienische Concerto-grosso-

75   Fricsay, »Gedanken zu Bartóks Concerto für Orchester« (Anm. 73), S. 54–62.
76   Ebd., S. 54.

Praxis ernst nehmen. Und bei aller metaphorischen Überhöhung, der sich auch Fricsay bediente, ist das besondere Kennzeichen seiner Art, dieses Werk aufzuführen, vor allem die direkte, nie verschwimmende prägnante Artikulation der Instrumente in ihren Gruppierungen und Vereinzelungen, besonders wenn sich konträre Rhythmen überlagern oder rasant ablösen. Dass man »das Concerto durchaus als eine Synthese einer musikalischen Dialektik betrachten«[77] kann, ist wohl wahr, auch wenn man die von Fricsay dann genannten Thesen und Antithesen, die die Grundlage zur Synthese der gesamten Partitur bilden sollen (es ginge dabei um Heimat und Exil), nicht für triftig halten sollte. Das Getriebensein zwischen zwei Polen, die musikalische Beschreibung eines Kampfes zwischen Extremen ist sinnfällig hörbar.

Jenseits der von Fricsay genannten Höhepunkte im Schaffen Bartóks hat er sich mehrmals auch anderen Werken des Komponisten gewidmet. Das in Bartóks Todesjahr 1945 entstandene und unfertig hinterlassene 3. Klavierkonzert wurde nicht von Bartóks zweiter Frau Ditta Pásztory, der er das Konzert gewidmet hatte, uraufgeführt, sondern 1946 in einer von Tibor Serly vollendeten Fassung in Pittsburgh von dem Bartók-Schüler György Sándor. Das Konzert genießt den zweifelhaften Ruf, im Gegensatz zu dem mit Barbaro-Effekten gewürzten 2. Klavierkonzert einen weicheren, »weiblicheren« Charakter zu haben. Fricsay musizierte es mit mehreren Solistinnen und Solisten. Von der Aufführung in einem RIAS-Konzert im Januar 1950 gibt es einen vom Label audite diskografierten Livemitschnitt mit dem Solisten Louis Kentner, Absolvent der Budapester Musikakademie, der auch 1946 die europäische Erstaufführung übernommen hatte. An vier Tagen im April 1954 wurde für die DG eine Studioaufnahme mit der französischen Pianistin Monique Haas unternommen, die auch schon kurz nach Sándors Uraufführung und Kentners europäischer Erstaufführung geholfen hatte, das Konzert in Europa einzuführen. Im Januar 1956 spielte Fricsay es öffentlich mit der ungarisch-jüdischen Pianistin Annie Fischer, Absolventin der Budapester Musikakademie, die 1940 nach Schweden geflohen und nach dem Zweiten Weltkrieg nach Ungarn zurück-

---

77   Ebd., S. 55.

gekehrt war, aber auch im Westen konzertierte, zunächst in Amsterdam sowie im Oktober 1958 mit dem RSO in Berlin (kein Tondokument überliefert), wie auch schon im Februar in Genf mit dem OSR, wovon ein Mitschnitt in den Archiven des Schweizer Rundfunks liegt, sowie im November 1960 in München mit dem Symphonieorchester des BR. Die ultimative Aufnahme mit Anda stammt wie die des 2. Konzerts aus den September-Tagen des Jahres 1959 (ohne öffentliche Darbietungen, nur für die DG). Kentner entfernt sich durch seine spielerische Dominanz am meisten von einem feinsinnig mit dem Orchester dialogisierenden Ideal dieses Konzerts, vor allem im Adagio religioso. Die Aufnahme mit Monique Haas zeichnet sich durch ein von der Komposition her gegebenes markantes rhythmisches Profil aus, in dem keine Ecken und Kanten abgeschliffen sind, das manchmal leicht tändelnde Formen annimmt, wie öfter auch in anderen Stücken Bartóks, sodass die Legende von weicher Weiblichkeit dieses Konzerts in sich zusammenfällt. Der Charakter des lieblich fließenden langsamen Satzes rührt von seiner religiösen Sphäre her, in die die Musik zu transzendieren sucht.

Ein Mitschnitt des reifen Violakonzerts Bartóks mit Stefano Passaggio, dem Solobratschisten des RSO, bei einem Konzert des RSO im Oktober 1960 wurde gelöscht, was einen herben Verlust darstellt, da es keine Alternative gibt und auch sonst das Werk selten gespielt wird. Was das 1., 1907 komponierte zweisätzige Violinkonzert betrifft, das erst nach dem Tod der Widmungsträgerin Stefi Geyer, Absolventin der Budapester Musikakademie, die es bis 1956 in ihrem Nachlass verborgen hielt, veröffentlicht werden konnte, hat Fricsay sich damit begnügt, daraus den von Bartók 1909 in die *Deux Portraits* integrierten 1. Satz zu spielen, als erstes Porträt, das ein liebliches Ideal verkörpern soll, im Gegensatz zu dessen Zerrbild im zweiten. Er führte die *Deux Portraits* mit verschiedenen Solisten zwischen 1947 (mit dem Budapester Hauptstädtischen Orchester in Wien) und 1961 (mit dem London Philharmonic Orchestra) oft und gerne auf. Auch die *Tanzsuite*, ein fulminanter, 1923 komponierter Zyklus von Nachgestaltungen der substanziellen rhythmischen Elemente der ungarischen Folklore mit tonalen, polytonalen und atonalen Bestandteilen, führte Fricsay gerne und schwungvoll inspiriert zwischen 1951 (in Köln) und 1960 (in Luzern) auf. Von der ein einziges Mal im April 1953 in einem Konzert des RIAS-Orchesters dargebotenen *Sonate für zwei Klaviere und Schlagzeug* mit vier Solisten ohne weitere Begleitung gibt es leider keinen Mitschnitt.

Drei Psalmodien: Honegger, Kodály, Strawinsky

Das von Arthur Honegger 1923 aus einer ursprünglichen Schauspielmusik zu einem biblischen Drama des rätoromanischen Dichters René Morax in einen sinfonischen Psalm mit erweitertem Orchesterapparat umgewandelte und in deutscher Sprache in Winterthur uraufgeführte Oratorium *König David* führte Fricsay zweimal in Berlin auf: Ende September 1952 sowie im Februar 1961, jeweils mit dem RIAS Kammerchor, einmal verstärkt durch den Chor der St. Hedwigs-Kathedrale, andermal durch den Chor des NDR Hamburg, jeweils mit unterschiedlichen Gesangssolisten. Beide Male machte er zusätzlich Studioaufnahmen für den RIAS (wurde vom Label Relief diskografiert) und den NDR.

Man kann diese damals 30 Jahre alte Musik einer alternden Komponistengeneration, die einen eigensinnigen Ton anschlägt und keiner der in den 1920er Jahren in Europa gängigen modernen Schulströmungen zugerechnet werden kann, gerade noch als zeitgenössisch bezeichnen. Man muss berücksichtigen, dass durch die Unterbrechung des Nazi-Reiches diese Musik in Deutschland keine Aufführungstradition entfalten konnte, und so dürfte diese Aufführung für die Berliner die erste seit den 1920er Jahren gewesen sein, mit der Fricsay auch die Selbstverständlichkeit jüdischer Sujets wieder einzubürgern suchte. Die Musik selbst, für Laienchöre konzipiert, ist in ihrer klaren, eindringlichen psalmodierenden Diktion unmittelbar zugänglich, die Formenvielfalt der 27 kurzen Nummern abwechslungsreich, das altorientalische Flair durch exotische, bläserdominierte Instrumentierung erzeugt, der monotone Wechsel von Rezitativen, Arien und Chören aufgehoben zugunsten der verbindenden Worte eines Erzählers zwischen musikalischer Rollenprosa der Solisten, die nicht an die Verkörperung einer einzigen Figur gebunden sind, und an deren Deklamation sogar der Chor teilhat. Nicht nur die Konstellation der Protagonisten Saul, David und Salomon, sondern der historischen Parteiung des Volkes

Israel sind Gegenstand der durch Psalmen, Lieder und Tänze dargestellten Handlung zwischen Leid, Klage, Trauer und Freude. Fricsay hat diese expressionistische Mixtur gut im Griff, der fast unentwegt singende Chor vollzieht stimmlich alle Stimmungswechsel mit, die Solisten (Elfride Trötschel, Sopran; Lore Fischer, Alt; Walther Ludwig, Tenor) verteilen ihren lyrischen oder martialischen Gesang situationsbedingt, der Dauerekstase des Sprechers Siegmar Schneider wird man schnell müde.

Ein anders gearteter, zur selben Zeit entstandener vokal-orchestraler Psalmgesang war Kodálys *Psalmus hungaricus*, der textlich einer altungarischen Umdichtung des 55. Psalm zur Zeit der türkischen Besetzung Ungarns folgt und damals wie auch in der Vertonung Kodálys in den 1920er Jahren eindeutig patriotisch-religiöse Ziele verfolgte, obwohl Ungarn zu diesem späteren Zeitpunkt keine unterdrückte Nation mehr war. Kodály versuchte sich offensichtlich und mit Erfolg als ein wegen seines Engagements in der ungarischen Räterepublik Verfemter in den reaktionären Zeitgeist zu integrieren.

Fricsay hat sich dieses Werks relativ früh auch im und für den Westen angenommen, so leitete er die österreichische Erstaufführung mit den Wiener Symphonikern im Dezember 1947, später die Münchner Erstaufführung im November 1956 mit dem Bayerischen Staatsorchester sowie Aufführungen in Luzern im August 1958 und während des Eröffnungskonzerts des Großen Sendesaals mit dem RSO und dem St. Hedwigs-Kathedral-Chor 1959. Die beiden Einspielungen, die Fricsay unternahm (zuerst im Oktober 1954 mit dem RIAS Kammer- und -Knabenchor und dem RIAS-SO, dann 1959 mitgeschnitten im Großen Sendesaal), beide Male mit Ernst Haefliger als Psalmisten, heben dieses Werk aus den genannten Assoziationen heraus und lassen an Ungarischem nur noch die musikalischen Entlehnungen aus der ungarisch-bäuerlichen Pentatonik und der altslawischen Choralmelodik übrig und verbleiben ganz in der alttestamentlichen Sphäre eines Bußpsalms Davids mit seiner Klage und Erlösungssehnsucht. Dieses Programm lässt Fricsay lyrisch-expressiv vortragen, in der ersten Einspielung gedrängt, rhythmisch pointiert und mit aggressiver Dominanz der hohen Bläser, später etwas eingeebnet und breiter, dumpfer, fünf Minuten länger brauchend.

Die dritte psalmodierende Komposition, der sich Fricsay widmete, war Strawinskys *Psalmensinfonie*. Im Anschluss an ein reines Strawinsky-Konzert im Januar 1951 gab es eine Studioeinspielung mit dem RIAS Kammer- und -Knabenchor sowie dem St. Hedwigs-Kathedral-Chor und dem RIAS-SO. Obwohl nach streng liturgischen Bezügen ausgesucht (alle ausgewählten lateinischen Psalmtexte aus der Vulgata stammen aus der Matutin und den Lauden des Totenoffiziums) ist diese dreisätzige Psalmsinfonie kein konfessionell gebundenes, sondern ein frei religiöses Werk und enthält neben Elementen des katholischen Ritus auch solche aus der Ostkirche und des Protestantismus. Fricsay lässt den Chor stets prägnant gleichmetrisch und syllabisch, schrittweise gehend singen und erzeugt damit jene von Strawinsky gewollte Buchstäblichkeit des Vortrags, die nur durch die Orchesterbegleitung und -umspielung aufgelockert oder stimmungsmäßig ausgeweitet wird.

Strawinsky – »ein Kapitel für sich«

Strawinsky, ein Russe in Paris und später in Amerika, hatte im Laufe seines Lebens eine undogmatische musikalische Poetik entwickelt, die es ihm ermöglichte, vielerlei Stile und Techniken nebeneinander und abwechselnd anzuwenden, um spezifische, der musikalischen Idee einzelner Werke adäquate Mittel einzusetzen. Seine Verwurzelung in der russischen Folklore und Liturgie hielt sein Leben lang an, ebenso wie seine Bevorzugung des Rhythmus als eines tragenden architektonischen Elements von Musik.

Fricsay könnte man als Pionier für Strawinsky-Aufführungen bezeichnen, hat er doch schon in der ersten Hälfte der 1950er Jahre nicht nur einzelne Werke desselben in seine Konzertprogramme integriert (so bereits im November 1949 die Berliner Erstaufführung der Messe für gemischten Chor und zwei Bläserquintette), sondern sogar reine Strawinsky-Programme geboten[78]. Weitere und spätere reine Strawinsky-Programme absolvierte Fricsay in Berlin noch im

---

[78] Wie bereits im Januar 1951 mit der *Psalmensymphonie*, der *Petruschka*-Suite und dem *Capriccio für Klavier und Orchester* mit dem Berliner Pianisten Helmut Roloff.

Juni 1952 zum 70. Geburtstag des Komponisten mit dem Divertimento *Der Kuss der Fee*, dem *Concerto in D* für Violine und Orchester mit Rudolf Schulz und der Berliner konzertanten Erstaufführung des Melodrams *Persephone* für Sprecher, Solisten, Chor nach einem Libretto von André Gide, dann wieder im September 1960 im Großen Sendesaal (*Psalmensinfonie, Movements* und *Oedipus Rex*).

Nicht von der szenischen Aufführung in der Städtischen Oper 1951, sondern von jener konzertanten im September 1960 existiert ein Mitschnitt der Opéra oratoire en deux actes d'après Sophocle *Oedipus Rex* für den Rundfunk und die DG. Das von Jean Cocteau und Strawinsky verfasste Libretto sieht vor, dass der Sprecher auf Französisch erzählt und kommentiert, was eine Übersetzung in die jeweilige Landessprache der Aufführungen nahelegt, sowie, dass die musikalischen Nummern auf einer ins Lateinische übersetzten Version des Sophokleischen Textes gesungen werden sollen, was die streng mythologischen Vorgänge verdeutlichen soll. Die statuarische Konzeption Strawinskys und die rituelle Feierlichkeit kommen in Fricsays Wiedergabe gut zur Geltung. Die oratorischen Elemente, also die Erzählerrolle und die bedeutsamen Chorinterventionen, werden von Ernst Deutsch und den vereinigten Chören von RIAS und NDR beglaubigt, während die Momente von szenischer Panik und Raserei in asymmetrischen Fügungen zwischen Gesang und einem von Holz- und Blechbläsern dominierten Orchester kontrastreich hervorbrechen.

Ähnliche rituelle Musik, aber mit paganem, ländlich-profanem und mystischem Hintergrund und ohne vokale Bestandteile hatte Strawinsky 1913 in seiner Ballettmusik *Le Sacre du Printemps* für das Russische Ballett in Paris komponiert. Fricsay führte deren Konzert-Fassung von 1947 im Januar 1954 mit dem RIAS-SO auf (sie wurde dort wie vor 40 Jahren bei der Pariser Uraufführung noch einmal ausgepfiffen, nach einer ersten Konzerthälfte mit Beethoven und Mozart) und spielte das Werk zwei Monate später für die DG ein. Den irdischen, erdverbundenen, dem Wiedererwachen der Vegetation gewidmeten ersten Teil gestaltet Fricsay mit allen rhythmischen und an die Instrumententimbres gebundenen Raffinessen tänzerisch und erwartungsfroh, während mit der Introduktion zum

zweiten Teil sich eine das Unheil anbahnende Stimmung ausbrei-
tet, die sich erbarmungslos, der altrussischen Zeremonie gemäß bis
zur Opferung der »Auserwählten« steigert, fast stumpf und ohne
orchestralen Glanz zu verbreiten.

Ganz anders ließ Fricsay das Orchester in den vier Tableaus der
1947er Konzertfassung des *Petruschka*-Ballettes von 1911 agieren,
indem während einer erneuten Aufführung mit dem RIAS-Orchester im April 1953 mit zeitgleicher Einspielung für die DG die mär-
chenhaften melodischen und klangmalerischen Bestandteile der
Partitur genussvoll, skurril und elegisch ausgespielt wurden. Eine
weitere Konzertfassung einer Ballettmusik spielte Fricsay im September 1954 mit dem RIAS-Orchester für die DG ein: das viersät-
zige Divertimento aus dem Ballett *Der Kuss der Fee* nach dem in den
Alpen spielenden Märchen *Die Eisjungfrau* von Christian Andersen
als Hommage an Tschaikowsky und die alte Ballettkunst im russischen Zarenreich.

Im Vorlauf zur Berliner Erstaufführung der von Strawinsky für
Margrit Weber komponierten *Movements for piano and orchestra*
Ende September 1960 während eines reinen Strawinsky-Programms
spielte Fricsay dieses Werk mit der Widmungsträgerin schon zwei
Wochen vorher ein. Weber hatte das Werk im Januar desselben
Jahres in New York unter Leitung des Komponisten uraufgeführt.
Es ist eine schöpferische Auseinandersetzung nicht nur Strawinskys, sondern auch Fricsays mit der seriellen Kompositionsme-
thode. Sie wird hier von Strawinsky noch strenger als sonst im Sinn
Anton Weberns gehandhabt, um kurze gebärdenartige Figuren, die
antitonal und antilinear gebildet sind, in klangfarbenreichen Metamorphosen vorzustellen und durchzuführen. Die fünf mit Metro-
nomzahlen definierten und betitelten musikalischen Bewegungen
sind grazile Gebilde, in denen die vorgegebene, mit sprunghaften
Intervallen ausgestattete Tonreihe in sich neu gruppiert und zerlegt
wird. Weber und Fricsay lassen diese Musik trotz des starren Kor-
setts atmen und spielen es, als wär's ein Stück von Webern.

Auseinandersetzung mit Schönberg

Bekanntlich durchlief das Schaffen Arnold Schönbergs mehrere Phasen, die sich auch mischten: Angefangen von seinen üppigen, harmonisch überbordenden, ins Laszive umschlagenden frühen Kompositionen im Geist einer sich selbst zermürbenden spätzeitlichen Romantik, gefolgt von dem zunächst neusachlichen, sich dann wieder expressionistisch aufladenden Komponieren in freier Atonalität, die durch die rationalistische Methodik der »Komposition mit 12 nur aufeinander bezogenen Tönen«, deren intervallische oder akkordische Formation durch eine Reihe von zwölf Tönen vorgegeben war, abgelöst und domestiziert wurde, gelangte Schönberg in Amerika zu einem gemischten Spätstil, in dem er sich selbst das Verwenden tonaler Mittel wieder gestattete. Bedauerlicherweise hat Fricsay mit jenen ausdrucksstarken späten Werken Schönbergs keine Berührung gehabt, sondern sich lediglich mit drei Kompositionen aus dessen früher und mittlerer Periode auseinandergesetzt. Wir verfügen über folgende Aufführungsdaten und Einspielungen:

- drei Stücke aus der *Suite im alten Stil für Streichorchester* von 1934 im November 1949 im Titania-Palast mit den Berliner Philharmonikern[79]
- *Kammersymphonie für 15 Soloinstrumente* op. 9 von 1906 mit Mitgliedern des RIAS-Orchesters, Konzert im Januar 1953[80]
- *Violinkonzert*, Konzertmitschnitt vom 12. September 1960 im Konzertsaal der Musikhochschule mit dem RSO und Tibor Varga[81]

Die Kammersinfonie op. 9 und das Violinkonzert sind beides Werke des Übergangs, einmal in eine die Fesseln der Tonalität ablegende intuitive Ahnung von den schöpferischen Möglichkeiten atonalen

---

79 Konzertmitschnitt im RIAS-Archiv des DLF Kultur, diskografiert von audite im Jahr 2012 im Rahmen der CD-Box »The RIAS Second Viennese School Project. Schönberg/Berg/Webern«.

80 Die nachträgliche Studioaufnahme liegt im RIAS-Archiv des DLF Kultur, ebenfalls diskografiert von audite 2012.

81 Liegt im Archiv des SFB/rbb, keine Veröffentlichung; Rüdiger Albrecht als Hörer dieses Mitschnitts betont den Kontrast zwischen Fricsays akkuratem Dirigat des Orchesters und Vargas fahrigem Spiel.

Komponierens und der Bildung permutierender Intervallreihen, andermal in eine die Fesseln der Reihentechnik ablegende freiere Fantasie im Umgang mit vorab festgelegten Intervallschritten und der Rückkehr zur traditionellen Konzertform. Diesen zweimaligen Übergangscharakter berücksichtigend, erscheint die Auswahl der von Fricsay zur Aufführung ausgewählten Schönberg-Werke als kein Zufall und beschreibt einen Bogen. Die Einspielung der 1. Kammersinfonie Schönbergs erweckt den Eindruck eines kammermusikalischen Furors und leidenschaftlich drängenden Musizierens an der Schwelle zur Atonalität. Die Wahl der Streichorchester-Suite, die Schönberg kurz nach seiner Ankunft in den USA als Lehr- und Vergnügungsstück für ein amerikanisches Jugendorchester schrieb, zur Einführung eines Schönberg-Stücks in ein Konzertprogramm der Berliner Philharmoniker im Jahr 1949 wirkt wie ein zaghafter Versuch, um das der Musik von Schönberg völlig entwöhnte Berliner Publikum nicht zu schockieren. Auch für das Orchester war es die erste Wiederbegegnung mit Schönberg nach dem Krieg.

Kodály

Fast scheint es unmöglich, Kodálys Musik ernsthaft zur Moderne zu zählen. Zwar war sie nicht antimodern wie die von Richard Strauss oder Rachmaninow, wurzelte aber doch in der ungarischen Bauernmusik, die Kodály aus seiner Heimat Galánta und anderen entlegensten Dörfern ganz in sich aufgesogen hatte, nahm von der westeuropäischen Musik lediglich die sinnlichen Klangexperimente Debussys auf und enthielt sich aller Übernahmen von nicht mehr tonalen harmonischen Fügungen. Wenn auch nicht den modernen Strömungen zurechenbar, war sie doch neuartig und eigentümlich und bis in die 1940er Jahre zumindest in Ungarn auch zeitgenössisch. Erst als nach der ungarischen Revolution von 1956 sich auch für die Musiker die Fenster nach Westen etwas öffneten und man in Ungarn anfing, à la Schönberg, Webern, Berg, Luigi Nono, Karlheinz Stockhausen und György Ligeti zu komponieren, wurde sie anachronistisch.

Von Kodálys *Háry János-Suite*[82] gab es eine Berliner Aufführung im Februar 1955, zwei Einspielungen vom September 1954 mit dem RIAS-Orchester und von Anfang November 1961 mit dem RSO (der letzten Schallplattenaufnahme Fricsays überhaupt). Dem letzten öffentlichen Auftritt Fricsays in Berlin folgte noch die Fernsehaufzeichnung einer Probe samt einer fingierten Aufführung der *Háry János-Suite*, quasi als Lehrfilm, am 15. November 1961 im Großen Sendesaal. Auch dieses Werk hat Fricsay mehrfach mit anderen Orchestern weltweit aufgeführt. Die mit einem augenzwinkernden Tusch beginnende grotesk-märchenhafte ungarische Volkserzählung vom bäuerlichen Helden Háry, den die in ihn verliebte Kaiserin Marie-Louise (Gattin Napoleons) an den Hof nach Wien zieht, wo er sich zwar bewährt und sogar eine Schlacht gegen Napoleon, der die Affäre beenden will, gewinnt, aber doch letztlich das dörfliche Leben vorzieht und mit einem Bauernmädchen glücklich werden will, war für Kodály eine genuine Vorlage, alle instrumentenspezifischen Register seiner Kunst orchestraler Schilderung zu ziehen (mit besonderer Bevorzugung des Saxofons), und Fricsay, die narrativen und illustrativen Potenzen der Musik bejahend, sorgt für mitreißende Spannung.

Von den *Tänzen aus Galánta*, großorchestral überhöhte Reminiszenzen an Kodálys direkte Heimat mit ihrer wehmütigen, skurrilen und furiosen Musik der Zigeuner, gab es Berliner Aufführungen im November 1948 mit dem Berliner Rundfunk-Sinfonie-Orchester, im Juni 1950 mit dem RIAS-Orchester und im April 1961 mit dem RSO sowie eine von Konzerten unabhängige Einspielung im September 1953. Darüber hinaus unternahm Fricsay unzählige Aufführungen weltweit mit anderen Orchestern. Fricsay bringt auch hier sowohl den Apparat des Orchesters wie auch einzelne Instrumente in ihren Charakteren zur Geltung.

---

82 Es handelt sich um neu instrumentierte Auszüge aus dem gleichnamigen ungarischen Singspiel, das Fricsay ein einziges Mal im Mai 1955 in einer italienischen Fassung von Carlo Emilio Gadda mit Oralia Dominguez als Mária Lujza und Arnoldo Foà als Háry János beim Radio italiano in Rom einspielte. Der sehr hörenswerte Mitschnitt ist im Internet aufrufbar unter der Adresse: https://www.youtube.com/watch?v=MLQ_3ZHEeFM [zuletzt: März 2023].

Im Anschluss an eine Aufführung gab es eine Fricsays Auffassung der Tänze richtende Kritik, die er zum Anlass nahm, sich über nicht objektive Berichterstattung zu äußern. Die Meinung eines Kritikers war,

>»es sei nicht authentisch ungarisch gewesen, wäre nicht von schemenhaftem und temperamentvollem Charakter geprägt gewesen, hätte eher danach geklungen, wie wenn eine Militärkapelle über die Puszta zieht. Nun bin ich im Gegensatz zu dem Kritiker gebürtiger Ungar, kenne Militärkapellen und kenne die Puszta und habe die Tänze zusammen mit Kodály dirigiert, der mir seine Auffassung von seinem eignen Werk erläuterte. Und ich kann versichern, dass meine Wiedergabe der Tänze aus Galánta von Kodály mit dem von mir dirigierten Sinfonieorchester anders geklungen hat, als wenn eine ungarische Militärkapelle über die Puszta zieht. Diese Kritik war unobjektiv und destruktiv, und das lesende Publikum kennt die Hintergründe der Kritik nicht und liest nur, was er geschrieben hat, und das ist gefährlich.«[83]

Kodálys einzige *Symphonie in C-Dur*, ein spät vollendetes Werk des 79-Jährigen, an dem er seit 1930 gearbeitet hatte, erlebte ihre von Fricsay geleitete Uraufführung am 6. August 1961 in Luzern mit dem Schweizer Festspielorchester. Die Berliner Erstaufführung fand im September 1961 im Großen Sendesaal statt, wovon ein Mitschnitt genommen wurde; die Londoner Erstaufführung erfolgte mit dem Philharmonic Orchestra am 7. Dezember 1961, in Fricsays letztem Konzert überhaupt. Diese Sinfonie ist ein aus der Zeit gefallenes Werk, das alle Modernismen von sich weist und versucht, wie ein Fels in der Brandung neuer Töne, die Ausdruckskraft und Schönheit seiner Kompositionsweise zu Beginn der 1930er Jahre in Ungarn zu bewahren und die klanglichen Vorteile der von Kodály angestrebten Mixtur aus bäuerlichen und impressionistischen Quellen zu behaupten. Auch für Fricsay dürfte dieses Panorama althergebrachter Klangvorstellungen wie ein Abgesang auf eine untergegangene Welt ohne Zerrissenheit und Hetze vorgekommen sein, und er hat es als solchen verstanden und genießen können und gerne und Trost spendend aufgeführt. Obwohl auch der Verdacht naheliegt, Kodály habe mit dieser Sinfonie nur ein sich persiflierendes Selbstporträt seiner unveränderlichen Art zu Komponieren ab-

83 (Ton)Band III, AdK, FFA 1530.

geben wollen, haben sich beide, der greise Komponist und der nicht alte, aber schwerkranke Dirigent, mit der Vollendung dieses Orchesterwerks und seinen ersten Aufführungen einen letzten Freundschaftsdienst erwiesen.

Befreundete Zeitgenossen

Zu seinen vielen Dirigaten von Uraufführungen bemerkte Fricsay einmal, dass sich aus den Begegnungen mit lebenden Komponisten viele Freundschaften ergeben hätten, »die mich immer noch an die Leute binden: Egk, von Einem, Blacher, Orff, Henze, Liebermann, Martin und eine ganze Reihe von Persönlichkeiten, mit denen man wirklich in höchstem Maße Kunst und Musik machen kann.«

Auch unter den von Fricsay favorisierten Aspekten von Inhalt und Ausdruck verkörpert diese Aufzählung der besonderen Freunde, die sich Fricsay unter seinen komponierenden Zeitgenossen erworben hatte[84], nicht unbedingt die erstrangigen Vertreter kompositorischer Qualität in jener musikgeschichtlichen Periode. Es ist aus heutiger Sicht fraglich, ob die von Fricsay genannten und aufgeführten Komponisten oder (mit der Ausnahme von Henze) nicht doch eher Nono, Ligeti, Stockhausen und Boulez als die qualitativ prägenden Figuren dieser Zeit angesehen werden müssen. Allerdings könnte man sich Fricsay auch sehr gut als Dirigent von Nonos *Intolleranza 1960* vorstellen.

Wann genau die erste Begegnung zwischen Egk und Fricsay stattgefunden hat, lässt sich nicht mehr mit Sicherheit feststellen. Neben anderen hatte auch Egk, der Tietjen aus gemeinsamer Arbeit an der Berliner Staatsoper bis 1940 gut kannte, Fricsay, nachdem er ihn in Salzburg gehört hatte, an Tietjen nach Berlin empfohlen. Von Werken Egks – immerhin eines Komponisten, der durch seine verwerflichen Dienste für NS-Behörden (Prüffunktionen in der Reichsmusikkammer, Musik für NS-Propagandafilme) nicht unbeschadet aus den Zwängen einer verordneten Politisierung der Musik heraus-

---

84 Zu Fricsays Aufführungen von Werken von Einems, Orffs und Frank Martins siehe die Bemerkungen im Anschluss an die Ausführungen zu *Dantons Tod*, *Antigonae* und *Der Zaubertrank* im Salzburg-Kapitel.

gekommen war – unternahm Fricsay relativ früh schon Aufführungen und Einspielungen. Aus seiner in München 1948 durch eine Intervention des bayerischen Kultusministers abgesetzten Ballettmusik zu Heines »Tanzpoem nebst kuriosen Berichten über Teufel, Hexen und Dichtkunst« *Der Doktor Faust* (1851) unter dem Titel *Abraxas* hatte Egk eine *Kleine Abraxas Suite* zusammengestellt, die Fricsay im September 1949 für die DG einspielte. Im Januar 1950 folgte mit dem RIAS-Orchester die Uraufführung eines rückwärtsgewandten Werks, der *Französischen Suite* nach Motiven von Jean-Philippe Rameau, und er spielte sie im September 1955 auch für die DG ein. Dann folgte die Berliner Erstaufführung von *Allegria* für Orchester, einer erquickenden, genussvollen Klangspielerei in vier Sätzen im September 1952 mit anschließender Einspielung für den Rundfunk (liegt im RIAS-Archiv des DLF Kultur).

Mit Boris Blacher wird Fricsay über von Einem in Berührung gekommen sein, dann aber in Berlin selbst schnell mit ihm Kontakt gehabt haben. Das 1947 komponierte und 1948 in Göttingen uraufgeführte, dann von Fricsay bereits im Dezember 1949 eingespielte und im Januar 1950 aufgeführte 1. Klavierkonzert von Blacher mit Gerty Herzog als Solistin wurde im Februar 1954 in Amsterdam wiederholt. Ziemlich bald danach folgte die Uraufführung des Konzerts für Klarinette, Fagott, Horn, Trompete, Harfe und Streicher im Juni 1950 (liegt in Archiv des DLF Kultur). Nur als Studioaufnahme aus dem Oktober 1950 existiert eine Einspielung von Blachers 1947 komponierten *16 Variationen über ein Thema von Paganini*, mit denen er auch bei einem breiteren Publikum bekannt und wegen ihrer Eleganz und ihres Witzes fast beliebt wurde, und die Fricsay nur dreimal (in Viersen, Stuttgart und Paris) öffentlich aufgeführt hat. An die metrisch variablen, multiplen und divergierenden Experimente Blachers, die mit dessen Neigung zur Mathematik zusammenhingen, hat sich Fricsay nicht gewagt.

Bereits in Dezember 1949 kam es zur Einspielung von Teilen aus einer Orchestersuite von Hans Werner Henze, die dann im Mai 1951 unter dem Titel *Ballettszenen* uraufgeführt wurden. Dass Fricsay so früh auf Henze aufmerksam wurde und er seinen Ansprüchen an die junge Generation entsprach, ist durchaus bezeichnend für beide, für den zwischen den Stühlen der Schulen operierenden Komponis-

ten wie für den nach undogmatischen, freien Wegen zu neuarti-
gen Kompositionsweisen suchenden Dirigenten. Es kam im Okto-
ber/November 1961 noch einmal zu einem Briefwechsel zwischen
Fricsay und Henze über die Frage, welche seiner Werke Fricsay in
Berlin aufführen könne. Nachdem Henze sich zunächst dafür ent-
schuldigte, sich weder für das Violinkonzert Schönbergs mit Varga
(er war »begeistert und erschüttert«) noch für den Berliner *Don
Giovanni* bedankt, noch ein Werk von ihm genannt zu haben, das
Fricsay aufführen wolle, nannte er als ein Stück, das Berlin noch
nicht kenne, die *Ode an den Westwind* für Violoncello und Orchester nach Percy Shelley, das dichteste und ausdrucksvollste Orchesterwerk, das er je geschrieben habe. Trotz der großen Erfolge und
Aufführungen gäbe es davon keine Schallplatten, und er bat Fricsay
um die Einspielung wichtigerer Stücke als die vorhandenen *Fünf
neapolitanischen Lieder,* nämlich: Nachtstücke und Arien, *Ode an
den Westwind, Kammermusik 1958,* 3. Sinfonie. Fricsay antwortete,
dass er gerne an einer Ur- oder Berliner Erstaufführung interessiert
sei, aber die Planungen auch mit Solisten schon auf absehbare Zeit
festgelegt seien. In einem weiteren Brief bat ihn Henze trotz der
Schwierigkeiten mit Solisten, die *Ode* nicht zu vergessen, die aufgrund ihrer Fricsay entgegenkommenden Klanglichkeit weiterhin
als eines seiner wichtigen Werke gelten dürfe. Er arbeite gerade
an einem großen Chorwerk, die Uraufführung wäre aber gebunden an die Londoner Philharmonische Gesellschaft, vielleicht unter
Fricsays Dirigat? Außerdem habe er den Auftrag, für die Bayerische
Staatsoper ein 25-minütiges Ballett zu schreiben, das man später
auch konzertant aufführen könne.

Dass Fricsay Rolf Liebermann zu seinen Freunden zählte, hängt
außer mit der Vorliebe für dessen ausdrucksstarke und wirkungs-
volle, fast populäre Kompositionen, die alle schon angeführt worden sind, mit dessen liberaler Grundhaltung und organisatorischen
Großzügigkeit zusammen, von denen das schweizerische, das deutsche (besonders in Hamburg) und das Pariser Musikleben viel pro-
fitiert haben. Dass Fricsay nur relativ wenige Aufführungen und
Einspielungen von Werken Liebermanns unternahm, täuscht über
die Tiefe und Langlebigkeit ihrer Freundschaft.

10 Das Universum Mozart

Es sollte unbestritten sein, dass Fricsay einer *der* Mozart-Dirigenten von Rang war[85]. Die Charakteristika seiner Mozart-Interpretation liegen – innerhalb der von ihm nicht durchbrochenen klassisch-romantischen Aufführungstradition – nicht in der Wahl des Instrumentariums, sondern im Erzielen eines transparenten, schlanken Klangbilds auch mit einem modern aus- und aufgerüsteten Sinfonieorchester sowie im Erschließen eines Teils des damals noch verborgenen Repertoires aus Mozarts Kindheit und Jugendzeit und des noch im heutigen Konzertleben unbedeutenden Gebiets der orchestralen Serenaden und Divertimenti. Zwar hat Fricsay selbst lediglich bei den Sinfonien und anderen Orchestergattungen auch Kindheits- und Jungendwerke Mozarts einstudiert, nicht jedoch bei den Messen, Opern und Konzerten, doch weiß man nicht, was er möglicherweise noch vorhatte.

Mozart generell

Fricsay hat seine Ansicht von Mozart 1962 in einem Essay niedergelegt, der neben etlichen superlativen, hagiografischen auch einige bedenkenswerte sonderbare Äußerungen enthält. So findet sich in ihm, neben Fricsays Widerstand gegen ein auch heute noch gängiges Bild von Mozart, das ihn zum kompositorischen Zuckerbäcker eines unterstellten Rokokos stilisiert, seine denkwürdige Bemerkung, in Mozarts Opern seien die Worte mehr eine Illustration der Musik als umgekehrt. Passende Musik war Mozart tatsächlich auch schon vor den Worten eingefallen, »im Kopf herumspaziert«, wie am Beispiel der Musik zur Figur des Osmin in *Die Entführung aus dem Serail* überliefert ist. Die Bemerkung Fricsays deutet aber auf ein substanzielles Phänomen von Mozarts Bühnenmusik. Dieses geht über die Frage einer bloßen Dominanz der Musik über die

---

85   In dem Beitrag von Thomas Seedorf, »Werktreue und Texttreue. Mozart-Dirigenten des 20. und 21. Jahrhunderts«, in: Stephan Mösch (Hg.), *»Weil jede Note zählt«. Mozart interpretieren. Gespräche und Essays*, Kassel 2020, S. 74–102, wird Fricsay nicht erwähnt.

Worte (in Mozarts Worten: dass die Poesie der Musik gehorsame Tochter sein muss) hinaus. In den französischen Operndebatten des frühen 18. Jahrhunderts zwischen Rameau und Jean-Jacques Rousseau wurde das so ausgedrückt, dass man die Worte auch müsse fortlassen können, wobei die Musik allein in der Lage sein müsse, den Charakter der Protagonisten oder der Situation in der jeweiligen Handlung völlig darzustellen. Es geht also nicht um einen Einsatz von Musik als Mittel, dramatische Situationen und menschliche Gefühle auszudrücken, wie Wagner es realisierte, sondern bei Mozart darum, die der Musik innewohnenden theatralischen Qualitäten zum Klingen zu bringen, zu erwecken und als Movens und Agens eines spezifisch musikalischen Geschehens zu mobilisieren. Nicht das vorgegebene Drama treibt im Komponisten eine ihm entsprechende Musik hervor, sondern die in der Musik schlummernden dramatischen Möglichkeiten, in denen sich Mozart völlig frei bewegte, weil er in ihnen versunken war, suchen sich einen entsprechenden Stoff, und die Worte illustrieren dann nur noch die der Musik immanenten dramatischen Momente.

Darum erscheint Mozarts Musik, auch wenn sie nicht für die Bühne gedacht war, als in sich theatralisch und dramatisch; als rein instrumentale, sogenannte »absolute Musik« trägt sie die Potenz eines lebendigen menschlichen Geschehens in sich, redet nicht nur, sondern handelt in Tönen vom Lebendigen in allen Schattierungen. In Fricsays Worten:

> »Die absolute Musik hingegen ist nicht mehr Tanz und noch nicht Literatur oder Programm – sie ist selbständige, vollkommen eigenzweckliche Kunst. Diese Musik ist fähig, alles heraufzubeschwören: abwechslungsreichste Lebensrhythmen, dunkelsten Schreck, schillernde Hoffnung, süßen Schmerz und qualvolles Glück, Verdammnis und Verklärung, Vernichtung und Sieg; sie ist fähig, alle Empfindungen, in unmittelbarer und dichtester Form wiederzugeben, nicht nur unabhängig von jeder anderen Kunst, sondern auch am schönsten und effektvollsten von allen Künsten. Das ist die höchste Aufgabe, der höchste Sinn der absoluten Musik«[86]

– welche beide bei Mozart erfüllt und realisiert sind.

---

86   Fricsay, *Über Mozart und Bartók* (Anm. 71), S. 21.

Gemeint ist ein Drama, in dem es bei Mozart um das Verhältnis von Tragik und Heiterkeit, von Trauer und Freude stets so bestellt ist, dass ein glückliches Lebensgefühl, eine unzerstörbare Zuversicht, eine das Unglück relativierende Heiterkeit die Auseinandersetzung mit ihm grundiert oder, wie Fricsay es formuliert, »zur Zeit großer Freude bereitet er sich darauf vor, große Trauer zu überwinden und bei großem Kummer wartet er wieder auf große Freude«[87]. Fricsay verweist darauf, dass Mozart in größtem Kummer die trostreiche *Zauberflöte*, nach dem größten Triumph seiner Prager Erfolge die g-Moll-Sinfonie, die er eine tragische nennt, geschrieben habe, von der es unter Fricsays Dirigat einen Mitschnitt eines Konzerts mit dem RIAS-Symphonie-Orchester aus dem Titania-Palast vom März 1952 im Rundfunkarchiv und eine Studioaufnahme mit den Wiener Symphonikern aus dem Jahr 1960 gibt. Er hätte zur klanglichen Erläuterung dieses Mozart'schen Geistes auch die von ihm mit dem RIAS-Symphonie-Orchester im Mai 1950 eingespielte *Maurerische Trauermusik* heranziehen können, um Mozarts verhaltene, bei aller Trauer wie von Ferne winkende und wirkende Heiterkeit als grundierende Haltung zu charakterisieren. Erst sehr spät in seinem Leben empfand Mozart, dass sein Verlangen und Sehnen unstillbar und verzehrend seien[88].

Wenn Fricsay von »dichtester Form« spricht und des Weiteren davon, dass die Form entscheidend sei[89], so meint er im Besonderen mit Form jene »innere Form«, unter der nicht äußere, zähl- und messbare formale Elemente verstanden werden wie Metrum und Periodenbau, sondern musikalische Elemente des Melos, des Rhythmus und der Harmonik, die den Charakter der erklingenden Musik bestimmen. Fricsay kann auch in diesem Sinne davon sprechen,

---

87 Ebd., S. 20.
88 Siehe seinen Brief an Constanze Mozart vom 7.7.1791: »Ich kann Dir meine Empfindung nicht erklären. Es ist eine gewisse Leere, die mir halt wehe tut; ein gewisses Sehnen, das nie befriedigt wird, folglich nie aufhört, immerfort dauert, ja, von Tag zu Tag wächst«, in: MOZART, *Briefe und Aufzeichnungen* (MBA), Bd. IV, Kassel 1962, S. 150.
89 »Mit der Form lebt und fällt die absolute Musik. Ich habe versucht zu sagen, daß hier die Form schlechthin dem Inhalt gleichzusetzen ist«. Fricsay, *Über Mozart und Bartók* (Anm. 71), S. 21.

dass Mozart die absolute Musik »geschaffen habe«[90] (während Haydn noch im Tanz und Beethoven schon in Literatur und Programm gefußt hätten), dass bei Mozart die Musik als völlig losgelöst von außermusikalischen Bedingungen und Zwecken erscheint, was man auch organisch nennen könnte. Diese Abgelöstheit und Eigengesetzlichkeit (Autonomie) der Musik bei Mozart, vielmehr Mozarts Vermögen, der Musik diesen abgelösten Status zu verleihen, während eines seiner Andantes einfach abzuheben und alles Außermusikalische von sich abzuwerfen und die innere Eigendynamik des Magnetismus der Töne und Klangkombinationen gewähren zu lassen, ist das Vermächtnis dieses Tonkünstlers, das von wenigen erkannt, von Fricsay aber ausgesprochen und versucht wurde, klingend zu realisieren.

Mozart en détail

Die früheste von Mozart komponierte Oper, die Fricsay aufführte, war die noch in Salzburg begonnene und dann in München vollendete Opera seria *Idomeneo*, die starke Züge einer Tragédie lyrique enthält. Die Salzburger Fassung von 1961 für die erste *Idomeneo*-Inszenierung im neuen Festspielhaus erarbeitete Fricsay zusammen mit Bernhard Paumgartner. Sie enthält neben etlichen, schwer verzeihlichen Kürzungen auch den Versuch, wenigsten zwei der Ballettmusiken, die laut Mozarts brieflichen Selbstaussagen integraler Bestandteil der Oper sein sollen[91], in den Spielablauf zu integrieren; so wurde der 1. Akt mit dem 1. Teil der Ballettmusik, mit der »Ciaconna« (Allegro, Larghetto, Allegro) – eingebettet in den singenden und tanzenden Chor »Nettuno s'onori« – beschlossen und der 2. Akt mit dem Anfang der fünften Ballettmusik »Passacaille« – als »Intermezzo« tituliert – begonnen.

Fricsay hatte sich entschlossen, diese italienischsprachige Oper Mozarts nicht in deutscher Übersetzung, sondern in der Originalsprache, auf deren Worte die Musik gesetzt war, aufzuführen. Die

90 Ebd.
91 Mozart schrieb an seinen Vater Leopold, dass die Ballettmusik zu *Idomeneo* »kein extra Ballet, sondern nur ein zur Opera gehöriges Divertißement ist« (siehe MBA, Bd. III, Kassel 1962, S. 76).

als Ilia engagierte Pilar Lorengar, bereits festes und beliebtes En-
semblemitglied der Deutschen Oper in Berlin, nahm in ihrer halb
rezitativisch, halb deklamatorischen Eröffnungsarie »Padre, ger-
mani, addio« einen riskanten Einstieg, verfiel bei dieser sicherlich
in exaltierter Hochstimmung zu singenden Partie ins Flatterhafte
und Hysterische, einen Charakter, dem Fricsay als Dirigent offen
hörbar nicht entgegenwirken konnte.

Vier Mozart-Opern hat Fricsay mit dem RIAS- oder Radio-SO
sowie dem RIAS Kammerchor für Sendungen und/oder Schallplatten eingespielt. Noch vor seiner Neueinstudierung von *Die Entführung aus dem Serail* an der Städtischen Oper im April 1950 mit
Tietjen als Regisseur unternahm er bereits im Dezember 1949 seine
erste Einspielung einer Mozart-Oper mit der *Entführung* und wiederholte sie mit anderen Solisten am selben Ort im Mai 1954 mit
dem RIAS-Orchester. In beiden Aufnahmen werden die Dialoge
nicht wie auf der Bühne von den singenden Personen gesprochen,
sondern von eingesetzten Schauspielern unter einer eigenen Dia-
log-Regie, einmal von Tietjen (1949), andermal von Rolf Purucker
(1954). Die Wahl der *Entführung* für sein Mozart-Operndebüt dürfte
kein Zufall sein. Fricsay beginnt unter Vernachlässigung von Mozarts frühen Opern mit der ersten Wiener Opernproduktion des
Komponisten. Die Studio-Situation, ohne ein großes Opernhaus
füllen zu müssen, erlaubt es Fricsay, Orchester und Klang zu ver-
schlanken[92], sodass diese Mozart-Einspielungen im Gegensatz zu
den großen Besetzungen im Opernhaus aus heutiger Sicht einen
»kammermusikalischen« Eindruck hinterlassen. Der klangliche
Vorteil ist besonders gut hörbar in der mit Elementen einer Sinfonia concertante, mit obligaten Soloinstrumenten durchsetzten Arie
der Konstanze »Martern aller Arten«, wo die hervorragenden Solo-
bläser und -streicher des RIAS-Orchesters ihre Spielfreude zeigen
können. Auffallend charaktervoll und empfindsam gestaltet ist
auch das erste Duett zwischen Konstanze und Belmonte unter vier
Augen, das sich wegen des Untreue-Verdachts am Abgrund einer

---

92 So wie er es in der späteren Aufnahme von 1954 mit nur 50 Musikern wieder tat
und für die Einspielung von *Don Giovanni* 1958 und *Le Nozze di Figaro* 1961 wiederholen und sogar auf nur 40 Musiker reduzieren wird.

Liebe abspielt und zwischen Bangigkeit und Seligkeit changiert. Während sich später eine maßgeschneiderte Besetzung etablierte, die dann von der Aufführung 1950 im Opernhaus bis zur Aufnahme 1954 gleich bleiben wird (mit Maria Stader als Konstanze und Ernst Haefliger als Belmonte), sangen 1949 noch die gerade aus Ungarn geflohene Sängerin der Budapester Staatsoper Sári Barabás die Konstanze und der Tenor Anton Dermota von der Wiener Staatsoper den Belmonte, Rita Streich sang schon hier wie später auch die Rolle der Blonde wie auch Josef Greindl den Osmin, während Pedrillo nur 1949 noch von Helmut Krebs verkörpert wurde.

Wir finden Stader und Haefliger ein Jahr später als das Paar Pamina/Tamino und Greindl als Sarastro wieder in der Einspielung der *Zauberflöte*. Rita Streich, eine andere von Fricsay favorisierte Sopranistin, finden wir hier als Königin der Nacht. Ansonsten gab es für die DG ein sehr international (dänisch-finnisch-amerikanisch) zusammengesetztes Solistenensemble. Die Tatsache, dass Fricsay mit diesem nächsten Schritt im Rahmen seiner Einspielungen von Mozart-Opern bei der Gattung der halbernsten deutschen Oper blieb, dürfte kein Zufall gewesen sein, wusste er wohl, dass Mozart die entscheidenden operngeschichtlichen Fortschritte auf diesem Gebiet erzielen wollte und erzielt hat.

Für die schwierigste aller Arien dieser Oper, die Nr. 17 »Ach, ich fühl's« der Pamina, finden Fricsay und Stader außer dem richtigen Tempo zwischen zu schnell und zu langsam den von Mozart anvisierten schmerzlich-innigen Ton. Diese Arie in g-Moll, einem Andante im 6/8-Takt, ist stets noch untrüglicher Prüfstein für ein adäquates Mozart-Verständnis. Bei Fricsay hören wir sie als einen nach innen gekehrten, beiseite gesungenen, verzweifelten Monolog mit bangen Ahnungen einer Einsamen, Verstoßenen, die den Tod traurig und fast klaglos herbeisehnt. Über hohle Akkorde der Streicher schwingt sich die aufwärtsführende und wieder absinkende, zwischen Furcht und Hoffnung schwankende Gesangslinie über Zweitaktgruppen hinweg, von schmerzvollen Bläser-Akkorden flankiert und unterbrochen, in denen das Sich-Winden Taminos abgebildet sein könnte, der diesen zarten und todessüchtigen Klagegesang mitanhören muss ohne helfen zu können. Fricsay vermeidet jede unpassende heroische Geste der anmutigen und geprüften Braut, sie singt keine Agitato-Arie, als die sie oft missverstanden und entstellt wird.

Zwei Jahre vor der Neueinstudierung zur Eröffnung des neuen Opernhauses in der Bismarckstraße mit großem Orchester und in deutscher Sprache ließ Fricsay im Jahr 1958 mit dem klein besetzten RSO und dem RIAS Kammerchor Mozarts *Don Giovanni* in italienischer Sprache einspielen. Die Aufnahme bewegte sich akzentuiert zwischen dramatisch und scherzhaft, tragisch und geschmeidig und endete nicht mit dem Finale der Prager Urfassung, das heißt dem Höllensturz des Übeltäters, sondern mit dem angehängten typisch Wienerischen, triumphierend-schwatzhaften Schluss eines euphemistischen Einvernehmens der Hinterbliebenen. Stader, als Donna Elvira und Haefliger als Don Ottavio waren wieder dabei; die Titelpartie des negativen Helden, des dem Untergang geweihten Wüstlings, übernahm Fischer-Dieskau, der in dieser Rolle des scheiternden Triebtäters auch zwei Jahre später auf der Bühne gefeiert werden wird. Zwar gibt es auch hier kleine Missgriffe wie die übliche in eine heftige Aria agitata verwandelte, eigentlich beiseite zu singende Tuschelarie Nr. 8 »Ah, fuggi il traditor« (in Mozarts Autograf steht für den Gesangspart die dynamische Anweisung *mezzoforte*, woraus folgt, dass das Orchester noch leiser spielen müsste) mit der Donna Elvira Zerlina ins Gewissen zu reden versucht (wie alle Sopranistinnen kann auch Stader hier nicht an sich halten). Auch will man Sena Jurinac die als Lügengeschichte Donna Annas für Don Ottavio aufzutischende Erzählung von ihrer Begegnung mit Don Giovanni als eine solche nicht abnehmen. Dafür erfährt Don Ottavio durch die warmherzige und würdige Darstellung eines um seine zaghafte Liebe Geprellten durch Haefliger eine nicht denunziatorische Darstellung. Historisch uninformiert werden die Secco-Rezitative hier noch mit einer matten akkordischen Cembalo-Begleitung und einem unverzierten Parlando gegeben.

Noch einmal sammelt Fricsay 1961 ein erlesenes Gesangsensemble um Renato Capecchi als Figaro und sein RSO und den RIAS Kammerchor, um an die ihm in Glyndebourne 1950 verunglückte, für den Kölner Rundfunk im Mai 1951 eingespielte und 1958 in München gelungene Aufführung von *Le Nozze di Figaro* diskografisch anzuschließen. Nach den zwiespältig aufgenommenen Münchner Aufführungen von 1958 und 1960 haben wir in der Einspielung von 1961 eine ausgereifte und detailliert durchdachte, in sich stimmige, alle charakteristischen Nuancen der Protagonisten ausschöpfende, von innerer Dynamik erfüllte Darbietung, die diesen tollen Tag in seinem furiosen und burlesken Verlauf, aber mit Inseln der Besinnung und der seelisch erfüllten Konfliktaustragung hörbar und vorstellbar macht.

Nach einer Aufführung oder Einspielung der dritten, in ihren seelisch charakterisierenden Qualitäten wahrscheinlich bedeutendsten Da-Ponte-Oper Mozarts, *Cosí fan tutte*, sucht man bei Fricsay vergebens. Vielleicht hing auch er noch dem damals unter Gebildeten stark verbreiteten dünkelhaften Vorurteil gegen diese Oper an? Man weiß aber nicht, was Fricsay noch vorhatte, er selbst sprach mehrmals davon, alle Mozart-Opern (und damit meinte er natürlich nur die als »groß« anerkannten sieben späteren) einspielen zu wollen bzw. eingespielt zu haben.

Von den größeren kirchenmusikalischen Werken Mozarts widmete sich Fricsay nur den kanonisierten Spätwerken. Von der ebenso großen wie fragmentarischen Messe in c-Moll (KV 427), die Fricsay zur Wiedereröffnung des renovierten Großen Sendesaals dirigierte, existiert neben Fernsehaufnahmen von den Proben eine Gesamteinspielung für Rundfunk und DG. An Fricsays Interpretation fallen etliche Rubati und Tempo-Rückungen auf wie auch dynamische Sprünge vom Forte ins Piano. Es gibt kein schrilles gegenseitiges Sich-Übertrumpfen der beiden virtuos kolorierenden Soprane im Duett *Domine Deus*. Das relativ langsame Tempo mit gewaltigen Tutti-Schlägen gemahnt an italienische Gravitas.

Fricsay veranstaltete in Verbindung mit einer Aufführung des Requiems in der von Franz Xaver Süßmayr vollendeten Fassung im März 1951 eine Einspielung für den Rundfunk und die DG. Auch hier ist der Wille zu einem Gestus der Erhabenheit und zu Erdenschwere spürbar, führt aber zu Verschleppungen und überzogen monumentalen Schlussbildungen und sich überschlagenden Chorstimmen. Das angezogene Tempo der Sequenz *Dies irae* löst Chor und Orchester von den lastenden Bindungen und führt sie in eine dramatisch aufgeheizte Atmosphäre. Im *Confutatis* und im *Lacri-*

mosa führen die verlangsamte und gedämpfte Empfindsamkeit zu besonders rund und schön ausgeprägter chorischer Artikulation.

Bei genauerem Hinsehen erkennt man die Besonderheiten, mit denen sich Fricsay an die Gestaltung seiner Mozart-Programme für die Abonnementkonzerte des RIAS-Symphonie-Orchesters machte. Nicht nur gab es im Laufe der Zeit fünf reine Mozart-Konzerte (davon vier allein in der Saison 1951/52), was damals noch außergewöhnlich war und mit entsprechender Verwunderung, aber auch Freude und Zustimmung aufgenommen wurde, sondern auch die Auswahl der in andere Programme aufgenommenen Mozart-Stücke ist bedenkenswert. Zunächst ist festzustellen, dass der Anteil von Werken des frühen Salzburger oder reisenden Mozarts im Rahmen der nur Mozart gewidmeten Konzerte überdurchschnittlich hoch war: So erklang im Mozart-Konzert im Mai 1950 die schwermütige Salzburger Symphonia concertante für Violine und Viola – in Verbindung mit der *Maurerischen Trauermusik* sowie dem Klarinettenkonzert und der späten gestrengen Es-Dur Sinfonie (KV 543) –, während die Pariser, bunt timbrierte und virtuose Bläser-Concertante (KV 297b) im fünften Mozart-Programm im Juni 1952 aufgeführt wurde, und zwar in Verbindung mit der frühen Londoner 2. Sinfonie des Knaben (KV 17) und der Haffner-Sinfonie. Beim zweiten Mozart-Konzert im September 1951 erklangen das letzte der Salzburger Divertimenti (KV 334), die frühe Motette *Exsultate, jubilate* (KV 165), wieder zusammen mit dem Klarinettenkonzert und der späten Es-Dur-Sinfonie. Im dritten Mozart-Konzert kamen wieder zwei frühe Werke, die Salzburger 23. Sinfonie in D-Dur (KV 181) und das Fagottkonzert (KV 191), in Verbindung mit Mozarts letzter Sinfonie in C-Dur zur Aufführung. Für das vierte Mozart-Programm im März 1953 hatte Fricsay die berühmte Streicherserenade in G-Dur (»Eine kleine Nachtmusik«) und das Pariser Konzert für Flöte und Harfe (KV 299) ausgesucht, in Verbindung mit der späten g-Moll-Sinfonie (KV 550). Im September 1961, während des ersten Abonnementkonzerts des RSO im neuen Großen Sendesaal, lässt Fricsay Mozarts Klarinettenkonzert mit Heinrich Geuser nochmals erklingen.

Eine herausragende Rolle im Zusammenhang mit Mozart spielte das gemeinsame Musizieren mit Clara Haskil. Fricsay war neben

Paul Sacher, Rudolf Baumgartner, Hans Swarowsky und Igor Markevitch einer der Dirigenten, die sich intensiv um eine Zusammenarbeit mit der rumänischen Pianistin bemühten, in der klaren Erkenntnis, dass ihre besondere Art, Mozart zu spielen, einmalig war und seinen Intentionen sehr nahekam: bei klarer Diktion ein Oszillieren zwischen süß und bitter, Zartheit und wildem Aufbegehren, bei zügigen Tempi, ohne sentimentale Verschleppungen. Sie spielten nur zwei der Mozart-Konzerte mit dem RIAS-Orchester, zudem gab es unter Fricsays Leitung auch Auftritte und Einspielungen mit Haskil und den Berliner Philharmonikern (F-Dur, KV 459), dem KRSO (wiederum KV 459) und dem Bayerischen Staatsorchester (B-Dur, KV 595). Das F-Dur-Konzert (KV 459) aus dem Jahr 1784, das Mozart auch bei der Kaiserkrönung Leopold II. in Frankfurt 1790 aufgeführt hatte, erklang im Januar 1953 in einem Konzert des RIAS-Orchesters und ein Jahr später das d-Moll-Konzert (KV 466). Von beiden Konzerten gab es Livemitschnitte und wurden Einspielungen produziert. Wenn Fricsay in beiden Aufnahmen des F-Dur-Konzerts meint, den spritzigen, hüpfenden Charakter des Themas der Einleitungstakte abmildern zu müssen durch breit angelegtes Legato, ist das durchaus dem Charakter der Idee Mozarts entgegengesetzt und wirkt schleppend. Mit der gleichen Spielweise nimmt er dem Beginn des d-Moll-Konzert das drängend Pulsierende, vermeintlich zugunsten einer düster-dämonischen Aufladung, die aber durch Pochen und Stoßen der Streicher viel besser erreicht würde.

In seinen *Erinnerungen an Clara Haskil* schrieb Fricsay, sie habe das Wunder fertiggebracht, »Gesangskantilenen aus einem Schlaginstrument hervorzuzaubern«. »Ihre ganze Persönlichkeit hatte mozartsche Merkmale, die traurig-tragischen Züge des Meisters, eine Traurigkeit, die anderen doch Glück schenkt, ein Glück, das uns zum jungen Mozart zurückführt«. Sie habe »in ihrem durchgeistigen Spiel sich verschönt« und vermocht, »in ihrem ganzen Wesen die Schönheit zu offenbaren. All dies war lebendig in ihr: ihre Güte und ihre Musikalität bildeten eine Integration hoher menschlicher Werte«. »Ob sie musizierte oder über Musik sprach, sie brauchte dafür nicht bloß Partner, sondern Freunde.« »Menschliche und künstlerische Harmonie manifestierten sich nicht bloß in ihrem

Abb. 7: Fricsay mit
Clara Haskil, 1955

Spiel, sondern auch in ihrer Zusammenarbeit mit anderen«. Sie
zeigte »schülerhafte Aufregung und Spannung, mit welchen sie
sich dem Musizieren näherte, und Bewunderung und Dankbarkeit,
mit der sie die kleinsten musikalischen Einfälle und Vorschläge ent-
gegennahm.« »Die Mitglieder aller Orchester, mit denen wir gemeinsam musizierten, haben von der ersten Probe an Clara tief ins
Herz geschlossen und sagen, dass es immer ein außerordentliches
Fest war, mit ihr zu musizieren«. »Hatte ihr Spiel sie nicht beglückt,
war sie untröstlich. War sie zufrieden mit sich selbst, strahlte sie vor
Glückseligkeit. Und so ist es richtig und würdig für eine Künstlerin
von Range Clara Haskils.« »Nur vor zwei Dingen hatte Clara Haskil
Angst: vor dem Klavierspiel und vor dem Tode.«[93]

---

93 Veröffentlicht in: *Clara Haskil*, hg. von Rita Wolfensberger, Bern, Stuttgart 1962,
    S. 138–41. Hier zit. aus dem Manuskript in Fricsays Nachlass, AdK, FFA 1525.

Außer mit Haskil hatte Fricsay relativ früh einmal ein weiteres Mozart-Klavierkonzert mit einer anderen Pianistin eingespielt: bei seinem ersten Wiener Konzert mit den Wiener Symphonikern im Dezember 1947 das Klavierkonzert D-Dur (KV 537) aus dem Jahr 1788, das Mozart auch bei der Frankfurter Kaiserkrönung aufgeführt hatte, mit der italienischen, 1906 in Florenz geborenen Pianistin Ornella Santoliquido, der Gründerin des Trios Santoliquido und des Quartetto di Roma, die sich durch ein besonders perlendes und geistreiches Spiel auszeichnete, und er wiederholte dieses Konzert mit Carl Seemann in Köln mit dem KRSO im Juni 1953. Auch das A-Dur-Klavierkonzert (KV 488) führte Fricsay ein einziges Mal auf, im November 1960 in einem Frankfurter Museumskonzert mit Annie Fischer.

Zwei Fassungen existieren von der A-Dur-Sinfonie (KV 201), eine neusachlich trockene mit den RIAS-Symphonikern, eine galant wiegende mit den Wiener Symphonikern. Auch die Einspielung der Streicherserenade G-Dur (KV 525, nach Mozarts Werkverzeichnis »eine kleine Nachtmusik«) mit den Berliner Philharmonikern hat übertrieben neusachliche Züge; der Strich ist nicht straff und glatt schwingend, sondern eher trocken und stumpf.

Besondere Schätze unter den von Fricsay eingespielten Mozart-Raritäten neben der *Maurerischen Trauermusik* (in der jener in ihr versteckte Choral kaum hörbar ist) und von Präludium und Fuge c-Moll (KV 546, mit stark besetztem und breit artikulierendem Streicherkörper) sind einerseits eine kleinere Anzahl von Kindheits- und Jugendsinfonien, andererseits eine Reihe von Serenaden und Divertimenti, die meist im Schatten der Sinfonien und Konzerte stehen. Beide Serien sind seit 2018 in einer Produktion der DG mit dem DLF Kultur aus den Archiven des RIAS unter dem Titel »The Mozart Radio Broadcasts« wieder verfügbar. Dass Fricsay mit dem RIAS-Orchester (wie auch, bezogen auf einige Sinfonien aus Mozarts Kindheit, mit dem KRSO) diese Studioaufnahmen in den Jahren 1951/52 für Rundfunksendungen mit frühen und selten gespielten Mozart-Werken veranstaltete, ist durchaus bedeutsam. Das von Fricsay suggerierte Bild vom »Glück des jungen Mozart« ist trügerisch. Fricsays Auswahl, angefangen von der sensationellen Londoner 1. Sinfonie des achtjährigen Mozart in Es-Dur (KV 16), machte um erstaunliche Produktionen wie die frühe, todtraurige, »kleine« g-Moll-Sinfonie (KV 183) und die aufmüpfige »kleine« C-Dur-Sinfonie (KV 338) einen Bogen. Auch werden die ungebrochen praktizierten klassisch-romantischen Spielweisen, darunter vor allem ein störendes Legato und Vibrato, diesem Fundus von Mozarts Musik noch weniger gerecht als bei den späteren Sinfonien, von denen Fricsay nur die Haffner-Sinfonie (die er auch gerne öffentlich präsentierte) und die kanonisierten letzten drei mit dem Nimbus der Beethoven-Nähe einspielte. Dennoch war Fricsays Erweiterung eines klingenden Mozart-Repertoires seiner sonst nicht weitverbreiteten Einsicht zu verdanken, dass auch die frühen Werke Mozarts nicht bloße Übungstücke, sondern Kompositionen von hohem Rang waren und einen ästhetischen Genuss gewähren können.

Literaturverzeichnis

Von Ferenc Fricsay

»Über die Arbeit des Dirigenten und die Geheimnisse seiner Werkstatt«
[1939], in: *Ferenc Fricsay. Retrospektive-Perspektive*, hg. von Lutz von
Pufendorf, Berlin 1988, S. 31f.

»Geburtsort Budapest«, in: Josef Müller-Marein, Hannes Reinhardt (Hgg.),
*Das musikalische Selbstportrait von Komponisten, Dirigenten, Instrumen-
talisten, Sängerinnen und Sängern unserer Zeit*, Hamburg 1963, S. 307–322.

»Meine Kindheit und Jugend«, in: *Ferenc Fricsay. Ein Gedenkbuch*,
hg. von Friedrich Herzfeld, Berlin 1964, S. 7–11.

»Mein Weg (Ein Brief)«, in: *Ferenc Fricsay. Ein Gedenkbuch*,
hg. von Friedrich Herzfeld, Berlin 1964, S. 105f.

Über Mozart und Bartók. Mit einleitenden Worten von Yehudi Menuhin und
einem Nachwort von Dr. Erik Werba, Kopenhagen – Frankfurt/M. 1962.

Erzähltes Leben. Ein Selbstporträt. Für die DG aufgenommen im Haus
Westerfeld, Ermatingen, 1962, LP Deutsche Grammophon Gesellschaft,
Hannover 1963.

Ein Selbstporträt, hg. von der Ferenc-Fricsay-Gesellschaft, dem Radio-
Symphonie-Orchester Berlin und RIAS Berlin, o. O., o. J., unpag.

»Erinnerungen an Clara Haskil«, in: *Clara Haskil*, hg. von Rita Wolfensberger, Bern – Stuttgart 1962, S. 138–41.

»Über Ungarn«, in: AdK, FFA 1522.

Register des Nachlasses Ferenc Fricsay (Ferenc-Fricsay-Archiv, FFA), WORD-
Datei mit 1660 Signaturen in der Datenbank des Archivs der Akademie der
Künste Berlin mit Such-Möglichkeit für Personen und Begriffe, im Internet
auf- und abrufbar unter der Adresse: https://archiv.adk.de/bigobjekt/7517
[zuletzt: März 2023].

Zur Diskografie Fricsays wird auf das unten aufgeführte, alle Aufnahmen für
die DG und für Rundfunkanstalten enthaltende Aufnahmeverzeichnis in den
Tabularien des von Lutz von Pufendorf herausgegebenen Sammelbandes
verwiesen. Außerdem gibt es in dem unten aufgeführten, von Friedrich Herzfeld herausgegebenen Gedenkband von 1964 eine Auswahl-Diskografie von
Schallplatten bei der DG. Die DG hat die meisten ihrer Einspielungen mit
Fricsay und verschiedenen Ensembles und Solisten in zwei CD-Boxen zusammengestellt und auf den Markt gebracht: Vol. 1 Orchestral Works (2014)
und Vol. 2 Operas, Choral works (2015), die beide im Sommer 2023, vereinigt
zu einer Gesamtedition (86 CDs + DVD), wieder aufgelegt wurden, sowie ein

Ergänzungsalbum mit Mozart-Raritäten (The Mozart Radio Broadcasts, 2018). Weitere vereinzelte Aufnahmen Fricsays, vor allem aus dem RIAS-Archiv des DLF Kultur, sind beim Label audite erschienen und werden im Fließtext des vorliegenden Buches vermerkt.

Über Ferenc Fricsay

Friedrich Herzfeld (Hg.), *Ferenc Fricsay. Ein Gedenkbuch*, Berlin 1964

> Mit Beiträgen von Imre Palló, Gottfried von Einem, Dietrich Fischer-Dieskau, Maria Stader, Laila Storch, Ladislaus Pataki, Elsa Schiller, Bernhard Paumgartner, Rudolf Hartmann, Annette Kolb, Erich Kästner, Eric Werba, Yehudi Menuhin, Friedrich Herzfeld, Zenta Maurina, Margrit Weber, Géza Anda, Zoltán Koldály, Gustav Rudolf Sellner

> Mit Auswahl-Diskografie chronologisch nach den Lebensdaten der Komponisten, S. 110–114.

Lutz von Pufendorf (Hg.), *Ferenc Fricsay. Retrospektive-Perspektive*, Berlin 1988

> Mit Beiträgen von Werner Oehlmann, Lutz von Pufendorf, Oskar Fritz Schuh, Peter Csobádi, Karl O. Koch, Heinz Hoefs, Götz Friedrich, Gustav Rudolf Sellner

> Mit folgenden Tabularien:
> - Auswahl von gelöschten Aufnahmen
> - Aufnahmeverzeichnis (Rundfunk und DG) nach Komponistenalphabet (S. 155–211)
> - Liste der Wortbeiträge
> - Aufführungsdaten in der Städtischen Oper bzw. in der Deutschen Oper Berlin
> - Fricsay-Daten zur Bartók- und Kodály-Rezeption
> - Fricsay-Produktionen beim NWDR (WDR)
> - Aufführungsdaten zu den Berliner Fricsay-Konzerten des RIAS-SO/RSO
> - Fricsay-Konzertreisen des RIAS-SO/RSO.

Lutz von Pufendorf, *Ferenc Fricsay – a pioneer in turbulent times*, Translation: Alan Newcombe, März 2014, nur online: http://www.ferenc-fricsay.net/pdf/14dgpufe.pdf [zuletzt: März 2023].

Bildnachweis

Abb. 1: Privataufnahme, aus: Herzfeld, *Ferenc Fricsay. Ein Gedenkbuch*, Berlin 1964

Abb. 2: Privataufnahme, aus: Herzfeld, *Ferenc Fricsay. Ein Gedenkbuch*, Berlin 1964

Abb. 3: Ilse Buhs, aus: Herzfeld, *Ferenc Fricsay. Ein Gedenkbuch*, Berlin 1964

Abb. 4: Archiv der Deutschen Grammophon Gesellschaft

Abb. 5: Hugo Jehle, aus: Herzfeld, *Ferenc Fricsay. Ein Gedenkbuch*, Berlin 1964

Abb. 6: Archiv der Deutschen Grammophon Gesellschaft

Abb. 7: Sabine Toepffer, aus: Herzfeld, *Ferenc Fricsay. Ein Gedenkbuch*, Berlin 1964

Personenregister

SOLO
Porträts und Profile

auch als eBook

Kerstin Schüssler-Bach
Simone Young
Pionierin am Pult
2022, 115 Seiten,
s/w-Abbildungen
ISBN 978-3-96707-606-6

Die Karriere von Simone Young (*1961) führte sie von Sydney aus in nahezu alle Musikzentren der Welt. Gefeiert für ihre Interpretation der Werke Wagners, Verdis, Strauss' und Bruckners, lässt sie sich mit großer Neugier auch auf die Musik der Gegenwart ein.

Klar wird, dass Youngs Erfolg auch mit ihrer Teamfähigkeit zusammenhängt. Und dass sie auch dabei eine Pionierin ist, schildert ihre Biografin überzeugend. Stimmiges Porträt.

Harald Eggebrecht, Süddeutsche Zeitung

et+k
edition text+kritik · 81673 München · www.etk-muenchen.de

Thomas Wozonig (Hg.)
Karl Böhm
Biografie, Wirken,
Rezeption
Herbst 2023,
etwa 400 Seiten,
farbige Abbildungen,
Notenbeispiele
ISBN 978-3-96707-584-7

»Damit bin ich in die Geschichte eingegangen so daß wenigstens etwas von mir übrig bleibt.« So kommentierte der Dirigent Karl Böhm (1894–1981) in einem Notizbuch jene von ihm geleitete »Fidelio«-Aufführung, mit der die im Zweiten Weltkrieg zerstörte Wiener Staatsoper am 5. November 1955 wiedereröffnet wurde – und »150 Millionen hörten am Rundfunk zu«, ergänzte er stolz.

Der Band leistet zum ersten Mal eine umfassende kritische Auseinandersetzung mit diesem streitbaren Dirigenten, der zeitweise als populärster »deutscher« Dirigent neben Karajan galt und unübersehbare Spuren in der Musikgeschichte hinterlassen hat.

edition text+kritik · 81673 München · www.etk-muenchen.de